高等院校公共基础课系列教材

论文写作
（第二版）（微课版）

杜永红　主　编
李琳森　李　洁　高　欣　副主编

清华大学出版社
北京

内 容 简 介

本书围绕论文写作、投稿及发表全过程，同时兼顾课题申报，采用案例分析方法，系统介绍了论文写作的研究思路、研究方法、写作逻辑与规范要求。全书共分七篇，包含 10 章内容，涵盖了论文写作概述、论文选题与标题命名、文献阅读与文献综述、学术修辞、论文谋篇布局与论证、论文引言和结语的撰写、论文摘要与关键词的撰写、学位论文开题与写作、论文投稿与发表，以及课题申报书的撰写等方面。

本书不仅理论体系清晰，逻辑结构严密，难易程度适中，而且实践知识全面，提供了丰富的案例和技术层面的写作指导，适合当前高等教育的需求，突出理论性与实用性，融合了最新的经济与社会发展动态，为读者展示论文写作与课题申报的系统性与先进性。每个章节既独立又相互关联，形成一个有机的整体。

本书适用于高等院校的本科生、研究生及相关领域的科研人员，也可作为教师的教学参考书。本书配套的电子课件、教学大纲和习题答案可通过访问官方网站 http://www.tupwk.com.cn/downpage 下载，或通过扫描前言中的二维码获取。扫描前言中的视频二维码可以直接观看教学视频。

本书封面贴有清华大学出版社防伪标签，无标签者不得销售。

版权所有，侵权必究。举报：010-62782989，beiqinquan@tup.tsinghua.edu.cn。

图书在版编目（CIP）数据

论文写作：微课版 / 杜永红主编. -- 2 版.
北京：清华大学出版社，2025.2. --（高等院校公共基础课系列教材）.
ISBN 978-7-302-68053-6

Ⅰ. H152.3

中国国家版本馆 CIP 数据核字第 2025K88Q35 号

责任编辑：胡辰浩
封面设计：周晓亮
版式设计：恒复文化
责任校对：成凤进
责任印制：宋 林

出版发行：清华大学出版社
    网　　址：https://www.tup.com.cn，https://www.wqxuetang.com
    地　　址：北京清华大学学研大厦 A 座　　邮　编：100084
    社 总 机：010-83470000　　邮　购：010-62786544
    投稿与读者服务：010-62776969，c-service@tup.tsinghua.edu.cn
    质 量 反 馈：010-62772015，zhiliang@tup.tsinghua.edu.cn
印 装 者：三河市铭诚印务有限公司
经　　销：全国新华书店
开　　本：185mm×260mm　　印　张：15.25　　字　数：362 千字
版　　次：2021 年 1 月第 1 版　2025 年 3 月第 2 版　　印　次：2025 年 3 月第 1 次印刷
定　　价：79.00 元

产品编号：107188-01

前言

论文是科学研究成果传播的重要媒介。从选题到发表，每一步都需要深思熟虑和精确执行。优秀的论文不仅展示研究成果，还通过严谨的逻辑、清晰的布局和有效的论证展现研究的深度。本书细致介绍了学术论文写作的全过程，涵盖选题与命名技巧、文献综述、论文结构设计、研究论证方法，以及最终的投稿与发表。此外，本书还介绍了学位论文开题报告和课题申请书的撰写，旨在培养读者全面的学术写作能力。

本书的学术价值在于通过案例分析系统介绍了论文写作的整个过程，即从思维方法的培养到研究内容的论证，再到写作规范的严格遵循。本书还详细讲解了高质量论文的投稿和修订过程，并特别强调了学位论文与课题申请书的撰写技巧。本书结合理论教学与实际操作，提供了完整的学术写作技能套件，助力学术研究者在学术界更有效地表达思想和成果。

本书编写特色

(1) 系统性：全面覆盖从论文构思到发表论文的整个过程，内容连贯完整，各章节既独立又相互关联，构成一个系统的学术写作框架。

(2) 准确性：丰富的案例和翔实的分析使复杂的理论知识易于理解，能满足不同学术水平读者的需求。

(3) 务实性：注重理论与实践的结合，通过案例分析解释理论并指导实际操作，有效提升读者的实际写作能力。

(4) 前瞻性：结合最新研究趋势和社会经济发展，探讨学术写作的新需求和挑战，引导读者将当代社会经济问题融入学术研究。

本书不仅理论体系清晰、逻辑结构严密，难易程度适中，而且实践知识全面，适合高等教育的需求。本书结合最新的经济与社会发展动态，为读者展示论文写作与课题申报的方法与技巧。

本书适用于高等院校的本科生、研究生及相关领域的科研人员，也可作为教师的教学参考书。

为了便于读者学习与参考，本书提供配套电子课件、教学大纲及习题的参考答案。

本书由杜永红任主编，李琳森、李洁、高欣任副主编。全书共分为10章，由杜永红总体策划，各章编写人员及其分工如下：杜永红编写第1章、第2章、第3章、第8章，李琳森编写第4章、第5章，李洁编写第6章、第7章，高欣编写第9章、第10章，全书由杜永红总纂。

本书在编写过程中，得到了赵景峰教授、陈玉仑教授、程茂勇教授、王智新教授的帮助，还参考了大量同类教材、著作和期刊等，限于篇幅，恕不一一列出，特此说明并致谢。由于受资料、编者水平及其他条件限制，书中难免存在一些不足之处，恳请同行专家及读者指正。我们的电话是010-62796045，邮箱是992116@qq.com。

本书配套的电子课件、教学大纲和习题答案可以到http://www.tupwk.com.cn/downpage网站下载，也可以通过扫描下方的"配套资源"二维码获取。扫描下方的"看视频"二维码可以直接观看教学视频。

扫描下载　　　　　扫一扫

配套资源　　　　　看视频

编　者
2025年1月

目 录

第一篇 概 述

第1章 论文写作概述 ········· 2
- 1.1 论文的概念 ············· 3
  - 1.1.1 论文的定义 ········ 3
  - 1.1.2 论文的特点 ········ 4
  - 1.1.3 论文的功能 ········ 4
- 1.2 论文的分类 ············· 4
  - 1.2.1 按用途分类 ········ 4
  - 1.2.2 按语言分类 ········ 5
  - 1.2.3 按研究方法分类 ···· 5
  - 1.2.4 按学科分类 ········ 6
- 1.3 论文的作用 ············· 7
- 1.4 论文的写作过程 ········· 8
- 本章小结 ··················· 9
- 习题 ······················ 10

第二篇 论文选题

第2章 论文选题与标题命名 ········· 12
- 2.1 论文选题好的标准 ········ 13
  - 2.1.1 富有时代性 ········ 13
  - 2.1.2 具有导向性 ········ 14
  - 2.1.3 体现针对性 ········ 15
  - 2.1.4 具有可行性 ········ 16
  - 2.1.5 具有学术价值 ······ 17
  - 2.1.6 具有社会影响力 ···· 18
- 2.2 论文选题的来源及常见问题 ···· 18
  - 2.2.1 选题与调研的关系 ·· 19
  - 2.2.2 选题的来源 ········ 20
  - 2.2.3 选题过程中常见的问题 ··· 22
- 2.3 论文选题的七大原则 ······ 23
  - 2.3.1 有用性原则 ········ 24
  - 2.3.2 公共性原则 ········ 24
  - 2.3.3 经验性原则 ········ 25
  - 2.3.4 传承性原则 ········ 26
  - 2.3.5 创新性原则 ········ 27
  - 2.3.6 现实性原则 ········ 28
  - 2.3.7 前瞻性原则 ········ 28
- 2.4 论文标题命名的要求 ······ 29
  - 2.4.1 标题应具有简洁性 ·· 30
  - 2.4.2 标题应具有准确性 ·· 30
  - 2.4.3 标题应具有描述性 ·· 30
  - 2.4.4 标题应具有吸引力 ·· 30
- 2.5 论文标题命名的方法 ······ 31
  - 2.5.1 关键词法 ·········· 31
  - 2.5.2 名词性词组法 ······ 31
  - 2.5.3 立论式命题法 ······ 31
  - 2.5.4 陈述性题名法 ······ 32
  - 2.5.5 相关法 ············ 32
  - 2.5.6 阐述法 ············ 32
- 2.6 论文标题命名的注意事项 ·· 33
  - 2.6.1 少用"浅议""刍议"等字眼 ··· 33
  - 2.6.2 标题至少传递出两个信息：文章的研究对象和核心论点 ··· 33
  - 2.6.3 标题需要进行提炼 ·· 33
  - 2.6.4 论文可以采用副标题 ··· 34
  - 2.6.5 标题应简洁明了 ···· 34
- 本章小结 ·················· 34
- 习题 ······················ 34

第三篇　文献综述

第3章　文献阅读与文献综述 ………… 38
3.1 文献资料类型 ………………………… 39
　3.1.1 图书 ……………………………… 39
　3.1.2 学术期刊 ………………………… 41
　3.1.3 学位论文 ………………………… 42
　3.1.4 会议论文 ………………………… 42
　3.1.5 研究报告 ………………………… 43
　3.1.6 电子资料 ………………………… 44
　3.1.7 其他文献类型 …………………… 45
3.2 文献数据库 …………………………… 47
　3.2.1 中文文献数据库 ………………… 47
　3.2.2 英文文献数据库 ………………… 51
3.3 信息检索方法 ………………………… 53
　3.3.1 科技信息检索分类 ……………… 53
　3.3.2 布尔逻辑检索运算符 …………… 55
　3.3.3 高级检索技巧 …………………… 55
　3.3.4 检索步骤 ………………………… 56
3.4 文献阅读 ……………………………… 58
　3.4.1 阅读文献的重要性 ……………… 59
　3.4.2 值得阅读的几类文献 …………… 60
　3.4.3 文献阅读方法 …………………… 62
3.5 文献综述撰写 ………………………… 64
　3.5.1 不同类型论文文献综述撰写方法 … 65
　3.5.2 文献综述的作用 ………………… 68
　3.5.3 文献综述的基本结构 …………… 69
　3.5.4 文献梳理 ………………………… 70
　3.5.5 文献评研 ………………………… 72
3.6 参考文献引用格式 …………………… 74
　3.6.1 参考文献引用原则 ……………… 74
　3.6.2 不同类型参考文献引用格式 …… 76
　3.6.3 参考文献在文中的引用与标注 … 77
3.7 文献管理工具的应用 ………………… 79
　3.7.1 EndNote ………………………… 79
　3.7.2 Zotero …………………………… 80
　3.7.3 Mendeley ………………………… 80
　3.7.4 NoteExpress …………………… 81
本章小结 …………………………………… 81

习题 ………………………………………… 82

第四篇　论文论证

第4章　学术修辞 ………………………… 84
4.1 学术修辞概述 ………………………… 85
　4.1.1 学术修辞的定义 ………………… 85
　4.1.2 学术修辞的作用 ………………… 85
4.2 学术修辞的运用 ……………………… 86
　4.2.1 学术修辞的应用范围 …………… 87
　4.2.2 学术修辞的具体要求 …………… 87
4.3 学术修辞的自觉 ……………………… 87
　4.3.1 学术修辞角色的自觉 …………… 88
　4.3.2 学术修辞表述的自觉 …………… 88
　4.3.3 学术修辞规范的自觉 …………… 88
4.4 学术零修辞 …………………………… 89
　4.4.1 学术零修辞的主要特点 ………… 89
　4.4.2 学术零修辞的优点和局限 ……… 89
　4.4.3 学术零修辞的应用场景 ………… 90
本章小结 …………………………………… 90
习题 ………………………………………… 91

第5章　论文谋篇布局与论证 ………… 92
5.1 谋篇布局概述 ………………………… 93
　5.1.1 谋篇布局的基本原则 …………… 93
　5.1.2 谋篇布局的四个方面 …………… 93
　5.1.3 谋篇布局的实施步骤 …………… 94
5.2 谋篇布局之构思 ……………………… 94
　5.2.1 围绕主题展开构思 ……………… 95
　5.2.2 力求结构完整 …………………… 95
　5.2.3 树立为读者服务的意识 ………… 95
5.3 谋篇布局之线索 ……………………… 95
　5.3.1 论文的写作线索 ………………… 96
　5.3.2 论文的起承转合 ………………… 96
5.4 谋篇布局之结构 ……………………… 98
　5.4.1 论文的结构 ……………………… 98
　5.4.2 论文各部分的职能 ……………… 98
　5.4.3 论文各部分的有机衔接 ………… 99
5.5 论证的逻辑性与规范性 …………… 101
　5.5.1 层次感，而不是平面感 ……… 101
　5.5.2 缜密性，而不是杂乱无章 …… 102

5.5.3　科学性，而不是宣传性……………102
　　　5.5.4　学理性，而不是口语化……………102
　　　5.5.5　严谨性，而不是随意性……………102
　　　5.5.6　围绕核心问题展开论证，而不是
　　　　　　天马行空……………………………103
5.6　谋篇布局之论证………………………………103
　　　5.6.1　论文的研究方法……………………103
　　　5.6.2　论文的论证方法……………………104
　　　5.6.3　论文的思路设计……………………106
　　　5.6.4　论文的分析论证过程………………108
　　　5.6.5　实证研究方法………………………110
　　　5.6.6　谋篇布局之案例分析………………112
本章小结………………………………………………114
习题……………………………………………………114

第6章　论文引言和结语的撰写……116

6.1　论文如何统合论点……………………………117
　　　6.1.1　论文统合论点的重要性……………117
　　　6.1.2　论文论点的确立……………………119
　　　6.1.3　确立论点应掌握的原则……………120
　　　6.1.4　论文的论据使用……………………122
　　　6.1.5　论文统合论点的方法………………123
　　　6.1.6　常见论点整合的错误与避免方法…124
6.2　论文引言的撰写………………………………125
　　　6.2.1　论文引言定义………………………126
　　　6.2.2　论文引言的重要性…………………126
　　　6.2.3　引言的三要素………………………127
　　　6.2.4　不同研究方法引言的差异与特点…128
6.3　如何撰写论文结语……………………………129
　　　6.3.1　论文结语的定义……………………129
　　　6.3.2　强有力结语的特点…………………130
　　　6.3.3　论文结语的四个层次………………130
本章小结………………………………………………132
习题……………………………………………………132

第7章　论文摘要和关键词的撰写…133

7.1　论文摘要概述…………………………………134
　　　7.1.1　论文摘要的定义……………………134
　　　7.1.2　论文摘要的分类……………………134
　　　7.1.3　论文摘要的作用……………………135

7.2　论文摘要的撰写………………………………136
　　　7.2.1　摘要的写作规范……………………136
　　　7.2.2　摘要的五要素………………………137
　　　7.2.3　摘要的写作逻辑……………………138
　　　7.2.4　论文摘要撰写常见问题剖析………138
7.3　论文关键词的撰写……………………………142
　　　7.3.1　关键词的定义………………………142
　　　7.3.2　关键词的作用及意义………………143
　　　7.3.3　论文中使用关键词常出现的
　　　　　　问题与分析…………………………144
　　　7.3.4　关键词合理使用的几点建议………145
　　　7.3.5　关键词选择方法……………………146
7.4　学科分类号与中图分类号……………………148
　　　7.4.1　学科分类号…………………………148
　　　7.4.2　中图分类号…………………………149
本章小结………………………………………………150
习题……………………………………………………151

第五篇　学位论文

第8章　学位论文开题与写作………154

8.1　学位论文的开题………………………………155
　　　8.1.1　开题报告撰写要点…………………155
　　　8.1.2　开题报告撰写具体要求……………156
　　　8.1.3　开题报告常见问题与注意事项……161
　　　8.1.4　开题报告评审与修改………………162
8.2　学位论文的写作………………………………163
　　　8.2.1　学位论文写作要求…………………163
　　　8.2.2　学位论文写作规范…………………164
　　　8.2.3　学位论文撰写过程…………………165
　　　8.2.4　学位论文查重与抄袭预防…………169
本章小结………………………………………………170
习题……………………………………………………171

第六篇　投稿与发表

第9章　论文投稿与发表……………174

9.1　学术期刊的分类………………………………175
　　　9.1.1　我国学术期刊的四种类别…………175
　　　9.1.2　核心期刊体系………………………177

  9.1.3 学术期刊的评价 …………… 182
9.2 学术期刊的投稿方式 …………… 184
  9.2.1 学术期刊投稿经验 …………… 184
  9.2.2 推介自己文章的技巧 ………… 185
  9.2.3 如何正确识别刊物 …………… 185
  9.2.4 投稿信的撰写技巧 …………… 187
9.3 学术期刊的编发流程及审稿 …… 188
  9.3.1 学术期刊的编发流程 ………… 189
  9.3.2 学术期刊的审稿标准 ………… 191
9.4 学术期刊的投稿再修改 ………… 194
  9.4.1 修改文章的重要性 …………… 194
  9.4.2 修改文章的四个步骤 ………… 195
  9.4.3 常见修改问题与解决方法 …… 196
  9.4.4 审稿意见的回复技巧 ………… 197
  9.4.5 修改后的再投稿策略 ………… 198
本章小结 ……………………………… 200
习题 …………………………………… 200

第七篇　课题申报

第10章　课题申报书的撰写 …… 202

10.1 课题申报书与学位论文开题报告的
联系和区别 ……………………… 203
10.2 社会科学基金项目申报书的
撰写 ……………………………… 204
  10.2.1 社会科学基金项目的选题 … 205
  10.2.2 选题依据的论证 …………… 206
  10.2.3 "研究内容"论证 ………… 209
  10.2.4 "思路方法"论证 ………… 211
  10.2.5 "创新之处"论证 ………… 215
  10.2.6 "预期成果"陈述 ………… 216
  10.2.7 "参考文献"罗列 ………… 217
  10.2.8 研究基础和条件保障 ……… 217
10.3 课题申报书的写作技巧和
注意事项 ………………………… 218
10.4 课题申报书的审核与修改 …… 219
本章小结 ……………………………… 219
习题 …………………………………… 220

参考文献 …………………………… 221

附录1　国家社会科学基金年度
项目申请书填写范式 ……… 223

附录2　国家社会科学基金
年度项目课题论证活页 …… 232

第一篇

概　　述

　　写作是一项重要的社会技能，尤其在现代社会。拥有良好的写作能力，往往意味着拥有更有效的社会沟通能力和更好的工作机会。写作不仅是传递信息的工具，更是促使人们思考的重要方式。通过写作，人们能够梳理琐碎、繁芜的社会现实，有条理地进行沟通与表达，从而提升自身的抽象思维能力。

　　首先，写作有助于记忆，人们通过再次处理与组织信息，能加深印象，巩固学习成果。

　　其次，写作促进理解和共识，减少误解，提高沟通效率，特别是在学术和工作中。

　　最后，写作推动知识理论的形成，系统整理和反思经验，促进个人发展和社会进步。

　　总之，写作是一项不可或缺的技能，它在个人成长和社会发展中都起着重要作用。写作不仅能帮助人们更好地理解和记忆信息，还能促进沟通和传播知识。因此，培养良好的写作能力，是每个人都应该重视的目标。

第 1 章 论文写作概述

案例导读

国家减贫行动如何回应差异化需求——精准扶贫精准脱贫制度体系及其知识贡献

本文发表于《中国社会科学》2023(12)：19-38+199-200，作者：吕方，黄承伟

论文研究问题的来源：

党的二十大报告指出，完成脱贫攻坚、全面建成小康社会的历史任务，实现第一个百年奋斗目标，是过去十年对党和人民事业具有重大现实意义和深远历史意义的三件大事之一。

从推进中国式现代化实现中华民族伟大复兴的历史视野来看，消除绝对贫困问题、全面建成小康社会，为中国式现代化提供了更为完善的制度保证、更为坚实的物质基础、更为主动的精神力量。

从全球视野来看，中国赢得脱贫攻坚战的伟大胜利，标志着占世界人口总量超六分之一的中华儿女彻底告别了绝对贫困，中国提前十年实现了《联合国2030可持续发展议程》的减贫目标。

因此，在中国式现代化建设的大背景下，国家减贫行动如何回应差异化需求是一个值得研究的课题，论文选题由此形成。

论文摘要：

党的十八大以来，中国共产党原创性地提出并深入实施脱贫攻坚战略，建立精准扶贫精准脱贫制度体系，成功全面消除绝对贫困，书写了人类发展史上的伟大奇迹。其知识贡献在于，发展中国家解决好"精细化减贫"的问题，不能简单照搬西方发展理论所倡导的"分权化减贫治理"模式，而是需要同时解决好"高质量信息生产""联结政策供给与需求的有效机制"及"综合施策和政策协同"三方面问题，从而搭建起"统筹的多层级治理"体系。脱贫攻坚战以最短的时间、最好的效能，建立起一整套精准扶贫精准脱贫制度体系，兑现"全面小康、不落一人"的庄严承诺，表明中国特色减贫模式的巨大制度优势。在更为广泛的意义上讲，精准思维构成了理解和推进中国式现代化的重要知识与方法维度。

学习目的：
1. 了解论文的概念；
2. 了解论文的分类；
3. 了解论文的作用；
4. 掌握论文的写作过程。

1.1 论文的概念

论文在知识传播、学术交流、社会服务和个人职业发展中发挥着关键作用，保持学术研究的科学性、严谨性和创新性对推动社会进步和科技发展至关重要。

1.1.1 论文的定义

论文源自古典文学中的"论"这一文体，即论说文。在现代，论文主要指描述各个科学领域研究成果的文章。论文的定义可以概括为：某一学术课题在实验性、理论性或预测性上所具有的新的科学研究成果或创新见解的科学记录，或是某种已知原理应用于实际中所取得的新进展的科学总结。论文通常用于在学术会议上宣读、交流、讨论，或在学术刊物上发表，或用于其他学术用途。

例如，经济研究工作者发表在《经济研究》期刊上的论文，由于《经济研究》的综合影响因子和复合影响因子较高，被认为是经济学领域的权威期刊(如图1.1所示)。同样，教育研究工作者发表在《教育研究》期刊上的论文，由于《教育研究》的综合影响因子和复合影响因子较高，被认为是教育学领域的权威期刊(如图1.2所示)。

图1.1 《经济研究》

图1.2 《教育研究》

1.1.2 论文的特点

论文作为一种特殊的文体，具有以下几个特点。

(1) 科学性：论文以科学研究为基础，内容必须具备科学性、严谨性和逻辑性，保证研究结果的可靠性和可验证性。

(2) 创新性：论文应体现出创新的研究成果或新见解，推动学术领域的进步。

(3) 系统性：论文结构完整、逻辑严密，通常包括引言、方法、论证和结论等部分。

(4) 公开性：论文通过学术会议和期刊等公开发表，接受同行评议和讨论，促进学术交流和知识传播。

1.1.3 论文的功能

(1) 知识传播：通过发表论文，研究成果得以广泛传播，促进学术界的知识交流。

(2) 学术交流：论文在学术会议上宣读和讨论，有助于研究者之间的交流与合作。

(3) 学术积累：论文记录了科学研究的进展和成果，成为学术积累的重要组成部分。

(4) 职业发展：高质量论文的发表能够提升研究者的学术声誉和职业发展机会。

1.2 论文的分类

> 学术论文不仅是科学研究的成果，还是服务社会、推动发展的重要手段。撰写学位论文、期刊论文、会议论文和研究报告有助于认识科研对社会发展的重要性，增强服务国家和社会的责任感。例如，政策研究论文为政府决策提供科学依据，技术研究论文推动产业升级和技术进步。

1.2.1 按用途分类

1. 学位论文

学位论文是本科(学士)、研究生(硕士、博士)等不同层次学历教育中，为了对学生进行科学研究训练而要求撰写的论文。一般安排在最后一学年进行，学生在教师指导下，选定课题进行研究，撰写并提交论文。其目的是培养学生的科学研究能力，加强其综合运用所学知识、理论和技能解决实际问题的能力，并从总体上考查学生的学业水平。一般来说，学士学位论文要求字数约为1万字，硕士学位论文要求字数约为4万字，博士学位论文要求字数为5万~10万字。

2. 期刊论文

期刊论文发表在公开出版发行的杂志上，这些杂志拥有国内外正规刊号，可以在国家新闻出版署网站上查到。期刊论文可用于职称晋升等用途。

3. 会议论文

会议论文是在学术会议等正式场合首次宣读的论文。会议论文属于公开发表的论文，正式的学术交流会议一般会出版会议论文集。会议论文通常只能作为职称评定和科研考核的参考。

4. 研究报告

研究报告是对某一研究项目、实验或技术开发过程的详细记录，旨在总结研究过程、展示研究成果，并提出相关建议。研究报告通常用于内部交流、项目管理或技术审核，有时也可能公开发表。研究报告通常包括研究背景、研究方法、结果分析、结论和建议等部分，主要用于为决策提供依据或指导实际工作。

1.2.2 按语言分类

1. 中文类论文

中文类论文是指写作语言为中文的论文，适用于投稿至中文期刊及国内学术会议。中文类论文对于在中文学术界交流研究成果和思想具有重要意义。

2. 外文类论文

外文类论文主要指写作语言为英文的论文，适用于投稿至英文期刊或国际学术会议。外文类论文有助于在全球范围内传播研究成果，并与国际学术界进行交流和合作。

1.2.3 按研究方法分类

1. 综述研究论文

综述研究论文通过对已发表材料的组织、综合和评价，考察当前研究进展来澄清问题。综述研究论文具有指导性，通常包括对问题的定义，总结以前的研究，辨明文献中各种关系、矛盾、差距及不一致之处，并建议解决问题的后续步骤。主要方法是对已发表的文献观点进行分类和点评，最后提出总体结论。

例如：新质生产力：文献综述与研究展望，发表于《经济与管理评论》2024(03)：5-16，作者：任保平，豆渊博.

2. 定性研究论文

定性研究论文针对实证研究方法而言，阐明问题的性质，但不能量化，即不能建立数学模型进行量化研究。主要方法是提出问题、分析原因、解决问题。

例如：中华民族发展史视域下的乡村振兴战略——历史性演进与中国式现代化追寻，发表于《中国经济问题》2023(06)：13-23，作者：殷一博，朱召亚.

3. 定量研究论文

定量研究论文将问题数学化，通过数字结果直观地展示研究意义。主要方法是提出假设、实证分析、得出结论、提出建议。

例如：知识产权行政保护与企业数字化转型，发表于《经济研究》2023(11)：62-79，作者：甄红线，王玺，方红星.

4. 案例研究论文

案例研究论文针对特定且典型的事件、问题或工作，进行剖析、反思、归纳和总结，进而提炼出对策或建议。主要方法是提出问题、分析案例、得出结论。

例如：基于动态能力视角的品牌生态圈形成过程机制研究——以仁和集团为例，发表于《管理案例研究与评论》2024(01)：89-104，作者：余可发，高劲章，汪华林.

1.2.4 按学科分类

1. 医学类论文

医学类论文涉及医学领域的研究成果和新发现，包括基础医学、临床医学、公共卫生等方面的研究。

2. 教育学类论文

教育学类论文涉及教育理论、教学方法、教育政策等方面的研究和探讨，旨在提升教育质量和效果。

3. 经济学类论文

经济学类论文涉及经济理论、经济政策、市场分析等方面的研究，旨在解释经济现象并提供经济决策依据。

4. 工程学类论文

工程学类论文涉及工程技术、设计、应用等方面的研究，包括机械工程、电气工程、土木工程等领域。

……

(更多学科论文不再赘述)

1.3 论文的作用

> 学术论文在记录科研成果、促进学术交流、服务国家和社会、评估学术水平、培养创新思维和推动学术规范等方面具有重要作用。在撰写和发表论文时，要不断提升科学素养，增强学术诚信，牢记社会责任。

论文必须以理服人，以增加人类知识为最终目标。论文一般要探求理论贡献，它需要阐明所讲概念的内涵与外延，阐明各个概念之间的关联，在不同情况下概念的变异，以及它们的相关条件、机制和后果等。论文的作用包括以下几个方面。

1. 记录新的科研成果

论文是推动学术研究的有效手段。通过详细记录研究过程和结果，论文能够保存和传递新的科学发现和技术创新。这不仅有助于学术界了解最新的研究动态，还为后续研究提供了基础数据和参考资料。

2. 促进学术交流、成果推广和科技发展

论文通过在学术期刊、会议和其他平台上发表，使研究成果得以广泛传播。学术交流促进了不同学科、不同地区和不同研究机构之间的互动与合作，有助于推动学术思想的碰撞和创新。此外，论文的发表可以加速科技成果的推广和应用，推动社会经济的发展和科技进步。

3. 为政府、企事业单位献计献策

论文中的研究成果和理论观点可以为政府、企事业单位的决策提供科学依据。政策研究、市场分析、技术发展报告等论文能够帮助决策者了解当前形势，制订科学合理的发展策略和行动计划，从而提高决策的科学性和有效性。

4. 考核作者知识、科研水平的重要载体之一

论文是评估作者学术水平和科研能力的重要依据。高质量的论文可以展示作者在某一领域的深厚知识积累和独特见解，反映其科研能力和学术贡献。因此，论文的发表不仅是学术研究的成果展示，还是学术评价和职称评定的重要标准。

5. 培养学术能力和创新思维

论文写作是培养学术能力和创新思维的重要途径。通过论文写作，研究者能够系统地整理和反思自己的研究成果，提升逻辑思维能力和科学表达能力。同时，论文写作过程中的反复推敲和修改，有助于研究者发现问题、提出创新性解决方案，从而培养其创新思维。

6. 推动学术规范和科学精神的传播

论文写作需要遵循严谨的学术规范，包括引用文献、数据分析、结果讨论等，这有助于推动学术界的规范化建设。此外，论文的撰写和发表过程也传播了科学精神，强调实事求是、严谨治学和科学求证的重要性。

例如："一带一路"背景下的境外国有资产审计监管研究，发表于《会计之友》2018(24)：113-118，作者：任芳，高欣。该文通过调研我国境外国有资产发展现状，深入剖析境外资产审计监管面临的困境，提出了一系列解决方案，为审计机关加强境外国有资产审计监管提供了科学依据和政策建议。

提供科学依据：通过调研和分析我国境外国有资产审计监管的现状和问题，该论文为政府制定政策提供了科学依据。

借鉴国际经验：借鉴了国外发达国家的国有资产管理模式，提出了优化境外国有资产审计监管模式的具体措施。

提出解决方案：论文提出了具体的解决措施，如优化境外国有资产审计监管模式、公共投资审计与金融审计相结合、"三方共审"全面审计、健全法律制度、实施跟踪审计等。

该论文发表后全文转载于《审计文摘》(2019年第2期)，如图1.3所示，进一步证明了其研究成果的影响力和应用价值。

图1.3 《审计文摘》(2019第2期)

1.4 论文的写作过程

论文不同于一般的杂文、游记或评论，是一种用来表述科研成果的文章体裁。论文写作应从选题原则、资料积累与资料运用，以及研究的原则与方法、论文写作规范等方面进行认真把握，主要包括以下几个方面。

- 论文的开始，即选题，如何选题？选题后如何进行论文标题的命名？
- 如何下笔？从哪下笔？
- 应该查看哪些参考文献？哪些参考文献的内容可以被引用？
- 论文的引言怎么写？
- 论文的文献综述怎么写？
- 论文的写作线索是什么？
- 论文的框架结构怎么确定？
- 论文最后怎么结尾？
- 论文完成后，如何投稿？
- 录用后，如何进一步修改论文的写作内容？

论文的写作过程如图1.4所示。

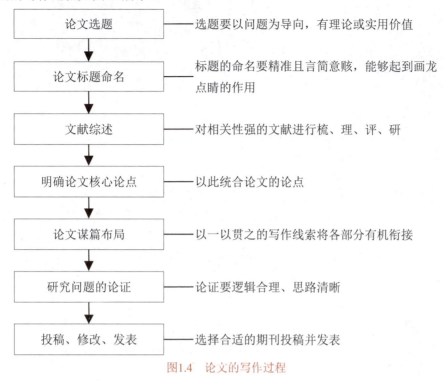

图1.4 论文的写作过程

本章小结

本章全面介绍了学术论文的概念、分类、作用及写作过程，旨在帮助读者建立对学术论文的全面认识，提高论文写作的科学性和规范性。首先，详细解释了论文的定义及其特点，强调了论文在科学研究中的重要性和特殊性，包括科学性、创新性、系统性和公开性。其次，分类介绍了学术论文的不同类型，如学位论文、期刊论文、会议论文和研究报告，进一步阐明了论文在知识传播、学术交流、学术积累和职业发展中的重要作用。再次，分析了论文在记录科研成果、促进学术交流、服务国家和社会、考核学术水平、培养学术能力和推动学术规范等方面的功能。最后，系统讲解了论文写作的全过程，从选题、资料积累与运用、研究方法的选择与应用，到撰写、修改和投稿，提供了具体的操作指南。本章不仅提供了理论基础，还通过实际案例展示了论文的写作方法和应用技巧，旨在帮助读者掌握论文写作的核心要点，提升其学术写作能力和研究水平。

习 题

思考与练习：

1. 按论文的用途分类，论文分为哪几类？
2. 按论文研究方法分类，论文分为哪几类？
3. 简述论文写作的过程，并阐述要注意哪些问题。

文献研读：

请在文献数据库中下载以下论文进行阅读，了解论文的研究方法。

[1] 任保平，豆渊博. 新质生产力：文献综述与研究展望[J]. 经济与管理评论，2024(3)：5-16.

[2] 殷一博，朱召亚. 中华民族发展史视域下的乡村振兴战略——历史性演进与中国式现代化追寻[J]. 中国经济问题，2023(06)：13-23.

[3] 甄红线，王玺，方红星. 知识产权行政保护与企业数字化转型[J]. 经济研究，2023(11)：62-79.

[4] 余可发，高劲章，汪华林. 基于动态能力视角的品牌生态圈形成过程机制研究——以仁和集团为例[J]. 管理案例研究与评论，2024(01)：89-104.

第二篇

论文选题

　　选题是指通过选择确定所要研究的中心问题。从广义上讲，选题包括两方面含义：一是确定科学研究的方向，二是选择具体的研究对象或问题。选题在论文写作中占据着核心地位，选题的成功与否直接关系到整个科研工作的质量和成果。研究者在进行选题时，应当深入调研、认真思考，选择具有学术价值和实际意义的课题，确保研究工作的顺利开展和高质量的研究成果。

　　第一，选题是科研工作的起点。一个明确且有意义的选题，能够激发研究者的兴趣和动力，为后续的研究工作奠定坚实的基础。

　　第二，选题是一项重要的研究工作。选题过程需要研究者深入了解相关领域的研究现状，识别研究空白和前沿问题，确定具有科学价值和实际意义的研究课题。

　　第三，选题是科研人员才能的体现。一个优秀的选题能够反映科研人员的学术视野和研究能力。能够选择一个有价值、有前景的研究课题，是科研人员综合素质和学术水平的重要体现。

第 2 章

论文选题与标题命名

📖 案例导读

跟踪国内外社会热点问题，撰写相关选题的系列文章

作者杜永红，多年来关注精准扶贫与乡村振兴，伴随着精准扶贫、精准脱贫进程，陆续撰写多篇关于精准扶贫与乡村振兴方面的文章，并出版了相关选题的专著，如表2.1所示。

表2.1 以"精准扶贫与乡村振兴"的关注热点撰写系列文章

论文或专著名称	发表期刊或出版社	时间	关注热点问题
大数据背景下精准扶贫的审计监督全覆盖研究	《会计之友》	2017(20)	利用大数据将精准审计融入精准扶贫的事前、事中和事后阶段，发挥审计的评价监督作用，将促进精准扶贫的有效实施
大数据背景下精准扶贫绩效评估研究	《求实》	2018(02)	大数据是精准扶贫中精准识别的基础；大数据是精准扶贫中精准分析的支撑；大数据是精准扶贫中精准评估的依据
乡村振兴战略背景下网络扶贫与电子商务进农村研究	《求实》	2019(03)	乡村振兴战略、精准扶贫与网络扶贫有效融合；网络扶贫与电子商务进农村有效结合；电子商务进农村对网络扶贫具有促进作用
乡村振兴战略下的贫困地区可持续性发展研究	专著，天津大学出版社	2020(04)	乡村振兴与脱贫攻坚存在以内容共融、作用互构和主体一致为特征的关联关系，乡村振兴可借鉴脱贫攻坚的有效经验实现稳步发展；脱贫攻坚能够利用乡村振兴机遇实现成果巩固和纵深发展

学习目的：

1. 了解论文选题好的标准；
2. 了解论文选题的来源；
3. 掌握论文选题的七大原则；
4. 掌握论文标题的命名方法。

2.1 论文选题好的标准

> 学术论文的选题不仅关乎研究成果的质量，还体现了科研人员的社会责任感和学术道德。通过强调选题的时代性、导向性、针对性、可行性、学术价值和社会影响力，培养学生关注社会热点、服务国家需求的意识，提升其社会责任感和使命感。引导学生在选题过程中注重创新和应用价值，提升其科学素养和批判性思维能力。

选题是论文写作过程中的首要环节和核心步骤之一，至关重要。它不仅决定了论文写作的主要方向和目标，而且在一定程度上确定了论文写作的方法和途径。衡量一个科研人员的科研能力和论文撰写能力，首先要看他是否能够选择有价值的课题。正所谓"题好文一半"，即选准、选好研究课题，就等于论文写作成功了一半。那么，怎样的选题才算是好的选题？

2.1.1 富有时代性

如何把握选题的时代性？

1. 分析形势，把握论文选题的方向

要关注世界、中国，以及地域经济、政治、文化、社会发展的走势和动态，做到视野开阔、胸有大局。了解当前的发展趋势和重大事件，确保选题符合时代需求。
- 全球视野：关注国际形势，如全球化进程、气候变化、国际贸易等。
- 国家发展：关注国家政策、经济改革、科技创新等方面的动向。
- 区域动态：关注地方经济发展、区域特色产业、社会治理等问题。

2. 聚焦社会与经济的某个热点

所谓聚焦社会与经济的某个热点，就是把分析形势进一步落实在具体的某个热点问题上。选题应关注当前社会和经济发展的重点问题，能够反映出当前的实际需求和关注点。

例如：习近平总书记在党的二十大报告中指出，全面推进乡村振兴。全面建设社会主义现代化国家，最艰巨最繁重的任务仍然在农村。坚持农业农村优先发展，坚持城乡融合发展，畅通城乡要素流动。加快建设农业强国，扎实推动乡村产业、人才、文化、生态、组织振兴。其中，乡村振兴及建立健全稳定脱贫长效机制是一个值得研究的问题。

案例分析2-1

中国式现代化视野下的乡村振兴战略

本文发表于《广东社会科学》2024(02)：26-39+286-287，作者：贺雪峰

选题背景：乡村振兴战略必须服务和服从于中国式现代化的总目标。乡村振兴首先需要服务农民中的弱势群体，将尽可能多的农业就业与获利机会留给他们，并为他们建立基

于村庄的社会保障体系。

研究目的：为农民提供保障的农村社会体制与城市市场体制的对冲及平衡，为中国式现代化总目标的实现提供基础条件。

选题时代性：选题聚焦于如何在中国式现代化的大背景下实现乡村振兴，具有明显的时代性。

关注弱势群体：强调服务农民中的弱势群体，体现了对社会公平和共同富裕的关注。

建立保障体系：建立基于村庄的社会保障体系，契合当前社会保障体系建设的时代需求。

选题的实际应用：

- 农业就业与获利：选题提出将尽可能多的农业就业与获利机会留给农民中的弱势群体，具有实际操作性。
- 社会保障：强调为弱势群体建立社会保障体系，具有重要的社会意义和现实意义。
- 体制对冲与平衡：提出农村社会体制与城市市场体制的对冲与平衡，为政策制定提供了科学依据。

2.1.2 具有导向性

课题来源于问题。提问是选题的前提。提不出问题，也就无题可选。提问就是将自己所思考的问题变成学术问题。因此，以问题为导向，是科学研究的最根本、最内在、最持久推动力。

论文选题的问题包括两个方面：一是社会问题，二是科学本身发展的问题，这是选题策划的重要依据和出发点。因此，应从重大理论问题和现实问题的结合切入，这是论文选题的最佳路径。论文选题的价值主要包括科学理论价值与实际应用价值两个方面。

1. 科学理论价值

(1) 创新性：选题要有创见、有新意、有特色，具备一定的先进性。它应该是作者在对专门性的知识进行积累并加以深入探讨和系统研究基础上的劳动结晶，具有一定的理论高度和普遍意义。

(2) 理论贡献：一个好的选题应当能够推动学科的发展，提出新的理论框架或观点，填补现有研究的空白。

(3) 学术影响：选题应当有潜力在学术界产生较大的影响力，能够引起同行的关注和讨论。

2. 实际应用价值

(1) 现实需求：选题应是现实生活中亟待解决的问题，此类选题大多同物质文明和精神文明建设密切相关，社会需要，群众关心，研究目标明确。

(2) 社会效益：选准问题并加以解决，就会带来巨大的经济和社会效益，为国家和人民做出巨大贡献。

(3) 政策影响：选题应当能够为政策制定和社会治理提供科学依据，具有实用性和可操作性。

对于论文作者而言，以问题为导向确定选题需要深入观察和思考当前社会和科学发展中的关键问题。通过分析生活和工作中的实际困惑，提出学术问题。这不仅使选题更具导向性和针对性，还能确保研究具有实际应用价值，解决现实中的具体问题。

案例分析2-2

发挥创新主导作用 加快发展新质生产力

本文发表于《红旗文稿》2024(06): 15-18+1, 作者：李永强

选题背景：发展新质生产力是我国在新一轮科技革命和产业变革中"变道超车"的根本动力，是我国在激烈的大国竞争中夺取制高点的战略举措，是推动高质量发展的内在要求和重要着力点。

研究目的：新发展阶段，必须充分发挥创新的主导作用，加快发展新质生产力，不断增强高质量发展的推动力和支撑力。

选题导向性：选题聚焦于如何在新一轮科技革命和产业变革的背景下，通过发展新质生产力实现"变道超车"，具有明显的导向性。

- **大国竞争**：强调在激烈的大国竞争中，夺取战略制高点的重要性，体现了选题的战略导向。
- **高质量发展**：选题紧扣高质量发展的内在要求和重要着力点，具有明确的政策导向和实际应用价值。

科学理论价值：

- **创新主导作用**：论文提出了创新是新质生产力发展的主导作用，具有一定的理论创新性。
- **理论高度**：通过深入分析新质生产力的发展路径，论文在理论层面上提出了一些新的观点和见解，为学术研究提供了新的思路。

实际应用价值：

- **发展新质生产力**：论文明确指出加快发展新质生产力的重要性，为我国在新科技革命和产业变革中找到"变道超车"的途径。
- **政策指导**：论文提出的战略举措和具体措施，为政府和企业在实际操作中提供了科学依据和政策指导，具有很强的实用性。
- **社会效益**：通过发展新质生产力，推动高质量发展，能够带来巨大的社会效益和经济效益，为国家和社会进步做出重要贡献。

2.1.3 体现针对性

问题精确，即方向准确，内容具体；"顶天立地"，即理论"顶天"，现实落地。

(1) "小"：选题要足够小，以小见大，循序渐进。选题不怕小，总能够以小见大。所谓"小"，是指切入点要小，小到你可以把握的范围。所谓"大"，是指视野要大，从小

问题讲出大道理。

(2) "清"：对于所要研究的选题，自己要确实想清楚，或者至少知道自己确实能够研究清楚。某个题目值得写是一回事，但这个题目能不能写好又是另一回事。

(3) "新"：选题要有新意。对于一个新手来说，千万别碰前人已经研究过好几十年的题目。"新"可以是新材料、新问题，也可以是新方法、新视角。退而求其次，是提出新观点，即给老问题以新的回答。可以先"题中选新"，从众多题目中选择最"新"的问题开始，继而"新中选清"，研究新颖领域中更为熟悉清楚的问题，最后是"清中选小"，选择能够驾驭的问题，做到以小见大、察微知著。

案例分析2-3

双碳目标约束下的ESG审计研究

本文发表于《哈尔滨工业大学学报(社会科学版)》，2022, 24(02): 154-160，作者：杜永红

选题背景：应逐步加大上市公司ESG审计力度，建立健全ESG审计制度，构建科学合理的ESG审计评估指标体系，广泛推进ESG大数据审计，建立ESG协同审计机制，从而更好地贯彻执行中国"双碳"目标，持续促进上市公司高质量发展。

体现针对性：
- "小"：选题具体聚焦在ESG审计的具体措施上，如建立评估指标体系和推进大数据审计。
- "清"：论文清晰地阐述了如何通过加强ESG审计来实现"双碳"目标，具有明确的研究思路和可操作性。
- "新"：选题具有创新性，探讨"双碳"目标背景下ESG审计的新方法和新机制。

2.1.4 具有可行性

论文选题时，既要考虑客观需要和社会价值，以及论题研究的必要性，还要考虑开展研究和进行论文写作的主观条件和客观条件，考虑完成研究和写作的可行性。

1. 要考虑自己的专业特长与优势

专业特长是一项很重要的主观条件，能够确保研究者在熟悉的领域内进行深入探讨，提高研究的质量和深度。

2. 要有浓厚的兴趣

兴趣能使人产生强烈的好奇心和求知欲望。选择自己感兴趣的课题能够激发持续的研究热情，保持研究动力。

3. 要考虑自己的能力与水平

选择范围大小适当、难易程度适中的论题，确保在自身能力和水平范围内能够完成。这样不仅可以保证研究的顺利进行，还能提高研究的有效性。

4. 考虑客观条件

如资料、时间、使用设备、器材、科研经费等是否充足。充足的资源保障是完成高质量研究的前提。

概括而言，选题应满足以下几个条件：体现专业特点，符合本人兴趣，选题所需资料能够查找到，选题自己能够驾驭，选题能够给予自己发挥的空间。

📖 案例分析2-4

基于动态能力视角的品牌生态圈形成过程机制研究——以仁和集团为例

本文发表于《管理案例研究与评论》2024(01)：89-104，作者：余可发、高劲章、汪华林

选题背景：在数字经济时代，品牌生态圈的构建为品牌可持续发展提供了强大支撑，但对其形成过程的内在机理研究不足。基于动态能力视角，选取仁和集团作为研究对象，通过纵向解构其多年品牌发展历程，总结品牌生态圈的形成过程机制。

选题可行性：

- **专业特长**：作者具有管理学领域的专业背景和研究经验，能够深入分析品牌生态圈的形成机制。
- **兴趣**：研究者对品牌发展和动态能力有浓厚的兴趣，激发了对品牌生态圈形成机制的研究热情。
- **能力与水平**：选题难度适中，既具有挑战性，又在研究者的能力范围内，可以顺利完成。
- **客观条件**：研究所需资料充足，包括仁和集团的品牌发展数据和相关文献。时间和科研经费也能保障研究的顺利进行。

2.1.5 具有学术价值

选题应具有学术价值，能够为学术界提供新的视角或做出理论贡献。
(1) 理论贡献：选题应当能够填补现有研究的空白，提出新的理论框架或观点。
(2) 方法创新：选题应鼓励研究方法的创新，采用新的研究方法或技术手段。
(3) 学术影响：选题应有潜力在学术界产生较大的影响力，能够引起同行的关注和讨论。

📖 案例分析2-5

数字经济赋能农民工返乡创业的内在机理与政策响应

本文发表于《求索》2024(03)：188-196，作者：王曰影

选题背景：数字经济的发展为农民工返乡创业提供了新的机遇。理解其内在机理和政策响应对于推动农民工返乡创业具有重要意义。

研究目的：探讨数字经济如何赋能农民工返乡创业，并提出相应的政策响应建议。

学术价值：

- **理论贡献**：论文提出了数字经济赋能农民工返乡创业的新机理模型，填补了现有

研究的空白。
- 方法创新：采用了多种数据分析方法，揭示了数字经济对农民工返乡创业的影响机制。
- 学术影响：论文在数字经济和创业研究领域引起了广泛关注，具有较高的学术影响力。

2.1.6 具有社会影响力

选题应具有社会影响力，能够为社会发展和进步做出贡献。
(1) 社会需求：选题应关注社会实际需求，能够解决现实中的具体问题。
(2) 政策影响：选题应当能够为政策制定和社会治理提供科学依据。
(3) 公众关注：选题应关注公众关注的问题，能够引起社会的广泛关注和讨论。

案例分析2-6

新时代就业优先的政策和法律保障

本文发表于《广西社会科学》2023(09): 157-164，作者：涂永前

选题背景：在新时代背景下，就业问题成为政府关注的重点。如何通过政策和法律保障就业优先战略的实施是当前的重大课题。

研究目的：分析就业优先政策和法律保障的现状，提出完善政策和法律体系的具体建议。

社会影响力：
- 社会需求：论文关注就业优先这一重要社会需求，提出了具有操作性的政策和法律建议。
- 政策影响：为政府制定就业政策和法律提供了科学依据，促进了就业优先战略的实施。
- 公众关注：论文引起了广泛的社会关注和讨论，推动了公众对就业问题的重视。

2.2 论文选题的来源及常见问题

在论文选题过程中，强调从实习业务、学术会议、期刊征稿指南及课题研究等多种渠道获取选题，不仅有助于提升学术研究的广度和深度，还能增强学生的社会责任感和使命感。通过结合社会需求和学术前沿，培养学生关注实际问题、解决社会矛盾的能力，推动理论与实践的紧密结合。

2.2.1 选题与调研的关系

论文选题与调研之间存在紧密的互动关系，如图2.1所示。科学的调研可以为选题提供坚实的基础，而明确的选题方向可以引导调研的深度和广度。调研可以帮助发现研究的空白和前沿问题，而明确的选题可以引导调研的方向和深度。通过有效的调研和科学的选题，研究者可以确保论文的科学性、实用性和创新性，为后续的研究工作奠定坚实的基础。

图2.1 调研与选题的关系

1. 调研

调研即调查研究，是指研究人员在理论指导下，通过与研究对象的直接接触，使用有效的调查方法获取原始资料，并进行处理和分析，以准确把握研究对象的性质、特点、发展、可能的变化及相关影响因素。

2. 先调研后选题

在撰写论文之前，一般先进行调研再确定选题。对于高校大学生而言，毕业论文的调研通常安排在实习阶段进行。学生在实习过程中，通过收集大量资料和熟悉实际业务流程，根据实习单位的要求和自身具体情况，结合所学专业自拟课题或从教师拟订的课题中选择一个。这种选题具有较强的针对性和实用性，减少了选题的盲目性。

3. 先选题后调研

在某些情况下，研究者可以先确定一个大致的研究方向或初步选题，然后通过调研来具体化和优化选题。先选题后调研的步骤如下。

(1) 初步选题：根据个人兴趣、专业特长或社会需求，确定一个初步的研究方向。

(2) 细化调研：针对初步选题，进行深入的文献调研和实地调研，了解当前研究现状和实际问题。

(3) 优化选题：根据调研结果，细化和优化选题，确保其科学性、创新性和可行性。

4. 调查方向的确定

确定研究方向时，需要综合考虑适用性、适应性和创新性。调查研究的方向，如图2.2所示。

图2.2 调查方向的确定

1) 适用性

选择调查研究的问题时要考虑其实用价值与学术价值，使之能回答和解决实际工作或学科领域中的实际问题。

2) 适应性

确定研究方向时要充分认识和估计自己的知识储备及专业能力，同时考虑自己的专长和兴趣，使所选定的研究方向、难易程度都与自己的知识积累、分析问题和解决问题的能力相适应。

3) 创新性

只有创新，写出的论文才会有灵魂。学生可以从如下途径去确定研究方向。

(1) 从交叉学科领域定方向。

(2) 从不同学科间可能存在的联系定方向。

(3) 从不同学者的争论中定方向。

(4) 从实践中定方向。

4) 教师指导

在教师的指导下，学生可以少走弯路，尽快地掌握科学研究的方法，同时能及时发现选题中出现的问题，以保证选题、调研、写作等各项工作的顺利开展。

2.2.2 选题的来源

论文选题的来源多种多样，以下是几种常见的选题来源及其案例分析。

1. 从实习业务中产生

案例分析硕士研究生的毕业论文《精准扶贫基层审计工作机制研究——以XA市CA区为例》。

选题来源：作者在实习期间进入XA市审计局农业与资源环保审计处，参与精准扶贫专项审计工作。在实习过程中，观察到精准扶贫领域存在诸多问题，如扶贫工作不作为、不合理、不到位等。在审计过程中，通过与其他审计人员的沟通交流及细心观察，作者意识到这些问题的根源在于精准扶贫审计工作机制的不健全、不完善。为了解决这些问题，决定以完善精准扶贫基层审计工作机制为选题，深入研究并提出改进建议。

论文主要研究方法：案例研究法。以实习工作中参与的XA市CA区审计局精准扶贫专项审计项目为切入点，分析审计问题及其原因，提出建立审计工作机制的建议。

2. 从会议征稿中产生

学术会议征稿一般分为国内学术会议征稿与国际学术会议征稿，在会议召开之前会发布会议征稿指南，可从中选择具体的一项，进行论文拟题。

例如：第五届互联网与数字经济论坛(2023)的征文选题(包括但不限于此)。

(1) 数字经济与高质量发展。

(2) 数字经济与产业现代化。

(3) 数字经济与供应链安全。

(4) 数字经济与绿色发展。

(5) 数字经济与乡村振兴。

(6) 数字经济与共同富裕。

(7) 数字经济与国际贸易。

(8) 数字经济与区域发展。

(9) 数字金融与金融风险防范。

(10) 数字经济与政府治理。

(11) 数据要素与数据治理。

(12) 企业数字化转型与管理。

(13) 数字经济学理论与探索。

3. 从期刊征稿指南中产生

例如：2024年《经济纵横》的重点选题。

(1) 习近平经济思想研究。

(2) 马克思主义政治经济学基本理论研究。

(3) 中国特色社会主义政治经济学学科体系、学术体系、话语体系构建。

(4) 中国式现代化的理论创新与战略实践。

(5) 新发展格局构建与高质量发展研究。

(6) 深化重点领域改革研究。

(7) 加快全国统一大市场建设研究。

(8) 促进新质生产力形成与发展。

(9) 扩大国内有效需求的理论和实践探讨。

(10) 推动区域协调发展研究。

(11) 新时代推动东北全面振兴的创新举措。

(12) 扩大高水平对外开放研究。

(13) 以科技创新引领现代化产业体系建设研究。

(14) 农业农村现代化的重点方向与实现路径。

(15) 有力有效推进乡村全面振兴研究。

(16) 新一轮财税体制改革研究。

(17) 加快建设中国特色现代金融体系研究。

(18) 促进民营经济发展壮大研究。

(19) 人工智能与数字经济研究。

(20) "双碳"目标下推动绿色发展研究。

4. 来源于课题研究

课题研究包括制定方案、开题、实施和总结。依据课题研究内容，撰写研究成果是重要环节。课题研究成果多以书面形式呈现，即著作、论文、研究报告等。

案例分析2-7

国家审计参与全面从严治党的可行性及路径选择

本文发表于《财会月刊》2019(06): 3-178，作者：冯均科

选题来源：国家社会科学基金项目"基于国家治理视角的'审计清单'与审计整改效

果研究"(项目编号：17BJY032)。

研究目的：国家审计的大部分业务与全面从严治党还存在一定距离，因此，国家审计参与全面从严治党必须寻找突破口，主要包括变革经济责任审计、深化绩效审计和建设数据平台。

选题分析：

- **来源背景**：该选题源自国家社会科学基金项目，强调国家治理和审计整改的重要性。
- **问题识别**：通过研究发现，国家审计与全面从严治党之间存在一定的距离，需要寻找有效的路径来加强国家审计的作用。
- **研究方法**：项目研究过程中，通过理论分析和实证研究，提出变革经济责任审计、深化绩效审计和建设数据平台等建议，旨在提升国家审计在全面从严治党中的作用。
- **学术价值**：该选题具有重要的理论和实际意义，不仅填补审计领域的研究空白，还为国家审计参与全面从严治党提供了具体的路径和方法。

2.2.3 选题过程中常见的问题

在论文选题过程中，研究者常常面临多种问题，这些问题若不及时解决，会影响研究的质量和进度。

1. 选题过大或过小

选题范围过大，研究内容繁多，难以在规定时间和资源内完成；选题范围过小，缺乏研究价值和深度。应确保选题范围适中，明确研究目标和重点，确保研究在可控范围内进行。可以参考已有研究，找出适合自己的具体方向。

例如，"乡村振兴背景下农村电商的发展路径研究"比"乡村振兴研究"更具体，更易于操作。

2. 选题不够新颖

选题缺乏创新性，重复已有研究，难以提出新的观点或方法。选题要有创新性，避免重复已有研究。寻找新的视角或方法，关注学术前沿和实际问题。

例如，"区块链技术在基层央行内部审计中的应用研究"，发表于《商业会计》2023(03)：27-32，作者：杜永红，孙羽洁。该选题通过引入区块链这一新兴技术，探索其在基层央行内部审计中的应用，提供了新的视角和方法，展示选题的新颖性。

3. 选题缺乏数据支持

选题没有足够的数据和资料支持，难以进行深入研究。应确保选题有足够的数据和资料支持，可以通过文献综述、实地调研等方式获取所需数据。

例如，"企业战略差异度会影响ESG表现吗"，发表于《财会月刊》2024(06)：65-71，作者：杜永红，时虎，王思懿。本文以2009—2021年我国A股上市公司为样本，实证检验上市公司战略差异度对ESG表现的影响及其内在机制，确保了数据的支持和研究的可靠性。

4. 其他常见问题

理论框架不明确、研究方法不当等。

识别和解决选题过程中遇到的其他问题，明确理论框架，选择适当的研究方法。

例如，结合多种研究方法，如定量分析与定性分析相结合，确保研究的科学性和系统性。"供给侧改革对农民工收入增长的影响因素分析"，发表于《统计与决策》2017(24)：107-110，作者：李洁。本文根据2015年的实地调研数据，利用VAR模型和Logit模型着重分析了农民工收入的充足性和稳定性，体现了理论框架的明确性和研究方法的适当性。

2.3 论文选题的七大原则

> 在论文选题过程中，注重有用性、公共性、经验性、传承性、创新性、现实性和前瞻性，不仅有助于提升学术研究的深度和广度，还能培养学生的社会责任感和使命感。通过结合社会需求和学术前沿，培养学生关注实际问题、解决社会矛盾的能力，推动理论与实践的紧密结合，提升科学素养和批判性思维能力，促使他们在学术和实际工作中发挥更大的作用。

在选择论文题目时，研究者应遵循若干原则以确保选题的科学性、实用性和创新性。遵循这些原则不仅可以提高论文的研究价值，还可以增强论文对学术界和社会的贡献。

案例分析2-8

返贫预警机制构建探究

本文发表于《中国特色社会主义研究》2018(01)：57-63，作者：范和生

选题来源： 本选题来源于对扶贫工作中返贫现象的观察和分析，特别是现有研究多集中在返贫发生后的治理层面，忽视了预防的重要性。

研究目的： 构建一个有效的返贫预警机制，以加强对返贫的预防，减少返贫现象的发生，降低后期治理难度。

选题分析：

- 有用性原则：通过建立返贫预警机制，为省、市、县等各级政府部门提供了理论依据和应用策略，帮助他们打赢脱贫攻坚战。
- 公共性原则：返贫问题关系到社会的稳定与发展，具有广泛的社会影响。
- 经验性原则：基于对现有返贫治理经验的总结，提出了新的预警机制。
- 传承性原则：在现有扶贫研究的基础上，进一步探讨返贫预警机制，继承并发展了前人的研究成果。
- 创新性原则：创新性地提出了返贫预警机制，填补了返贫研究领域的空白。
- 现实性原则：返贫问题是当前社会面临的现实问题，研究返贫预警机制具有重要的现实意义。

- 前瞻性原则：预警机制的建立有助于前瞻性地预防返贫现象，为长期解决贫困问题提供了新的视角。

2.3.1 有用性原则

在学术市场中，只有富含一定价值的学术产品才能在市场中存活。同其他类型的产品一样，学术产品要能够在实际生活中满足人们的社会需求，这样才能有用。具体而言，学术作品要能够帮助人们更好地认识和理解这个世界，并为改变世界奠定知识基础。在选题之前，你可以问一问自己：会不会至少有一个读者因为我的研究而受益？

案例分析2-9

联合审计对完善我国审计监管机制的启示

本文发表于《现代审计与经济》2019(02)：10-15，后全文转载于人大复印资料《审计文摘》，
作者：杜永红

选题来源：作者通过对当前审计工作中存在的问题进行分析，提出了完善审计监管机制的必要性。

研究目的：随着经济与社会的发展，加强企业财务风险防范和治理企业舞弊迫在眉睫。本文旨在探讨如何通过联合审计来提升我国审计监管机制的有效性。

选题分析：

有用性原则：本文通过研究联合审计对完善审计监管机制的启示，提出了切实可行的解决方案，能够帮助企业防范财务风险，治理舞弊行为。

- 问题识别：审计抽样存在不可避免的风险，内部审计独立性、权威性差，会计师事务所未勤勉尽责或注册会计师实施审计舞弊等问题，导致审计不能及时有效发现舞弊行为。
- 研究方法：通过对国内外审计制度的比较研究，结合案例分析，提出了具体的改进建议。
- 学术价值：本文借鉴了欧洲倡导的联合审计，提出逐步推行与审计轮换制并举的审计制度，加强内部审计与外部审计的协同合作，这些建议具有很高的学术和实际应用价值。

本文的价值所在：通过提出联合审计的概念，为提升审计质量、完善审计监管机制提供了新的思路。研究结果对实际审计工作有直接指导意义，能够帮助审计人员更好地发现和防范舞弊行为，进而提高审计工作的整体水平。

2.3.2 公共性原则

米尔斯在《社会学的想象力》中告诫后来者：学术研究一定要区分个人困扰与公共议题。因此，论文必须能够解决公共困扰问题。

例如，有一个农村的朋友陈述了这样一个事实："我家哥哥为娶嫂子，彩礼花费15万元，婚礼费用5万元，盖新房、买家具花费30万元，合计50万元，一场婚礼将家里'洗劫一空'，全家存款花完，还欠债30万元。父母已年近六旬，却为偿还巨债，外出打工，爷奶已逾八旬，均身患疾病，现在没钱看医生。"这是个人抱怨，不符合公共性原则。

而《乡村振兴战略下的贫困地区可持续性发展研究》(专著，作者：杜永红，2020年4月由天津大学出版社出版)一书是这样陈述这一现象的："从因婚返贫方面看，贫困地区'天价彩礼'有愈演愈烈之势。娶媳妇成了贫困家庭脱贫奔小康路上的拦路虎，不少贫困户'办事时喜气洋洋，办完事哀声连连'，导致快速返贫。"

案例分析2-10

基于中国国情的农业全产业链数字化转型路径

本文发表于中国流通经济，2023(12)：36-48，作者：杜永红

选题来源：作者通过对中国农业现状及数字化转型的长期观察和研究，发现农业全产业链数字化转型过程中存在的问题及发展需求，认为这一问题不仅影响农业产业的发展，还关系到国家整体经济的健康发展。

研究目的：探讨如何通过数字化转型促进中国农业全产业链的发展，解决当前农业生产中的低效率、低标准化和品牌化不足等问题，从而推动农业农村优先发展，以及数字中国和农业强国建设。

选题分析：

公共性原则：本文通过研究中国农业全产业链数字化转型路径，提出了具体的政策建议，旨在解决中国农业数字化转型发展中存在的共同困扰问题。

- **问题识别**：农业全产业链数字化转型过程中面临的主要问题包括农业生产规模化不足、标准化和品牌化程度低、农村产业融合水平不高等，这些问题阻碍了农业的现代化和可持续发展。
- **研究方法**：采用定量研究方法，通过构建农业全产业链数字化水平评价指标体系，结合测算结果，分析我国农业全产业链数字化发展现状与存在的问题。
- **学术价值**：研究结果为政府制定农业政策提供了理论依据和实用策略，具有重要的实际应用价值。

本文的价值所在：通过详细研究中国农业全产业链数字化转型路径，本文为解决农业数字化转型中的实际问题提供了切实可行的政策建议，帮助政府和相关机构更好地推动农业现代化发展，并为制定相关政策提供了科学依据。

2.3.3 经验性原则

研究者应该选择具有个体独特体验和领悟的题目，只有具备个体经验的支撑，研究才能做得新颖、深入并有价值，研究也才能够有持久的内在动力。很多研究者试图选择一个宏大、时兴的主题，客观说，这些选题更容易发表，但是研究者在选择它们之前必须有一个清醒的认识：自己是否有相应的经验支撑？如果没有，是否可以通过调研等方式加以补

充完善？没有调查，就没有发言权。缺乏经验支撑的选题，不论大小，都容易导致泛泛而谈，最后做出来的成果也难深入，缺少新颖性，甚至连自己都不能被说服。

案例分析2-11

"两统筹"下的经济责任审计提质增效路径研究

本文发表于《财会通讯》2023(09)：116-121，作者：杜永红、王思懿

选题来源：本文旨在深入分析当前经济责任审计过程中存在的问题，构建全面覆盖、高效权威的审计监督体系。

研究目的：基于"双钻石模型"理论，深入分析经济责任审计工作现状，提出通过审计"两统筹"实现经济责任审计提质增效的路径。

选题分析：

经验性原则：本文选题基于作者多年在会计与审计领域的研究经验和实践经历，确保了研究的深度和新颖性。

- 问题识别：经济责任审计中存在审计项目统筹安排不够顺畅、各机关与政府部门沟通协调不足、审计监督结果运用效能较低、审计人员综合能力有待提高等问题。
- 研究方法：采用"双钻石模型"理论，通过定量和定性分析方法，提出了优化审计组织方式、构建多部门审计协作机制、建立健全审计质量监督管理体制等具体措施。
- 学术价值：研究结果为经济责任审计提质增效提供了理论依据和实用策略，具有重要的实际应用价值。

本文的价值所在：本文通过将"双钻石模型"理论应用于经济责任审计提质增效路径的研究，为审计机构提供了新的视角和方法，以提升审计工作的质量和效率。研究结果不仅帮助审计机构优化组织方式和提高审计人员综合能力，还为后续研究提供了重要的参考。

2.3.4 传承性原则

学术研究不是从头开始，而是基于前人研究的再积累。今天的学术研究一般有自身的学科视角，这包含了特定的研究传统和研究脉络。它们是将研究深化的前提条件。研究选题的传承性就是指必须在某种程度上继承这些积累性成果，一方面是理论的传承，另一方面是方法的传承。

案例分析2-12

中国经济减速的原因与出路

本文发表于中国人民大学学报，2016(06)：64-75，作者：方福前、马学俊

选题来源：作者基于前人对中国经济增长的研究，特别是索洛余值法在经济学中的应

用，进一步探讨中国经济减速的原因和出路。

研究目的：运用广义的索洛余值法分析中国经济减速的原因，并提出相应的解决方案。

选题分析：

传承性原则：本文在索洛余值法的基础上进行研究，体现了理论和方法的传承性。

- **理论传承**：经典的索洛余值法假定资本—产出弹性系数 α 是常数，但本文提出将其改为可变的，以更准确地反映经济实际。
- **方法传承**：在前人研究方法的基础上，运用广义的索洛余值法重新测算中国的全要素生产率(TFP)，并利用变系数模型分析中国GDP变化的影响因素。
- **学术价值**：通过继承和改进前人的理论和方法，本文得出中国经济减速主要是"技术性减速"的结论，为解决中国经济问题提供了新的视角和理论依据。

本文的价值所在：通过对经典索洛余值法的改进，本文不仅继承了前人的研究成果，还对其进行了创新和深化。研究结果为分析中国经济减速的原因提供了新的方法和理论支持，同时为制定相应的经济政策提供了科学依据。

2.3.5 创新性原则

创新是学术研究的不竭动力，研究选题亦需要创新。选题的创新与传承是相辅相成的，选题的创新往往建立在传承的基础之上。许多优秀的选题往往是"旧瓶装新酒"，或者是"新瓶装旧酒"。创新性选题不仅要解决现有问题，还应提供新视角、新方法，推动学术研究的发展和进步。

案例分析2-13

乡村振兴战略背景下网络扶贫与电子商务进农村研究

本文发表于《求实》，2019(03)：97-112，作者：杜永红

选题来源：本文基于乡村振兴战略，探讨网络扶贫和电子商务进农村的融合发展路径，旨在通过创新性的选题，为精准脱贫和乡村振兴提供新的思路。

研究目的：以"乡村振兴战略"为背景，论证如何以"电子商务进农村"为重要手段，促进精准脱贫攻坚与乡村振兴有机结合。

选题分析：

创新性原则：本文选题结合了当前国家政策和农村发展的实际需求，体现了选题的创新性。

- **理论创新**：在乡村振兴战略的理论框架下，本文创新性地提出将网络扶贫与电子商务进农村相结合的路径，为理论研究提供了新的视角。传统扶贫模式和电子商务的发展已经有很多研究，但将两者结合起来，特别是在乡村振兴战略的大背景下，是一种创新尝试。
- **方法创新**：通过实地调研、数据分析和案例研究，提出了具体的优化路径和实施方案，展示了创新性的方法应用。与传统方法不同，本文利用现代信息技术和电子商务平台，探索贫困地区经济发展的新模式。

- 应用创新：本文不仅在理论上进行了创新，还在实际应用上提供了可操作的方案，为贫困地区的发展提供了切实可行的路径，推动了农村经济的转型升级。

本文的价值所在：通过详细论述乡村振兴战略背景下网络扶贫与电子商务进农村的优化路径，为农村经济的发展提供了创新性的解决方案。研究结果不仅帮助贫困地区找到适合自身发展的电子商务模式，还为政府和相关机构提供了有力的政策支持，促进了农村经济的转型和升级。

2.3.6 现实性原则

好的研究选题往往能够照顾到现实。尽管选题需要具备一定的"务虚"成分，即必须从现实问题中抽象出来，进入理论层面，但任何学术选题也都必须根植于社会现实，能够最终对现实社会起到有效启发，甚至能够促进社会行动，催生社会政策。社会科学的最终目的在于帮助人们认识社会，改变社会。因此，好的研究选题应当能够照顾到现实。

案例分析2-14

大气污染防治离任审计研究

本文发表于《会计之友》2018(19)：127-133，作者：杜永红、张雪艳

选题来源：本文选题针对领导干部离任审计中大气污染防治的问题，旨在通过审计促进生态文明建设。

研究目的：探讨如何通过大气污染防治离任审计，促进经济发展与生态保护的协调。

选题分析：

现实性原则：本文选题直接针对大气污染防治这一现实问题，通过分析离任审计的实施效果，为政策制定者提供有价值的参考。

- 问题识别：大气污染是当前生态文明建设中的重要问题，而领导干部离任审计则是确保环保政策落实的重要手段。
- 研究方法：本文采用理论分析和实地调研的方法，系统评估大气污染防治离任审计的实施效果及其对生态文明建设的影响。
- 学术价值：研究结果不仅揭示了大气污染防治离任审计的实际效果和存在的问题，还为改进审计制度提供了具体的建议，具有重要的实际应用价值。

本文的价值所在：通过详细分析大气污染防治离任审计的实施路径，本文为解决大气污染问题提供了理论支持和实证依据。研究结果对政策制定者具有重要的参考价值，有助于制定更加科学和有效的环保政策，推动生态文明建设和经济的可持续发展。

2.3.7 前瞻性原则

研究是滞后的，也是超前的。由于研究过程往往比较漫长，学术传播亦难一蹴而就，因此，选题最好对其研究前景进行预判，选择将来有可能成为主流、前沿的选题。研究选题最好不要扎堆热点，拾人牙慧。选题者应该立足于学术前沿，极目远望，判断并选择一个将来更有可能受人关注的选题。

案例分析2-15

乡村振兴战略下的贫困地区可持续性发展研究

专著，杜永红著，2020年4月由天津大学出版社出版

选题来源：本文基于乡村振兴战略，探讨了如何在精准扶贫的基础上，确保贫困地区的可持续发展，提出一系列创新性的对策和建议。

研究目的：探讨精准扶贫与乡村振兴战略的有效对接，构建返贫预警机制，确保贫困地区的稳定脱贫，并推动贫困地区的产业发展和职业教育改革。

选题分析：

前瞻性原则：本书选题立足于乡村振兴这一学术前沿和国家战略，具有显著的前瞻性。

- 理论前瞻：在现有扶贫理论的基础上，提出了构建返贫预警机制和实施持续性扶贫审计的新思路。
- 方法前瞻：结合网络扶贫和乡村振兴战略，探索一系列创新性的政策建议和实施路径。
- 应用前瞻：提出的对策和建议不仅在当前具有重要意义，而且对于未来的乡村发展和扶贫工作也具有长远的指导价值。

本书的价值所在：通过详细论述乡村振兴战略背景下贫困地区可持续性发展的路径，本书为解决贫困问题提供了前瞻性的理论支持和实证依据。研究结果对政策制定者具有重要的参考价值，有助于制定更加科学和长远的扶贫和乡村振兴政策，推动贫困地区的可持续发展。

总而言之，应熟练掌握选题的七大原则(见表2.2)，融会贯通，灵活运用。

表2.2 选题的七大原则

最根本的原则	有用性原则
六个相辅相成的原则	公共性原则与经验性原则
	传承性原则与创新性原则
	现实性原则与前瞻性原则

2.4 论文标题命名的要求

> 论文标题命名不仅关乎学术竞争力和传播效果，还反映了研究者的学术素养和责任感。通过强调标题的简洁性、准确性、描述性和吸引力，培养学生严谨治学、追求卓越的学术态度。同时，精练的标题能够准确传递信息，促进学术交流，体现了学术诚信和社会责任感。引导学生在论文写作中注重细节和规范，提升其科学素养和专业水平，增强其对学术研究的使命感和责任感。

一篇论文，不论其他组成部分如何变化，最先呈现在人们眼前的都是标题。论文标题

的好坏往往决定着编辑或审稿人是否会有兴趣深入研读，也决定读者是否会从泛读转向精读，乃至引用。好的标题才能为论文带来有效的学术竞争力，也才更有利于论文的交流与传播。因此，好的论文需要一个与其契合的论文标题。

2.4.1 标题应具有简洁性

标题应简洁明了，避免冗长复杂，用最少的词语表达论文的核心内容。简洁的标题可以帮助读者快速抓住论文的主题，增加阅读兴趣。过于冗长和复杂的标题会让读者失去兴趣或产生困惑。

例如，标题"社交媒体的影响"比"关于社交媒体在现代社会中对不同年龄段人群的影响的研究"更简洁。

2.4.2 标题应具有准确性

标题应准确反映论文的主题和研究内容，不引起歧义或产生误导。标题必须能确切地概括论文的论点或中心思想，能够准确反映研究的范围和深度，使审稿专家和读者可以从中获取有效信息。

例如，标题"基因编辑技术的伦理问题研究"明确指出研究内容，而不是"基因研究"。

2.4.3 标题应具有描述性

标题应具体描述研究的对象、范围和方法，提供必要的信息让读者了解论文的内容。所谓文题相符，就是指标题要含义明确和言简意赅，能够起到画龙点睛的效果，让人一望即知，并且能够立刻引起人们阅读或摘录、参考的兴趣。

例如，标题"人工智能在自动驾驶汽车中的应用研究"具体描述研究对象和范围。

2.4.4 标题应具有吸引力

论文标题不仅能准确反映论文特定的核心内容，也是专家审稿和读者最先映入眼帘的内容。论文的标题往往作为读者的第一印象以判断和决定是否阅读；另外，标题为二次文献机构、数据库系统检索和收录之用。标题应该能够向专家和读者反映论文正文的信息、论点及创新之处，反映论文的主要内涵、品位，标题也应吸引读者品鉴文章。因此，标题必须具有一定程度的吸引力。

例如，标题"探秘黑洞：宇宙的未解之谜"不仅描述了内容，还能吸引读者的注意力。

通过确保论文标题具备简洁性、准确性、描述性和吸引力，可以有效提升论文的学术竞争力和传播效果。

2.5 论文标题命名的方法

> 在学习论文标题命名方法时，学生要培养自己关注社会需求、服务国家发展的意识。通过关键词法、名词性词组法、立论式命题法等命名方法，学生可以提高科学素养和学术能力，增强创新思维。同时，在教师的引导下，学生在选题和命名过程中要体现社会责任感，关注实际问题，推动学术研究为社会进步和国家建设贡献力量，培养自身学术道德和社会责任感。

标题的命名要抓住四大要素，即研究对象、研究目的、研究范围、研究方法。标题在用词上必须能确切地概括论文的论点或中心思想，能够准确反映研究的范围和达到的深度等，使审稿专家、读者可以从中获取有效信息。所谓文题相符，是指标题要含义明确和言简意赅，能够起到画龙点睛的效果，让人一望即知，并且能够立刻引起人们阅读或摘录、参考的兴趣。

2.5.1 关键词法

关键词法是利用最能直接反映文章内容的关键词组合成标题。论文以传递科研信息为首要任务，同时也发挥着文化储存和积累的作用。主题词或关键词的标引给文献的储存和检索带来极大的方便。

例如，"一带一路"背景下的境外国有资产审计监管研究，发表于《会计之友》2018(24)，作者：任芳，高欣。文章有三个关键词："一带一路"、境外国有资产、审计监管，组合在一起就形成了本文的标题。

2.5.2 名词性词组法

名词性词组的功能相当于名词，"的字短语"作为名词性词组常用来界定论文内容的范围和研究对象，使读者了解论文的中心思想。这种方法能具体、生动地传递信息，用词准确、规范。

例如，"金融体系效率与地方政府债务的联动影响——民企融资难融资贵的一个双重分析视角"，发表于《经济研究》2019(08)：4-20，作者：田国强，赵旭霞。

研究对象：金融体系效率与地方政府债务。
研究内容：联动影响。
副标题：进一步说明了具体研究范围和方法。

2.5.3 立论式命题法

立论式命题法揭示论文的中心论点或提出对某个问题的解决办法，反映作者的研究成果，从标题可知作者的基本观点和见解。根据标题中所含"四大要素"的不同，分成以下四种方法。

(1) 方法命题法：利用研究的方法进行命题，表达准确、直观明了。

(2) 结论命题法：依据实践、实验或研究的结论进行命题，要求表述严谨、结论可靠。

(3) 对象命题法：根据研究或论述的对象进行命题，突出研究内容。

(4) 观察研究命题法：以观察研究事件的方式或方法进行命题，往往能体现方法或方式的创新点。

例如，"金融冲击对企业产出的影响研究——基于中国上市公司面板数据"，发表于《中央财经大学学报》2019(09)，作者：曹金飞。

中心论点：明确指出研究主题是金融冲击对企业产出的影响，直接揭示研究内容。

研究范围和方法：副标题指出了研究数据来源和方法。

2.5.4　陈述性题名法

陈述性题名也称"信息性题名"，主要起标示作用。可用疑问句做题名，具有探讨性语气，易引起读者兴趣。

例如，"政府审计能提升国企产能利用率吗？——基于2010—2016年央企控股的上市公司面板数据的实证分析"，发表于《审计与经济研究》2019(05)：22-31，作者：张曾莲，赵用雯。采用疑问句形式进行直接提问，引发读者兴趣，以副标题明确研究的时间范围、研究对象和研究方法。

2.5.5　相关法

论文标题反映事物之间或事理之间的相互关系，这种相互关系可以是辩证的或递进的，也可以是选择的或并列的，即局部与整体、原因与结果，或其他相互影响、相辅相成的两部分。

例如，"乡村振兴战略背景下网络扶贫与电子商务进农村研究"，发表于《求实》，2019(03)：97-112，作者：杜永红。该标题通过分析网络扶贫和电子商务与乡村振兴之间的关系，揭示研究的整体内容和相关性，使读者能够迅速理解论文的研究方向和主旨。

2.5.6　阐述法

标题使用指向性较强的专业术语，用于较大课题研究的论文写作。这种方法拟订的论文标题准确，精练地表达论文作者特定的研究课题或研究对象，让本专业的同行对论文的主题一目了然。这种方法常用于应用研究和应用基础理论研究的研究报告型论文和综述型论文。

例如，"新时代中国特色社会主义政治经济学的理论阐释"，发表于《中国高校社会科学》2018(04)：32-158，作者：任保平。这个标题直接点明研究的理论背景和研究对象，显示出研究的深度和广度。

2.6 论文标题命名的注意事项

> 在学习论文标题命名的注意事项时，学生要深入研究，避免浅尝辄止；要明确传达研究内容，培养严谨的学术态度和社会责任感。通过精练语言，准确传达核心内容，全面展示研究内容，提升学术表达和传播能力，增强服务国家和社会的意识。

论文标题是论文的"门面"，是读者和审稿人对论文的第一印象，也决定读者是否会深入阅读全文。因此，标题的好坏直接影响论文的学术竞争力和传播效果。一个好的标题应确切、醒目、简洁、好读好记、概念明确、层次分明，能够有效传达论文的核心内容和研究价值。在论文标题命名过程中，研究者需要注意以下几个关键点，以确保标题的质量和影响力。

2.6.1 少用"浅议""刍议"等字眼

使用"浅议""刍议"作为标题会给读者一种暗示，认为作者没有做好相关议题的文献回顾，缺乏深入的理论与实际研究，没有太大价值。因此，应避免使用"浅议""刍议"这样的词汇。选择深度探讨的标题，展示研究的深度和价值。

例如，"乡村振兴战略背景下网络扶贫与电子商务进农村研究"，发表于《求实》，作者：杜永红。这个标题明确指出研究的背景、对象和核心内容，比"浅议网络扶贫"或"刍议电子商务"这样的标题更有深度和研究价值。

2.6.2 标题至少传递出两个信息：文章的研究对象和核心论点

标题过于笼统，无法展示文章的具体研究对象和核心论点。因此，标题应明确表明研究的专业领域和具体对象，并展示文章的核心观点或概念。

例如，"一带一路"战略背景下的跨境电子商务发展策略研究，发表于《经济体制改革》，作者：杜永红。这个标题清晰地传达了研究对象(跨境电子商务)和核心论点(发展策略)，比单一的"电子商务研究"更具体，更有信息量。

2.6.3 标题需要进行提炼

标题过长容易引发歧义，不利于读者快速理解论文的核心内容。标题应简洁明了，准确概括论文全文，避免含混的词语。

例如，"'双碳'目标约束下的ESG审计研究"，发表于《哈尔滨工业大学学报(社会科学版)》，作者：杜永红。这个标题虽然涉及多个概念，但通过精练的词语组合，明确传达研究的核心内容和背景，比冗长复杂的标题更易于理解和记忆。

2.6.4　论文可以采用副标题

单一标题可能无法全面展示论文的研究内容。副标题可以提供更多学术信息，有利于学术义章的传播。主标题传递核心论点，副标题限定研究范围、对象等。

例如，"绿色供应链成本管理信息化的实施路径——基于伊利集团的纵向案例研究"，发表于《管理案例研究与评论》，作者：颉茂华，王娇，刘远洋，殷智璇。主标题提出核心论点，副标题补充具体研究对象和方法，使读者更全面了解研究内容，有助于论文的传播和影响力(注意：申报课题时最好不要用副标题，国家社科基金要求准确、简明反映研究内容，一般不加副标题，不超过40个字)。

2.6.5　标题应简洁明了

标题冗长复杂，无法快速传达论文的核心内容。标题应尽量简洁，用最少的词语表达核心内容。

例如，"中国经济减速的原因与出路"比"关于中国经济减速现象及其可能原因与潜在解决方案的研究"更简洁。这个标题直接传达了论文的研究主题和核心内容，比冗长复杂的标题更容易被读者快速理解和记忆。

通过遵循以上注意事项，可以有效提升论文标题的质量，使之更加简洁、准确、描述性强且具有吸引力，有助于提高论文的学术影响力和传播效果。

本章小结

本章全面介绍了论文选题与标题命名的基本原则和方法，旨在指导读者选择具有学术价值和社会意义的研究课题，并为论文命名提供有效策略。首先，通过分析论文选题的标准，强调了选题在研究过程中的重要性，明确了选题应具备时代性、导向性、针对性、可行性、学术价值和社会影响力等特点。其次，详细讲解了论文选题的七大原则，帮助学生理解如何结合实际需求和学术前沿进行选题，提高研究的深度和广度。最后，论述了论文标题命名的要求和方法，指出标题应具备简洁性、准确性、描述性和吸引力，并提供了关键词法、名词性词组法、立论式命题法等具体命名技巧。本章不仅提供了实用的选题和命名指南，还通过案例分析展示了具体操作方法，旨在提升读者的科研能力和学术素养。

习　题

思考与练习：

1. 论文选题好的标准是什么？请列举论文选题的几种主要来源。
2. 解释论文选题的七大原则，并举例说明如何在选题过程中应用这些原则。

3. 论文标题的命名要求包括哪些方面？如何确保论文标题既简洁又准确？

4. 试结合自己的研究领域，确定论文选题方向，并拟定一个符合简洁性、准确性和描述性要求的论文标题。

文献研读：

请在文献数据库中下载以下论文进行阅读，了解如何进行论文的选题与标题命名。

[1] 杜永红，时虎，王思懿. 企业战略差异度会影响ESG表现吗 [J]. 财会月刊, 2024(06): 65-71.

[2] 杜永红，孙羽洁. 区块链技术在基层央行内部审计中的应用研究 [J]. 商业会计, 2023(03): 27-32.

[3] 任芳，高欣. "一带一路"背景下的境外国有资产审计监管研究 [J]. 会计之友, 2018(24): 113-118.

[4] 李洁. 供给侧改革对农民工收入增长的影响因素分析 [J]. 统计与决策, 2017(24): 107-110.

第三篇

文献综述

文献综述是学术论文的重要组成部分，不仅是对已有研究的简单介绍，而且是基于前期研究成果，进行深入分析和评判。通过辨析前人的贡献和不足，明确现有研究中的问题，从而为自己的研究找到切入点，实现以问题为导向的学术创新。

好的文献综述应当包含以下四个方面。

第一，"梳"，即梳理所选问题的历史发展脉络，了解相关研究的演变和现状。

第二，"理"，即厘清前人的研究成果，系统总结现有研究的主要观点和结论。

第三，"评"，即评析前人研究中的优点和不足，客观评价已有研究的贡献和局限性。

第四，"研"，即在评析基础上，提出自己的研究问题和创新点，为后续研究奠定基础。

第3章

文献阅读与文献综述

📖 案例导读

《中国经济减速的原因与出路》一文的文献综述撰写(部分摘录)

本文发表于《中国人民大学学报》，2016(06)：64-75，作者：方福前，马学俊

文中对三种主要学术观点进行了回顾与评述，在文献综述的撰写中，首先对每一种主要观点进行陈述，然后提出以往研究的不足之处，并逐一进行评述，如表3.1所示。

表3.1 有关"中国经济减速"的文献综述

主要观点	陈述	文献引用	评述	
			肯定	不足
三期叠加说	中国经济近几年处于经济增长速度换挡期、结构调整阵痛期和前期刺激政策消化期这样一种三期叠加的特殊时期	2013年8月8日《经济日报》发表《中国经济面临"三期"叠加阶段性特征》	比较全面地概括了中国经济减速的原因，大多数研究者承认，中国经济现阶段所面临的主要压力正是这种"三期"叠加	从多视角揭示了中国经济减速的原因，但是它没有告诉我们中国经济减速的主要原因究竟是什么，在这"三期"叠加中，哪一个是主要的。它也没有说明为什么中国经济增速在2010年开始换挡而不是在其他时候
产业结构调整说	我国经济近几年之所以不断下行，是由于第三产业在我国国民经济中的比重超过了第二产业，而第三产业的劳动生产率又低于第二产业，由此降低了整个经济的(平均)劳动生产率，从而造成了经济增长率持续下降	无	无	这种观点使我国的经济发展和宏观调控面临一个悖论：要稳增长就必须稳定第二产业在国民经济结构中的比重，但是我国的产业结构调整的方向又是要降低第二产业的比重，提高第三产业的比重

(续表)

主要观点	陈述	文献引用	评述	
			肯定	不足
全要素生产率说	包括中国在内的东亚的经济增长主要是依靠资本和劳动投入的高增长实现的，而不是靠技术进步或全要素生产率(TFP)的提高，这种高速增长是不可持续的，今后这些国家的经济增长速度必然放慢，亚洲的经济奇迹其实是一种神话	美国经济学家保罗·克鲁格曼根据索洛余值法测算	近十多年来我国技术进步的速度放缓了，甚至是负增长，技术进步或TFP对经济增长的贡献在衰减。这些发现无疑是有价值、有启发性的	使用索洛模型来估计我国TFP增长率的文献基本上假定资本—产出弹性系数α是常数，这种假设显然是不符合实际的，因为随着技术水平的变化和经济中投入—产出关系的变化，α是可变的而不是不变的

学习目的：

1. 了解文献资料类型；
2. 了解文献数据库检索；
3. 掌握文献阅读方法；
4. 掌握文献综述的撰写；
5. 掌握文献引用格式。

3.1 文献资料类型

> 学生通过学习文献资料类型，掌握了获取和利用学术资源的技能，养成了严谨的学术态度，尊重前人研究，杜绝学术不端。学习文献资料可以帮助学生理解社会问题，增强社会责任感，推动学术研究与社会需求的结合。

文献资料是记录和传递知识的载体，文献资料的获取是学术研究的基础。从出版物的特征来看，文献通常分为图书、期刊、学位论文、会议文献、研究报告、年鉴、报纸、政府出版物等。对于学术研究来说，图书、学术期刊、学位论文是常用的文献类型。此外，随着信息技术的发展，电子资源如电子书、在线数据库和电子期刊等也成为学术研究的重要文献来源。了解和掌握不同类型的文献资料，有助于研究者全面获取信息，开展深入的学术研究。

3.1.1 图书

图书是最常见的出版物形式。根据《国际文献标准草案》，凡是篇幅达到48页以上并构成一个书目单元的文献叫作图书。图书以传播知识为目的，是用文字或图画记录的著作，提供了某专业、学科或专题的较为系统的知识。

1. 图书的分类

图书大多是对基本知识、实践经验、已发表的研究成果等的系统性总结和论述。根据内容和用途，图书可分为以下几类。

(1) 学术专著：专门针对某一学术问题进行深入研究的著作，通常是某一领域专家的研究成果。

(2) 教材：用于教学目的，系统讲述某一学科基础知识和理论的书籍，常见于各级各类学校和培训机构。

(3) 参考书：提供特定领域信息和数据的书籍，如词典、百科全书、年鉴等，供读者查阅参考。

(4) 通俗读物：面向大众，以普及知识为目的的书籍，语言通俗易懂，内容生动有趣。

2. 图书的作用

(1) 系统性：图书通常对某一领域的知识进行系统性总结和梳理，提供全面深入的信息。

(2) 权威性：许多图书由领域内的专家学者编写或编辑，具有较高的学术权威性和参考价值。

(3) 持久性：图书出版后可长期保存和使用，便于研究者随时查阅。

如图3.1所示，图书作为知识的载体，在学术研究中发挥着重要作用。

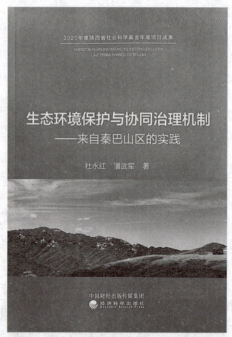

图3.1 专著《生态环境保护与协同治理机制——来自秦巴山区实践》

每种图书都有唯一的标识，即国际标准书号(ISBN)。国际标准书号由13位数字组成，并以四个连字符加以分割，如ISBN 978-7-521-83199-3。

与其他文献类型相比，图书的特点是：①图书的内容较为全面和系统，观点较为成熟，因而能帮助研究者快速地熟悉一个领域或一类问题；②图书的出版周期比较长，传递信息的速度相对较慢，能及时反映最新科研成果的较少，因而需要与学术期刊补充使用。

3.1.2 学术期刊

期刊是由依法设立的期刊出版单位定期出版的刊物。出版单位出版期刊，必须经新闻出版总署批准，持有国内统一连续出版物号。学术期刊主要刊载学术论文、研究报告、评论等文章，专业性很强，能及时、连续地反映某学科领域的发展动态和研究成果，对研究者的参考价值很大，如图3.2所示。

图3.2 学术期刊《经济研究》

1. 学术期刊的特点

(1) 及时性：学术期刊出版周期短、更新快，能及时反映某学科领域内的最新研究成果，有助于研究者了解学术前沿动态。

(2) 专业性：学术期刊内容专业性强，通常由领域内专家和学者撰写，涵盖最新的研究发现和学术讨论。

(3) 多样性：学术期刊刊登不同作者的论文，各篇论文的视角和观点多样，有助于读者从多个角度了解研究课题。

(4) 前沿性：期刊论文通常包含最新的研究数据和理论，能为研究者提供最新的研究素材和方法。

2. 学术期刊的作用

(1) 反映学术动态：通过阅读学术期刊，研究者可以及时了解本领域的最新研究进展和动态。

(2) 提供研究素材：学术期刊包含大量的研究数据、实验结果和理论分析，能为研究者提供丰富的研究素材。

(3) 促进学术交流：学术期刊为学者提供了一个展示研究成果和交流学术观点的平台，有助于学术交流和合作。

需要注意的是，学术期刊的内容不如图书全面系统，观点也相对不成熟。刊登的论文各篇主观性较强，观点不一定完全正确，研究者在引用时应注意判断其学术质量和可靠性。

3.1.3 学位论文

学位论文是高等学校和科研院所的学生在导师的指导下，为获得某种学位而撰写的学术性研究论文，一般分为学士论文、硕士论文、博士论文三个级别。学位论文主要供审查和答辩，一般不在刊物上公开发表，只在学位授予单位和指定收藏单位保存副本，如图3.3所示。

图3.3 学位论文

1. 学位论文的特点

（1）研究主题新颖：学位论文尤其是博士论文，通常选题新颖，探讨前沿问题，具有创新性。

（2）专业性强：学位论文内容深入，涉及领域的专业性较强，能提供较为系统的学术信息。

（3）格式严格：学位论文在撰写和格式上要求严格，遵循学术规范，有助于培养学生的学术写作能力。

（4）原创性：学位论文是学生在导师指导下独立完成的原创性研究成果，需经过严格的审查和答辩程序。

2. 学位论文的作用

（1）高学术参考价值：学位论文特别是博士论文，经过严格的学术审查，质量较高，具有较高的学术参考价值。

（2）系统性研究成果：学位论文内容系统，涵盖研究的背景、方法、结果和讨论，为相关领域的研究提供了完整的研究范例。

（3）学术创新：学位论文强调创新，往往提出新的研究问题和解决方法，对推动学术发展具有重要意义。

（4）培养研究能力：撰写学位论文是学生学术训练的重要环节，有助于培养其独立研究和学术写作能力。

3.1.4 会议论文

会议论文是各种国内外学术会议上宣读和交流的论文、研究报告或其他相关资料。大多数会议论文以内部形式编辑出版，也有部分由出版社正式出版发行。

1. 会议论文的特点

（1）时效性强：会议论文通常是最新研究成果的展示，能及时反映学术领域内的最新动态和研究方向。

(2) 内容丰富：会议论文涉及广泛的研究主题，涵盖了当前学术界关注的热点问题和前沿课题。

(3) 国际性：许多国际会议论文集汇集了全球各地研究者的最新成果，有助于研究者了解国际研究趋势和水平。

2. 会议论文的作用

(1) 反映研究前沿：通过阅读会议论文，研究者可以了解学术研究的最新动态和前沿问题，获得最新的研究信息。

(2) 促进学术交流：会议论文是学术交流的重要形式，研究者通过参加会议和阅读会议论文，可以与同行交流思想、分享成果。

(3) 启发研究思路：会议论文中的新观点、新方法和新数据，能够为研究者提供研究灵感和思路，推动其研究工作。

3.1.5 研究报告

研究报告是用来报告某项科研成果的一种书面材料，由研究人员利用科学实验观察或社会调查研究中取得的数据资料等进行归纳整理，并通过严谨的综合分析和研究完成。研究报告一般包括：研究课题的来源、研究的目的和意义、国内外研究现状、研究方法、研究内容、研究结论等部分，如图3.4所示。

图3.4　研究报告

1. 研究报告的特点

(1) 实用性强：研究报告通常面向实际应用，注重研究结果的实际价值和应用前景。

(2) 数据翔实：研究报告中包含大量的原始数据、统计分析和图表，为研究提供了丰富的资料。

(3) 专业性高：研究报告多由专业研究团队完成，具有较高的专业性和权威性。

2. 研究报告的作用

(1) 提供详细数据：研究报告中的详细数据和统计分析为研究者提供了宝贵的研究资料。

(2) 反映实际问题：研究报告通常关注现实中的具体问题，有助于研究者了解实际情况并提出相应的研究方案。

(3) 启发研究思路：研究报告中的结论和建议能够启发研究者的思路，帮助其明确研究方向和方法。

3. 研究报告的组成部分

(1) 研究课题的来源：说明研究课题的背景和由来，以及选择该课题的原因。

(2) 研究的目的和意义：阐明研究的目标和预期成果，以及研究对学术界或实际应用的意义。

(3) 国内外研究现状：综述国内外相关领域的研究现状，找出研究的空白点或不足之处。

(4) 研究方法：详细说明所采用的研究方法和技术路线，包括数据收集和分析方法。

(5) 研究内容：具体描述研究的过程和发现，包括实验或调查的详细步骤和结果。

(6) 研究结论：总结研究成果，提出研究结论，并根据研究结果提出相关建议。

3.1.6 电子资料

电子资料是指通过电子介质存储和传播的各种文献资料，包括电子书、电子期刊、在线数据库资源等。随着信息技术的迅猛发展，电子资料已经成为学术研究的重要文献来源。

1. 电子资料的特点

(1) 便捷性：电子资料可以通过互联网随时随地获取，极大地提高了信息的获取效率。

(2) 丰富性：电子资料种类繁多，内容涵盖各个学科领域，为研究者提供了丰富的资源。

(3) 检索性：电子资料通常具备强大的检索功能，可以通过关键词、主题、作者等方式快速查找到所需信息。

(4) 更新快：电子资料的发布和更新速度快，能够及时反映最新的研究成果和学术动态。

2. 电子资料的作用

(1) 信息获取：通过电子书、电子期刊和在线数据库等资源，研究者可以快速获取大量的学术信息和研究资料。

(2) 文献管理：使用文献管理工具(如EndNote、Zotero、Mendeley等)，研究者可以方便地管理和组织电子文献，提高研究效率。

(3) 学术交流：电子资料提供了丰富的学术交流平台，如在线学术会议和电子学术期刊，促进了学术交流和合作。

3.1.7 其他文献类型

1. 年鉴

年鉴是按年编撰并连续出版的参考性工具书,内容通常包括某个行业、某个地区、某个国家或国际政治、经济、文化等方面在一年内的发展情况,可供研究者随时查阅参考。年鉴分为综合性年鉴、专门性年鉴、地方性年鉴、统计性年鉴等,如图3.5所示。

图3.5 年鉴(中国机器人工业年鉴)

年鉴的特点如下。
(1) 信息密集:包含大量的统计数据、分析报告和事实信息。
(2) 出版定期:通常按年出版,提供年度内的最新信息。
(3) 材料准确:经过专业编撰,数据和信息具有较高的准确性。
(4) 内容新颖:涵盖年度内的最新发展情况和动态。

2. 报纸

报纸是以刊载新闻和时事评论为主的定期向公众发行的印刷出版物或电子类报纸,是信息传播的重要载体,具有反映和引导社会舆论的功能。类别有日报、晚报、周报、旬报等。一些专业性强的报纸是有价值的文献资料,如图3.6所示。

报纸的特点如下。
(1) 传播速度快:能够迅速报道最新事件和动态。
(2) 发行范围广:面向大众,覆盖面广。
(3) 出版周期短:日报、周报等,出版频率高。
(4) 信息量大:涵盖新闻、评论、广告等多种内容。
(5) 普及性强:易于获取,公众接受度高。

3. 政府出版物

政府出版物是由政府部门及其专门机构，根据国家的命令出版的文献资料，如图3.7所示。其内容比较广泛，大致包括：行政性文献(如法令、条约、统计资料等)和科技文献(如研究报告、技术政策等)两大类。政府出版物是了解各国政治、经济、科学技术等情况的一种重要资料，对研究者有很好的参考作用。

政府出版物的特点如下。

(1) 正式性：由政府发布，具有官方权威性。

(2) 权威性：内容权威可靠，数据和信息可信度高。

(3) 广泛性：涵盖政治、经济、科技等多个领域。

(4) 参考价值高：是研究者了解和分析政府政策、社会发展等的重要资料。

图3.6　报纸(人民日报)

图3.7　政府出版物(审计结果公告)

4. 专利

专利是指有关专利申请和授权的官方文件，包括专利说明书、专利申请公开说明书和专利审查报告等。专利提供了最新的技术信息和发明成果，对技术研发和创新具有重要参考价值。

专利的特点如下。

(1) 技术性强：涵盖最新的技术发明和创新。

(2) 法律性：受法律保护，具有法律约束力。

(3) 时效性：及时公开最新的专利申请和授权情况。

(4) 详细性：详细描述技术方案和实现方法。

3.2 文献数据库

> 使用文献数据库，可快速获取和利用学术资源。在使用文献数据库的过程中，学生应保持严谨的学术态度，尊重前人研究，杜绝学术不端。文献数据库帮助学生理解科学问题，增强社会责任感，将学术研究与社会需求结合。此外，外文文献数据库的使用培养了学生的全球视野，提升了他们的国际化思维和学术交流能力。

文献数据库是指计算机可读的、有组织的相关文献信息的集合，广泛应用于学术研究和信息检索。文献数据库可以按不同类型分类，如电子图书数据库、数字化期刊数据库、报刊数据库、会议论文数据库、学位论文数据库、专利数据库、标准数据库、产品数据库、科技报告数据库等。

使用文献数据库可以大大提高文献检索的效率和准确性，帮助研究者快速获取所需的文献资料。在学术研究中，了解和掌握各种文献数据库的使用方法是非常重要的。

3.2.1 中文文献数据库

1. 中国知网

中国知网面向海内外读者提供中国学术文献、外文文献、学位论文、报纸、会议、年鉴、工具书等各类资源统一检索、统一导航、在线阅读和下载服务，涵盖基础科学、文史哲、工程科技、社会科学、农业、经济与管理科学、医药卫生、信息科技等多个领域，如图3.8所示。

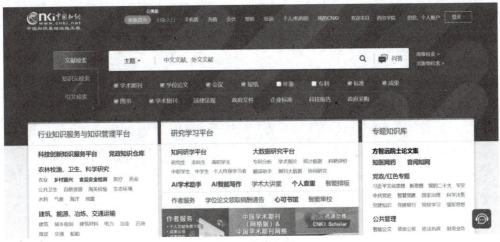

图3.8 中国知网

中国知网的学术期刊和学位论文在数量和质量方面具有绝对优势。除此之外，中国知网还提供其他类型的文献检索，对于学术研究者来说，文献检索非常方便。

2. 万方数据

万方数据提供中外学术论文、中外标准、中外专利、科技成果、政策法规等科技文献的在线服务平台，如图3.9所示，是和中国知网齐名的中国专业学术数据库。

图3.9　万方数据

3. 维普网

维普网是国内大型中文期刊文献服务平台，提供各类学术论文、各类范文、中小学课件、教学资料等文献下载，网站主营业务包括论文检测、优先出版、在线分享等，如图3.10所示。

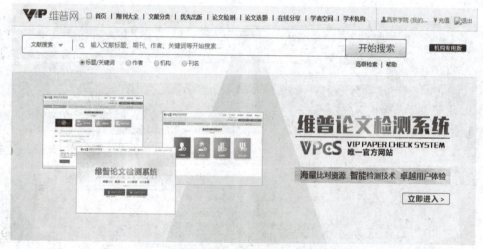

图3.10　维普网

4. 中经网统计数据库

中经网统计数据库是由国家信息中心中经网基于与国家发改委、国家统计局、海关总署、各行业主管部门及其他政府部门的良好合作关系，经过长期数据积累并依托自身技术、资源优势，通过专业化加工处理组织而成的一个综合、有序的庞大经济统计数据库群，如图3.11所示。

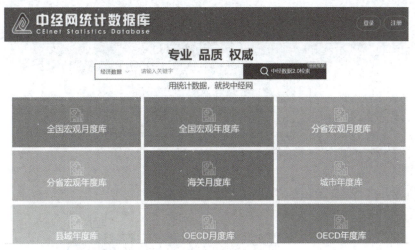

图3.11　中经网统计数据库

中经网统计数据库主要包括"中国经济统计数据库"和"世界经济统计数据库"两大系列。其中，中国经济统计数据库包括以下子库：宏观月度库、宏观年度库、分省宏观月度库、分省宏观年度库、海关月度库、城市年度库、县域年度库。世界经济统计数据库包括：OECD月度库和OECD年度库。

5. 国研网统计数据库

国研网统计数据库是国研网在全面整合我国各级统计职能部门所提供的各种有关中国经济运行资料的基础上，历经数年研究开发、优化整合后推出的大型数据库集群，对国民经济的发展及运行态势进行了立体、连续、深度展示，是中国经济量化信息最为权威、全面、科学的统计数据库之一，如图3.12所示。其主要资源有：世界经济数据库、宏观经济数据库、区域经济数据库、重点行业数据库等。

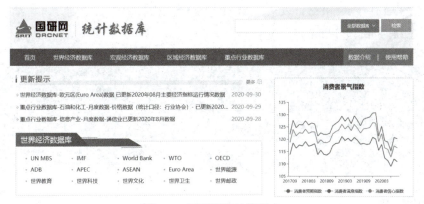

图3.12　国研网统计数据库

6. 中国资讯行

中国资讯行涵盖实时财经新闻、经贸报告、法律法规、商业数据及证券消息，包括中国经济新闻库、中国商业报告库、中国法律法规库、中国统计数据库等14个子数据库，如图3.13所示。

图3.13　中国资讯行

7. Wind资讯

在金融财经数据领域，Wind资讯已建成国内以金融证券数据为核心的一流的大型金融工程和财经数据库，数据内容涵盖股票、基金、债券、外汇、保险、期货、金融衍生品、现货交易、宏观经济、财经新闻等领域。Wind资讯开发了一系列围绕信息检索、数据提取与分析、投资组合管理应用等领域的专业分析软件与应用工具。

8. CSMAR经济金融数据库

CSMAR经济金融数据库是国内目前规模大、信息精准的金融与经济数据库，由股票、基金、债券、金融衍生产品、上市公司、经济、行业、高频数据八大系列及个性化数据服务构成，如图3.14所示。用户可以从CSMAR经济金融数据库中获取到及时、准确、完整的财经数据、信息和各种分析结果。

图3.14　CSMAR经济金融数据库

9. 国家数据

国家数据是由国家统计局发布的全国各个地区各个行业的数据信息，公开透明，信息共享，主要有月度数据、季度数据、年度数据、普查数据、地区数据、国际数据等，还可通过可视化产品、出版的统计年鉴等进行查阅，如图3.15所示。

图3.15 国家数据

10. 超星数字图书馆

超星数字图书馆是一个大型综合性数据库，包含大量的电子书和学术文献，覆盖多个学科领域，提供全文阅读和下载服务。

11. 国图数据

国图数据是国家图书馆的数字资源平台，提供丰富的图书、期刊、报纸、音像资料等数字资源，适用于各类学术研究。

12. 巨潮资讯网

巨潮资讯网由深圳证券信息有限公司运营，提供上市公司公告、年报、季报、财务数据、市场数据等信息，是研究金融证券领域的重要资源。

3.2.2 英文文献数据库

1. Science Citation Index (SCI)

SCI即科学引文索引(Science Citation Index, SCI)，由美国科学信息研究所(ISI)于1961年创办出版，是国际公认的进行科学统计与科学评价的主要检索工具。SCI主要收录自然科学基础研究领域的论文，广泛应用于科学研究和文献分析。

2. Social Sciences Citation Index (SSCI)

SSCI即社会科学引文索引(Social Sciences Citation Index, SSCI)，也是由美国科学信息研究所创建，专门针对人文社会科学领域的文献引文数据库。SSCI收录了经济、管理、法律、心理、政治、教育等学科的高质量学术期刊，是社会科学研究者的重要工具。

3. ISI Web of Knowledge

ISI Web of Knowledge是一个综合性、多功能的研究平台，以SCI、SSCI和AHCI(艺术与人文科学引文索引)三大引文索引数据库为核心，涵盖自然科学、社会科学、艺术和人文科学等多个学科领域，提供高品质、多样化的学术信息。

4. ScienceDirect

ScienceDirect数据库由Elsevier Science公司出版，收录了2000多种期刊和4000种电子图书，涵盖数学、物理、化学、医学、生命科学、社会科学等多个学科。该平台是全球最大的科学、技术和医学信息资源之一。

5. JSTOR

JSTOR(Journal Storage)是一个数字化的非营利性机构，提供政治学、经济学、哲学、历史等人文社会学科领域的代表性学术期刊的全文库，从创刊号到最近两三年前的过刊均可阅读全文。JSTOR还推出了电子书项目Books at JSTOR，整合电子书与电子期刊服务。

6. Wiley Online Library

Wiley出版社成立于1807年，是全球历史最悠久的出版社之一。Wiley Online Library收录了1600多种期刊和19 000多种图书，涵盖生命科学、健康科学、理工科学和人文社会科学等领域。

7. Springer Link

Springer成立于1842年，是世界著名的科技出版集团。Springer Link平台整合了Springer的出版资源，收录文献超过800万篇，包括图书、期刊、参考工具书和实验指南等。

8. ProQuest

ProQuest是全球最大的文献信息服务公司之一，收录了两万多种外文期刊、7000多种报纸、150多万篇硕博论文等文献资源，覆盖艺术人文、社会科学、自然科学、科技工程及医学等领域。

9. EBSCOhost

EBSCO是美国EBSCO公司推出的全文数据库在线检索系统，涵盖生物科学、工商经济、资讯科技、人文社会科学、工程、教育、艺术、文学、医药学等领域的资源。

10. Google Scholar

Google Scholar是一个免费、广泛使用的学术搜索引擎，可以搜索各种学术文献，包括期刊论文、会议论文、书籍、专利等。Google Scholar的优势在于其强大的搜索功能和广泛的覆盖面，能够快速查找到与研究主题相关的高质量学术资源。

11. PubMed

PubMed是美国国家医学图书馆(NLM)提供的生物医学文献数据库，收录了来自Medline和其他生命科学期刊的文献。PubMed是医学和生命科学领域研究者的重要资源。

12. IEEE Xplore

IEEE Xplore是由电气电子工程师学会(IEEE)提供的数字图书馆，涵盖工程技术和计算机科学领域的文献，包括期刊、会议论文、技术标准等。

还有很多的科技资源数据库，此处不再列举。

3.3 信息检索方法

> 通过学习信息检索方法，学生可以掌握高效获取和利用学术资源的技能，养成严谨的学术态度和科学的思维方式，提升自主学习和研究能力，增强信息素养和分析解决问题的能力，从而开拓国际视野，提高全球化背景下的信息交流能力。

在学术研究的过程中，信息检索是一个关键环节。信息检索不仅是查找资料，更是通过有效的检索方法和工具，快速准确地找到所需的高质量文献和数据资源。掌握信息检索方法不仅能够提升研究效率，还能拓宽研究视野，帮助研究者全面了解所研究领域的前沿动态和发展趋势。

3.3.1 科技信息检索分类

通过学习信息检索方法，学生掌握了高效获取和利用学术资源的技能，养成了严谨的学术态度和科学的思维方式。学生利用文献数据库，不仅提升了自主学习和研究能力，还增强了信息素养和分析解决问题的能力。通过关注社会热点和实际问题，学生的社会责任感得以增强；通过熟练操作国内外数据库，学生开拓了国际视野，提高了全球化背景下的信息交流能力。

根据检索对象的不同，科技信息检索可分为文献检索、数据检索和事实检索。

1. 文献检索

文献检索是指以文献为检索对象的检索。文献包括期刊论文、学位论文、会议论文、图书、专利等。文献检索的主要目的是获取相关领域的研究成果、理论基础和研究方法。常用的文献检索工具有图书馆数据库、在线文献库、学术搜索引擎等，如图3.16所示。

图3.16 通过中国知网查询期刊论文

2. 数据检索

数据检索是指以数值或图表为检索对象的检索，是一种确定性检索。数据检索的目的是获取统计数据、实验数据、经济数据等，以支持研究和分析。常用的数据检索工具包括统计数据库、科研数据平台、政府数据网站等。

例如，访问国家统计局数据库，在检索框中输入"中国人口统计"，可检索相关数据，如图3.17所示。

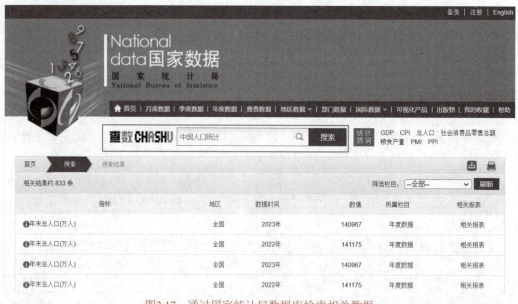

图3.17 通过国家统计局数据库检索相关数据

3. 事实检索

事实检索是指以从原始文献中抽取的关于某一事物(事件、事实)发生的时间、地点和情况等方面的信息为检索对象的检索，也是一种确定性的检索。事实检索的目的是获取具体事件、人物、组织等的相关信息。常用的事实检索工具有百科全书、新闻数据库、政府公报网站等。

例如，访问百度百科检索"南水北调"；访问中国资讯行检索"房地产发展趋势"。

3.3.2 布尔逻辑检索运算符

利用布尔逻辑检索运算符对检索词或代码进行逻辑组配，是检索系统中最基本、最常用的一种检索技术。常用的逻辑运算符如下。

1. 逻辑"与"(用"AND"或"并含"表示)

逻辑"与"是一种用于交叉和限定关系的组配，可以缩小检索范围，有利于提高查准率。如A AND B表示被检索到的文献记录中必须同时含有A和B才算命中。

例如，访问中国知网，在"主题"选项的检索框中输入"环境污染 AND 治理措施"，检索结果将包含同时提到"环境污染"和"治理措施"的文献。

2. 逻辑"或"(用"OR"或"或含"表示)

逻辑"或"是一种用于并列关系(同义词、近义词)的组配，可以扩大检索范围，防止漏检，有利于提高查全率。如A OR B表示在一篇文献中只要含有A和B中的任何一个即命中。

例如：访问万方数据，在检索框中输入"空气质量 OR 大气环境"，检索结果将包含提到"空气质量"或"大气环境"的文献。

3. 逻辑"非"(用"NOT"或"不含"表示)

逻辑"非"是一种用于概念排斥关系的组配，可以从原来的检索范围中排除不需要的和影响检索结果的概念，使检索结果更精确。这种组配可以缩小范围，减少文献量，提高查准率。

例如，访问维普网，在检索框中输入"水污染 NOT 海洋"，检索结果将排除提到"海洋"的水污染相关文献。

布尔逻辑检索运算符的优先级顺序通常情况下为NOT、AND、OR，可以使用括号改变它们之间的运算顺序。

例如，在检索框中输入"(环境污染 OR 大气污染) AND 治理措施"时，括号确保首先处理"环境污染"或"大气污染"的逻辑，然后与"治理措施"进行组合。

3.3.3 高级检索技巧

高级检索技巧可以帮助研究者更高效地找到准确的文献资料。

1. 使用引号进行精确匹配

使用引号将关键词括起来，可以确保检索结果中包含的文献是按指定顺序精确匹配这些关键词的。

例如，访问中国知网，在"主题"选项的检索框中输入"大数据分析"，检索结果将只包含确切提到"大数据分析"的文献,而不是分别包含"大数据"和"分析"的文献。

2. 截词符号(通配符)进行部分匹配

使用截词符号(如"*"或"？")可以匹配关键词的不同变体和形式,从而扩大检索范围。

例如,访问万方数据,在检索框中输入"环境*",检索结果将包含"环境保护""环境污染""环境管理"等不同形式的词汇。

3. 限制时间范围

通过设置时间范围,可以缩小检索范围,仅检索在特定时间段内发表的文献。

例如,访问中国知网,单击"高级检索"选项,在"主题"选项的检索框中输入"环境污染",并将时间范围限制在2020年至2024年,检索结果将仅包含该时间段内发表的相关文献。

4. 限制文献类型

通过限定文献类型(如期刊、会议论文、学位论文等)来精确检索目标文献。

例如,访问中国知网,在"主题"选项的检索框中输入"空气质量",并选择仅检索"学位论文",检索结果将仅包含相关学位论文。

5. 利用数据库的高级检索功能

大多数学术数据库提供高级检索功能,包括多字段检索、主题词检索、分类号检索等。

例如,访问中国知网,单击"高级检索"选项。在"主题"字段输入"空气质量",在"关键词"字段输入"治理措施",检索结果将同时包含题名中有"空气质量"和关键词中有"治理措施"的文献。

6. 使用相关文献推荐

一些数据库提供"相关文献"推荐功能,通过浏览与已知文献相似或相关的文献,扩展检索范围。

例如,访问中国知网,在"主题"选项的检索框中输入"新质生产力",单击"搜索"图标,搜索到多篇相关文献。单击某篇文献标题即可进入文献详情页。在文献详情页最下方的"相似文献"处,可查阅更多相似主题的文献。

3.3.4 检索步骤

1. 分析研究课题

分析研究课题是进行文献检索的基础,具体步骤如下。

1) 课题的主题

确定课题的核心问题和研究方向。

2) 课题所涉及的学科范围

明确课题涉及的学科领域,以便选择合适的数据库。

3) 课题所需信息的内容及其内容特征

确定需要获取的信息类型，如理论基础、研究方法、实验数据等。

4) 确定课题所需信息的类型

包括文献类型(期刊论文、学位论文、会议论文等)、出版类型、年代范围、语种、作者、机构等。

5) 课题对查新、查全和查准的指标要求

明确检索的深度和广度要求，如是否需要最新的研究成果，是否需要全面覆盖某一领域等。

2. 选择数据库

选择合适的数据库是保证检索效果的关键，具体步骤如下。

(1) 按照课题的检索要求和目的，选择收录文献种类、专业覆盖面、年代跨度对口的数据库。

例如，若研究课题涉及"环境科学"，可以选择中国知网和万方数据，这些数据库在该领域具有丰富的文献资源。

(2) 当需要查找最新文献信息时，选择数据更新周期短的数据库。

例如，如需要最新的科技动态，可以选择万方数据。

(3) 当需要获取原文时，选取原文获取较容易的数据库。

例如，需要获取期刊论文的全文，可选择中国知网，其提供较为便捷的全文下载服务。

(4) 了解所选数据库的特征、不同检索特点等。

例如，熟悉各个数据库的检索功能，如高级检索、主题检索、关键词检索等。

3. 选定检索词

在全面了解检索课题的相关问题后，提炼主要概念与隐含概念，排除次要概念，以便选择检索词，并根据选定的数据库的特点，进一步优化检索词。

1) 优先选用主题词

例如，在中国知网的"主题"选项的检索框中输入"空气质量"。

2) 选用检索系统规定的分类号

例如，在中国知网使用中国图书馆分类法(CLCS)进行检索，如"TP319"表示计算机、计算机技术 > 计算机软件 > 专用应用软件。

3) 选用常用的专业术语

例如，在检索"环境保护"时，使用"环境保护"作为检索词。

4) 选用同义词与相关词

例如，检索"气候变化"时，同时使用"气候变迁"或"全球变暖"作为相近检索词，在搜索框中输入"气候变化 OR 气候变迁 OR 全球变暖"。

4. 选择检索途径

确定检索词后，根据课题性质、范围及检索系统所提供的可检标识等选择适当的检索途径。检索途径主要有以下几种。

1) 作者途径

以文献的作者(包括个人和团体著者、编者、译者、专利权人等)姓名为检索标识来进行检索。为了提高检索的精准度，还可以加上单位名称。

例如，在中国知网中，使用"张明 北京大学"作为作者检索词。

2) 主题途径

从与文献信息内容相关的主题词角度来检索，这是一种常用的途径。

示例：在中国知网中，使用"环境污染"作为主题词进行检索。

3) 分类途径

从文献所属学科类别角度来检索。

例如，在中国知网中，选择"环境科学"学科类别进行检索。

4) 号码途径

以文献所附有的号码特征来检索，如专利号、报告号、ISBN号(国际标准书号)、ISSN号(国际标准期刊号)等。

例如，在中国专利数据库中，使用专利号"CN123456789"进行检索；在图书馆系统中，使用ISBN号"978-7-123-45678-9"进行图书检索。

3.4 文献阅读

> 通过文献阅读，读者可掌握获取和利用学术资源的基本方法，培养严谨的学术态度和批判性思维能力。文献阅读不仅能够了解研究现状、避免重复劳动，还能启发新的研究思路，促进学术创新。通过阅读高水平文献，读者能够提升信息素养，增强社会责任感，开阔国际视野，提高学术交流能力。文献阅读是科学研究的重要途径，有助于学生提出具有科学价值和实际意义的研究成果。

科学研究上的突破，大多是从前人的工作中汲取养分，科学研究是具有继承性和创新性的，文献正是前人科学研究记录的载体。文献阅读不仅能够帮助研究者了解已有的研究成果和理论基础，还能启发新的研究思路和创新点。通过系统的文献阅读，研究者可以全面掌握所研究领域的历史和现状，发现研究中的不足之处，并据此提出新的研究问题和解决方案。此外，文献阅读也是培养科学思维和提升研究能力的重要途径。只有在广泛阅读和深度思考的基础上，研究者才能提出具有科学价值和实际意义的研究成果。

案例分析3-1

索洛经济增长模型

索洛经济增长模型(Solow growth model)是由罗伯特·索洛(Robert Solow)提出的发展经济学中著名的模型，是现代增长理论的基石。索洛模型描述了在完全竞争的经济中，资本和劳动投入的增长引起产出的增长，而新古典生产函数决定了在劳动供给不变时，资本的边际产出递减。这一生产函数与储蓄率不变,人口增长率不变,技术进步不变的假设结合,形成了一个完整的一般动态均衡模型。

作为创立新古典经济增长模型的先驱,索洛教授在构造他的长期增长模型过程中,不仅保留了哈罗德—多马模型的主要特征(如比例储蓄函数以及既定的劳动力增长率),而且在理论模型的现实性方面有新的突破。这一过程中,索洛教授通过广泛阅读和深入分析前人的研究成果,找到了改进现有模型的方法,并最终提出了新的理论体系。这充分说明了文献阅读在科学研究中的重要性。

3.4.1 阅读文献的重要性

1. 了解研究现状

通过阅读文献,研究者可以了解国内外相关领域的研究现状,掌握目前研究进展到什么程度,别人都在做什么研究、用了什么方法、有什么主要的观点,同时为自己的研究打基础。

2. 避免研究错误

文献阅读可避免常见的研究错误。很多时候,作者写一篇文章,如果不熟悉现有的文献,往往会犯一些常识性错误,重新讨论一些前人已经说过多遍的老问题,而且不一定能够说清楚。因此,深入阅读相关领域的文献可以帮助研究者识别和避免这些错误。

3. 应用研究与理论研究

在做应用研究的时候,有些观点是直接可以采用的。而在做理论研究的时候,既要熟悉和掌握这些文献的基本观点,又要对这些文献进行超越,在这些文献的基础上确立研究者的边际位置,以此确立研究者的边际贡献。

4. 提升批判性思维能力

文献阅读有助于研究者提升批判性思维能力。在阅读过程中,研究者不仅需要理解文献的内容,还需要评估研究方法的有效性、数据的可靠性以及结论的合理性。这种批判性分析能够培养研究者的独立思考能力,使其在未来的研究中能够提出更具创意和深度的问题和观点。

5. 促进学术交流与合作

文献阅读还是研究者与学术社区沟通的重要途径。通过阅读文献,研究者可以了解学术界的主要话题、争论焦点和最新成果,这不仅有助于研究者定位自己的研究,还可以找到潜在的合作伙伴和研究机会,促进学术交流和合作。

阅读文献是学术研究中不可或缺的一部分,通过系统的文献阅读,研究者能够全面了解研究领域的现状和发展方向,避免重复劳动,提升研究质量,增强学术影响力。

3.4.2　值得阅读的几类文献

1. 高水平的中文期刊论文

社科类中文期刊，主要查看北大核心、CSSCI，在中国知网上查询时，请选中"核心期刊"和"CSSCI"复选框，如图3.18所示。常见的高水平社科类期刊包括《社会学研究》《经济研究》《法学研究》等。

图3.18　在中国知网上查找高水平的期刊论文

2. 博士学位论文

在中国知网上查询时，请先单击"博硕士"，再单击"博士"，如图3.19所示。查找博士学位论文时，可以关注近年来的研究热点和前沿领域，并注意论文的参考文献列表，以找到更多相关的高质量文献。

图3.19　在中国知网上查找博士学位论文

3. 出版的专著、教材、研究报告

(1) 中国国家图书馆：访问中国国家图书馆，在文本框中输入主题或作者等关键词，再选择分类，单击"检索"按钮，即可查找已正式出版的专著、教材或研究报告，如图3.20所示。

图3.20　在中国国家图书馆网站查找专著或教材

(2) 皮书数据库：皮书系列是社科文献出版社出版的蓝皮书、绿皮书、黄皮书等连续性年度专题研究报告的统称。2014年6月上线发布的新版皮书数据库(三期)由基本子库、特色专题库和定制子库等不同类型子库产品组成，包括中国社会发展数据库、中国经济发展数据库、中国行业发展数据库、中国区域发展数据库、中国文化传媒数据库和世界经济与国际关系数据库六个基本子库。皮书数据库还追踪社会热点和学术前沿，不断策划特色专题库，如依法治国与法治中国、金砖国家、中国竞争力、中国国家安全等一系列特色专题库，如图3.21所示。

图3.21　在皮书数据库查找研究报告或专著

4. 网络资源与官方的报刊

(1) 人民网：访问人民网——《人民日报》，可关注"国际""财经""社会"等专栏。

(2) 新华网：访问新华网，可关注"时政""经济""国际"等专栏。

(3) 中国经济网：访问中国经济网——《经济日报》，可关注"宏观经济""产业经济"等专栏。

(4) 光明网：访问光明网——《光明日报》，可关注"理论""教育""文化"等专栏。

5. 外文资料

可通过谷歌学术、百度学术获得，或者从外文数据库获取，例如，PubMed、IEEE Xplore、JSTOR、ScienceDirect等。谷歌学术(Google Scholar)和百度学术(Baidu Scholar)是搜索外文资料的常用工具，可帮助研究者快速找到相关的学术文章和研究资料。外文数据库前面已经介绍过，这里不再赘述。

3.4.3 文献阅读方法

文献阅读是科学研究的重要组成部分，通过系统的文献阅读，研究者能够深入了解所研究领域的现状与发展趋势，并找到自身研究的创新点。文献阅读的路径，如图3.22所示。

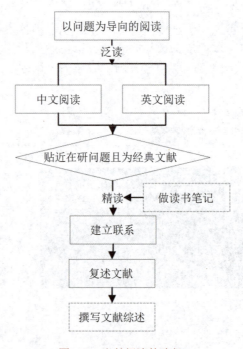

图3.22　文献阅读的路径

1. 阅读与思考相结合

阅读文献必须与思考结合起来，边读文献边思考。

(1) 以问题为导向的阅读：从研究问题的角度出发，综合考量这篇文章，关注这篇文章是否有效回答了研究问题，研究方法和研究过程是怎样的，有什么创新和不足，有哪些地方值得进一步学习和借鉴。

例如，论文选题拟定为"数字化技术在农业供应链中的应用"时，可阅读杜永红撰写的关于"基于中国国情的农业全产业链数字化转型路径"的文章。在阅读时，需要思考该篇文章是否有效回答了如何在农业供应链中应用数字化技术，具体的应用场景、技术优势、面临的挑战等。

(2) 建立联系：要把新阅读到的内容与正在从事的科研工作进行对接，将新阅读的知识嫁接到相应的知识体系之上，同时批判性地进行知识重组：哪些补充了新的知识脉络，哪些修正了原来的知识结构等。

例如，在阅读杜永红关于"农业全产业链数字化转型"的文献时，尝试将其与当前研究的数字化转型理论和实践相结合，思考其在农业供应链中的适用性和效果。

(3) 复述文献：如何才能算是真正读懂文献呢？一个重要的标准就是能够复述这篇文献，并且可以进行评述。复述文献的一个好方法是写读书笔记，通过撰写读书笔记，可以帮助读者更准确地描述阅读内容。

例如，阅读相关文献时，试着用自己的话复述文章的主要观点和数据，并在读书笔记中记录下来。例如，复述上述文献中关于"数字化技术在农业供应链中的具体应用"部分的内容。

2. 精读与泛读

(1) 精读：每一个学科都有自己的经典文献。这些经典文献就是前人在同样的研究领域，提出了经典的问题，做出了经典的回答，同时经典文献中的研究方法也是值得后来者学习的。只有精读才能有效地获知文献的观点，以及研究思路与方法，还可以模仿、学习作者的治学路径，从而为自己的学术之路奠定基础。

例如，精读杜永红撰写的《基于中国国情的农业全产业链数字化转型路径研究》，以理解其核心思想和分析方法。

(2) 泛读：通过泛读文献可以了解主要学术观点、基本研究方法、研究成果的进展，以便进一步确立自己的研究目标。泛读文献一般需要阅读者进行海量检索，广泛阅读。泛读的顺序是先读摘要，再读导论，后读结论，然后根据结论确定是否需要通读研究过程。在泛读的过程中，如果发现了优质的文献，且与所研究的问题非常贴近，可转为精读，尤其是引用率高、被学者广泛讨论的文献。

例如，在开始一个关于"农业供应链的数字化转型"的新研究选题时，泛读大量相关文献，快速了解这一领域的最新动态和主要观点。

3. 做读书笔记

阅读的同时，必须配合记笔记，边思考，边记录，甚至需要摘抄经典的句子，然后进行单篇文章的综述。随记与摘录便于深入了解文献，而综述则便于总体性地把握这篇文章。

例如，阅读《基于中国国情的农业全产业链数字化转型路径研究》该篇文献时，应做详细的读书笔记，记录关键概念和重要数据，并撰写自己的理解和评论。

4. 撰写文献综述

写单篇文献综述时，需要将研究者的研究问题、研究目标、研究方法、研究结论和研究贡献等问题进行简要说明。研究者必须反复认真阅读这些文献，边读边写，只有读清楚了，才能写清楚。

例如，撰写关于"数字化技术在农业供应链中的应用"的文献综述，涵盖研究问题、目标、方法、主要发现和贡献，提供对这一领域的全面概述。

5. 学会阅读英文文献

英文是当今世界上应用最广泛的学术语言之一。英文世界的科学研究基础更为广阔与扎实，开展科学研究的时间更早，研究体系更完善，因此，在进行文献梳理时，不能省略对英文文献的检索与阅读。要辩证地看待英文文献，善用他山之石，通过阅读英文文献，提升研究的层次，让研究者更具开阔的国际视野。

在研究"数字化技术在农业供应链中的应用"时，可以阅读英文文献如 *Digital Agriculture: Concepts and Technologies* 或 *The Role of Digital Technology in Agricultural Supply Chains*，以获取国际视野和前沿观点。

3.5　文献综述撰写

> 在文献综述撰写过程中，研究者不仅要全面梳理和评析前人的研究成果，认识到学术研究的继承性和创新性，还要培养科学的批判性思维和严谨的学术态度。这种过程不仅有助于提高个人的学术水平，还体现了对前人研究工作的尊重和学术诚信，在学术研究中追求真理、开拓创新，并积极推动学术交流与合作，增强社会责任感和学术担当。

在许多学术论文被拒事件中，90%的失败原因是研究问题问得不好、不够清楚：文献没有全面查阅，所研究的问题已经有文章发表过，重复性的研究没有贡献新的知识，不值得发表。因此，研究者应详读文献，对文献进行梳理、评价、研究，这一过程被称为文献综述，又称研究综述或文献回顾。

案例分析3-2

返贫预警机制构建探究

本文发表于《中国特色社会主义研究》2018(01)：57-63，作者：范和生

文献综述撰写顺序：首先是研究背景的描述，阐释构建返贫预警机制的目的和意义，然后通过两个"较少"提出当前研究中存在的不足，然后将当前已有的研究成果梳理为两个方面——返贫诱因和返贫治理，后续分别复述这两个方面已有的研究观点，最后给出评价，并提出自己新的研究主题和研究目的。

相关文献综述开场白

贫困问题涉及经济、社会、文化、环境等诸多领域，返贫是我国当前贫困治理中无法

回避的特殊现象,而构建返贫预警机制又成为消除返贫现象的首要任务。构建返贫预警机制就是要构建返贫发生前的信息反馈、干预、阻断等机制。

现有的贫困治理机制研究大部分是宏观上的,主张建立完备且贯穿扶贫工作全程的创新机制。现有研究关注于贫困人口总体或贫困区域人口,但较少对贫困人口进行区别化、类型化研究。注重前进式的减贫研究多,关注脱贫人口返贫问题的较少。关于返贫问题的研究在时间分布上跨度较大,内容也主要集中在返贫诱因和返贫治理两个方面。

文献梳理部分

第一,关于返贫情况的诱发因素研究(这里只摘录了最后一个研究观点及总结)。

……郑瑞强、曹国庆(2016)根据返贫因素将返贫划分为政策性返贫、能力缺失返贫、因灾返贫和发展型返贫,并提出进行贫困人口生计空间的重塑,减少和防范贫困人口返贫。综合来看,返贫的诱发因素是多样的,涉及政策不匹配、思想观念落后和制度缺陷等诸多方面。

第二,关于返贫的治理对策路径研究(这里只摘录了第一个研究观点)。

刘玲琪(2003)以陕西省为例分析了返贫人口的特征,并主张从加大投入、控制人口增长、调整人口分布、提高人口素质、加强社会保障和实施产业开发六个方面应对返贫问题。

文献综述开始是梳理,梳理的方法一般采用分类梳理,复述前人研究成果的核心观点。这里要注意的是文献的来源一般应为高水平期刊文章或专著,最好选用近五年内与主题贴近的研究成果,当然如果是经典理论,可以不限时间。

文献评、研部分

学界现有的关于返贫的研究大多局限在返贫现象发生之后的治理层面,而不能兼顾返贫发生之前,忽视了前期预防的重要性。治理返贫的源头在于预防,这就需要建立针对性强、行之有效的返贫监测预警机制。而在返贫治理中,关于返贫预警机制构建的研究鲜有人涉足。返贫预警旨在加强对返贫的先期预防,返贫预警处理得当,会大大减少返贫现象的爆发,降低后期的返贫治理难度,可以说是治理返贫的基础性工程。

评、研是在肯定前人研究成果的同时,指出前人研究存在的局限与不足,从而提出研究者的研究主题,以及要达到的研究目的。

3.5.1 不同类型论文文献综述撰写方法

在撰写文献综述时,首先要明确论文分类,然后依据论文分类,有针对性地对文献进行"梳、理、评、研"。

1. 综述类论文的文献综述撰写方法

综述类的论文是对已发表的论文进行评述,然后提出自己的观点。首先对已发表的文献观点进行分类,然后对每一类进行点评,最后有一个总体的结论。此类论文如果撰写得好,也能发表到高水平的期刊上。

案例分析3-3

专利、技术创新与经济增长 —— 一个综述

本文发表于《华东经济管理》2019(08)：152-160，作者：温军，张森

论文的文献综述围绕专利表征技术创新的优势和缺陷、专利制度和专利申请动机对技术创新的影响、专利对经济增长的影响效果，以及限制专利成果转化的因素这四个方面的研究进行梳理，以明确专利对技术创新和经济增长的作用机制和影响效果，并试图从中挖掘出值得进一步深入研究的议题。论文整体结构如下。

一、引言
二、专利与技术创新
(一) 专利衡量技术创新的可行性
(二) 专利影响技术创新
1. 专利保护制度与技术创新
2. 专利申请动机与技术创新
三、专利与经济增长
(一) 专利质量与经济增长
(二) 专利成果转化机制与经济增长
四、总结与展望

2. 定性研究类论文的文献综述撰写方法

定性研究(qualitative research)是社会科学领域的一种基本研究范式，旨在通过描述和解释研究对象的特征和现象，深入探讨问题的性质和原因。在撰写定性研究类论文的文献综述时，主要步骤包括：提出问题、分类梳理、综合分析、评述不足等。下面以《返贫预警机制构建探究》为例进行分析。

1) 介绍研究背景和重要性

在文献综述的开头，需要介绍研究的背景和重要性。例如，本文开头部分介绍了贫困问题的复杂性及其对社会的重大影响，并阐述了构建返贫预警机制的紧迫性。

2) 分类梳理现有文献

将现有研究按主题或方向分类梳理，如将上述文献分为"返贫诱因研究"和"返贫治理对策研究"两类。在每一类中，进一步细分和讨论各个具体研究的主要观点和发现。例如，文章中将返贫诱因分为政策性返贫、能力缺失返贫、因灾返贫和发展型返贫，并分别引用了相关研究进行说明。

3) 综合分析和比较

在梳理文献的基础上，对各类研究进行综合分析和比较，找出共性和差异。例如，上述文献综合了各类返贫诱因的不同研究，并指出返贫现象的多样性及其复杂成因。

4) 指出不足和提出研究方向

对现有文献进行评述，指出其不足之处，并提出未来研究的方向。例如，文章指出现有研究主要集中在返贫现象发生后的治理层面，而缺乏对返贫预警机制的研究，从而提出

构建返贫预警机制的必要性。

3. 定量研究类论文的文献综述撰写方法

定量研究(quantitative research)旨在用数学工具对事物进行数量分析，是社会科学领域的一种基本研究范式。定量研究类论文的文献综述撰写主要包括提出研究背景和问题、梳理已有研究、分析现有研究的不足、提出研究思路和框架、总结和展望。

案例分析3-4

数字普惠金融、人力资本与包容性增长

本文发表于《工业技术经济》2023(07): 57-63，作者：李北伟，李霁雯

文献综述部分首先系统梳理了数字普惠金融与人力资本、数字普惠金融与包容性增长的相关研究，然后评述了现有研究的优缺点，并提出了自己的研究框架。具体步骤如下。

(1) 提出研究背景和问题：本文首先介绍了数字普惠金融的背景及其与包容性增长的关系，指出现有研究的不足之处。

(2) 梳理已有研究：本文分别梳理了数字普惠金融与人力资本、数字普惠金融与包容性增长的相关研究，讨论了这些研究的主要发现和结论。

(3) 分析现有研究的不足：本文评述了现有研究的优缺点，指出了研究的空白和不足之处，特别是在人力资本在数字普惠金融和包容性增长之间的作用机制方面的缺乏。

(4) 提出研究思路和框架：在评述文献的基础上，本文提出了研究的总体框架，包括数字普惠金融对包容性增长的影响机制和研究假设。

(5) 总结和展望：本文总结了文献综述的主要内容，并展望了未来的研究方向，提出进一步探索这一机制在不同地区的异质性。

4. 案例研究类论文的文献综述撰写方法

案例研究(case study research)是通过对特定背景下的典型事件进行系统描述和分析，来解释、判断、评价或预测问题。案例研究类论文的文献综述撰写主要包括提出研究背景和问题、梳理已有研究、综合分析和比较、提出研究思路和框架、总结和展望。

案例分析3-5

基于生态位调整视角的农产品品牌升级路径研究——以"茶油奶奶"为例

本文发表于《管理案例研究与评论》2019(05): 534-547，作者：林孔团，蒋耀辉

文献综述部分首先系统梳理了企业生态位和品牌生态位的相关理论研究，然后评述了现有研究的优缺点，并提出了基于生态位调整视角的品牌升级路径研究框架。具体步骤如下。

(1) 提出研究背景和问题：本文介绍了农产品品牌升级的重要性及其在现代市场环境中的挑战，提出了通过生态位调整来实现品牌升级的研究问题。

(2) 梳理已有研究

一是企业生态位理论，回顾了企业生态位的定义、发展和应用，引用了多位学者的研

究成果，说明企业生态位在企业战略中的重要作用。二是品牌生态位理论，总结了品牌生态位的概念和应用，引用了相关文献，阐述品牌生态位在品牌塑造和市场竞争中的作用。

(3) 综合分析和比较：本文分析了现有研究的优缺点，指出研究的空白和不足之处，特别是在动态调整机制和具体应用案例方面的缺乏。

(4) 提出研究思路和框架：在文献评述的基础上，本文提出了基于生态位调整视角的品牌升级路径研究框架，详细描述了企业生态位和品牌生态位的动态调整机制及其协同作用。

(5) 总结和展望：本文总结了文献综述的主要内容，并展望了未来研究方向，提出在不同品牌和市场环境中进一步探索生态位调整机制的必要性。

3.5.2 文献综述的作用

从学科建设的角度看，系统进行文献梳理可以避免重复的学术劳动，同时是在尊重前人的学术贡献。

1. 文献梳理的作用

(1) 廓清"知识圆"的边界：在认识未知之前，首先要清晰界定已有知识的边界。通过系统的文献梳理，可以全面了解某一领域的研究现状，明确已有的研究成果及其局限性。

(2) 整合已知知识：文献梳理的过程就是将已有的研究成果进行系统整理和归纳，找出其中的逻辑联系，为进一步的研究提供坚实的理论基础。

(3) 评估研究价值：通过文献梳理，可以分析现有研究的程度、层次及存在的问题，决定是否需要进一步研究。如果已有的研究已经非常完善，则应避免重复劳动，寻找新的研究方向。

(4) 避免重复研究：了解已有研究的深度和广度，确保新研究在已有基础上有所创新，避免"多你一个不多的研究"这种无价值的重复。

2. 文献评研的作用

(1) 发现研究空白：通过系统梳理文献，可以发现前人研究中的局限和不足，为后续研究确立新的学术生长点。

(2) 提出新的研究方向：在评述前人研究成果的基础上，基于其不足之处，提出新的研究问题和方向，从而推动学术进步。

(3) 提升研究质量：通过批判性地评研文献，研究者可以更加深入地理解研究主题，提升自己的研究质量和学术水平。

(4) 激发创新思维：文献评研过程中，研究者不断反思和质疑前人的研究成果，激发创新思维，提出具有独创性的研究观点。

3. 综合分析的作用

(1) 形成理论框架：通过综合分析现有文献，可以形成一个系统的理论框架，为后续研究提供指导。

(2) 识别研究趋势：文献综述可以帮助研究者识别当前研究的趋势和热点，从而更好地定位自己的研究方向。

(3) 指导研究设计：在了解已有研究方法和成果的基础上，设计出更加合理和科学的研究方案，提高研究的科学性和可行性。

3.5.3 文献综述的基本结构

文献综述的基本结构通常包括以下几部分：历史文献追踪、文献分类与对比分析、去伪存真。为了更好地说明这个结构，下面以《数字普惠金融、人力资本与包容性增长》一文为例进行分析。

1. 追踪历史文献

追踪该研究领域的很多历史文献，能够对某个领域的知识发展历程、存在的问题等有全面的认识和深入的了解，追踪历史文献线索，如图3.23所示。

例如，本文回顾了普惠金融在中国的发展历程及其政策背景，指出普惠金融的历史起源和发展脉络，文中提到："党的二十大报告提出'建设数字中国，加快发展数字经济，促进数字经济和实体经济深度融合，打造具有国际竞争力的数字产业集群。'"

图3.23　追踪历史文献线索

2. 文献分类与对比分析

需要对相关文献进行分类，并进行对比分析，以明确各类文献的主要观点和研究方法。

例如，本文将相关文献分为以下两类。
- 数字普惠金融与人力资本
- 数字普惠金融与包容性增长

对比分析不同文献的观点，发现当前研究的不足和争议点。具体如下。

现有研究发现数字普惠金融可以兼顾包容性增长的协同性、均衡性与公平性等特点。但现有研究的主体多基于包容性增长的一个或部分子维度，对包容性增长这一主体概念进行考察的文献相对不足。

3. 去伪存真

批判性分析现有研究的不足之处：文章指出现有研究的局限，如数据来源不可靠、研究方法单一等。具体如下。

研究发现人力资本的异质性可以导致数字普惠金融对包容性增长影响的差异性，但人力资本在数字普惠金融和包容性增长之间如何发生作用方面缺乏相关研究。人力资本是经济高质量发展的重要生产要素，研究数字普惠金融与人力资本的关系以及与包容性增长的关系对经济高质量发展具有重要意义。

最后提出研究假设和目标。本文提出了进一步研究的方向和目标，旨在通过实证分析揭示数字普惠金融在人力资本积累和包容性增长中的实际作用。

文献综述的基本结构如下。

1. 历史文献追踪
- 回顾该研究领域的历史文献。
- 梳理相关研究的主要观点和发现。

2. 文献分类与对比分析
- 分类介绍研究内容。
- 对比不同研究的经验和教训，分析差异。

3. 去伪存真
- 批判性分析现有研究的不足之处。
- 提出研究假设和目标。

4. 总结与展望
- 总结文献综述的主要发现。
- 提出进一步研究的方向和建议。

3.5.4 文献梳理

文献梳理是针对某一研究领域中前人已经做了哪些研究工作，进展到何种程度进行复述。对研究成果的表述要准确，知名学者的代表作一定要罗列出来。

1. 文献之间的关系

(1) 同意关系：这些文献可以"合并同类项"，它们的研究结论一致，或者殊途同归。

(2) 继承关系：一篇文献是在另一篇文献的基础上形成的。

(2) 反对关系：一篇文献的观点直接反驳或批评另一篇文献的观点。

(3) 并列关系：两篇文献各自在自己的问题上做出了回答，它们合起来就可以构成更大一类问题的答案。

2. 文献梳理方法

文献梳理主要是对前人研究成果的核心观点进行阐述与概括。其主体部分有横向和纵向两种写法，具体如下。

(1) 纵向写法：围绕某一个研究问题的发展，采用年代顺序进行梳理。

(2) 横向写法：有两种情况，一是按空间分类，分别介绍其研究的国内现状与国外现状；另一种是将前人的研究观点梳理分类，再按类别对文献进行进一步梳理。

案例分析3-6

《中国经济减速的原因与出路》一文的文献综述(纵向写法)

该文围绕"中国经济减速原因"的研究问题，采用了纵向梳理的方法，按时间顺序展示了相关研究的发展，具体如下。

(三) 全要素生产率说

研究观点一：1994年，美国经济学家保罗·克鲁格曼提出，东亚的经济增长主要依靠资本和劳动投入的高增长实现，而不是靠技术进步或全要素生产率(TFP)的提高，这种高速增长是不可持续的，未来这些国家的经济增长速度必然放慢。

——反对关系，克鲁格曼的观点对东亚经济奇迹持怀疑态度，认为其不可持续。

研究观点二：赵志耘和杨朝峰根据索洛余值法测算出，1979—1992年中国的TFP增长率是在大幅波动中提高的，1984年达到第一个峰值6.592%，1992年达到最高点7.189%，此后便开始降低；2001年加入WTO以后，TFP增长率又进入稳定增长时期，2007年达到5.382%的波峰值，此后迅速跌落至2009年的-0.402%。

——继承关系，在克鲁格曼观点的基础上进行细化和具体测算。

研究观点三：张连城测算了1953—2009年中国TFP增长率的变化。他的测算结果是，1979年以后，TFP增长率持续走高，1984年达到第一个波峰5.734%；1992年达到第二个波峰5.471%；1992年以后TFP增长率在波动中持续下降，2008年和2009年分别是-1.662%和-4.732%。

——同意关系，张连城的研究结果与赵志耘和杨朝峰的研究结果相似，均认为中国的TFP增长存在波动。

通过纵向梳理，不同研究的观点形成了一个时间序列，展示了研究问题的发展历程和研究成果的演变。

案例分析3-7

《专利、技术创新与经济增长——一个综述》一文的文献综述(横向写法)

该文在文献综述部分采用了横向梳理的方法，将相关研究进行分类，并进行对比分析，具体如下。

专利保护制度

1) 国内研究现状

观点一：专利制度的负面效应

一些国内学者认为，专利制度安排受到相关利益集团的影响，这些集团热衷于增加垄断租金而非总体福利，专利制度的潜在副作用甚至足以抵消其对技术创新的正向作用。

例如：李明和张伟(2015)在《经济研究》中指出，专利保护在某些情况下可能导致创新活动的抑制，因为企业可能更倾向于保护已有的技术而非开发新技术。

反对关系：这些观点认为专利制度的负面效应可能超过其正面效应。

观点二：专利制度的正面效应

其他国内学者则认为，专利权与技术创新之间的关系受多种因素的影响，在创新频繁的行业以及研发固定成本较高的技术上，严格的专利保护能够促进技术创新水平的持续提升。

例如：王芳(2017)在《科技进步与对策》中指出，严格的专利保护有助于激励企业增加研发投入，提高技术创新的积极性。

同意关系：认为专利保护能够促进技术创新。

2) 国外研究现状

观点一：专利制度的正面效应

国外的研究普遍支持专利制度对技术创新的正面影响，认为专利保护能激励企业加大研发投入，提高创新产出(Dosi, 1988; Jaffe, 2000)。

同意关系：支持专利制度的正面作用。

观点二：专利制度的负面效应

一些国外学者提出了相反观点，认为专利制度的负面效应包括垄断租金的增加和创新效率的下降(Boldrin and Levine，2013)。

反对关系：认为专利制度存在显著的负面效应。

通过横向梳理，文献综述展示了国内外研究在专利保护制度方面的不同观点，并进行了分类和对比分析。这种方法能够帮助读者更清晰地理解学术界在这一领域的主要争论和研究现状。

3.5.5 文献评研

文献评研是在文献梳理的基础上，概括地指出已有研究成果的价值和存在的不足，以及自己对某些研究成果的不同意见，然后引出本文所要研究的问题及问题的创新点。

1. 对文献进行准确评研

新手写文献综述时，往往会刻意贬低既有文献的贡献，以便突出自己的研究创新，但这样做是极不可取的，应该如实地评价文献。对他人前期研究成果评价要客观公正，切忌在批判别人成果的基础上突出自己的研究，不要贬低前人的研究成果，不要吹嘘自己；准确表达前人科学研究的学术思想或学术观点。

2. 文献评研内容

文献评研内容应回答以下问题。

- 对于将要研究的问题，学术界已经有了哪些研究？
- 这些研究到了什么程度？
- 其贡献和不足在哪里？
- 如果要推进研究，还需要做什么？
- 前人的研究是否与自己的研究类似？如果有，与自己的研究有哪些相同和不同之处？

- 它们与自己的研究是什么关系?
- 自己的研究是开创了新的研究、推进了既有的研究,还是驳斥了既有的研究?

3. 融入研究者的知识和批判性思维

文献综述不能写得太枯燥,因为其一般紧随引言之后。如果堆砌文献、写得机械而生硬,编辑和读者可能会跳过文章。撰写文献综述时,应融合自己的知识和批判性思维,将自己的研究视野融入进去。

4. 文献评研的步骤

(1) 找准"知识圆"的圆心。尽量选择与"知识圆"圆心较近的核心文献。
(2) 以研究问题穿针引线,将文献以条理化的方式组织起来,展现作者的逻辑推演过程。
(3) 对文献进行精准和恰当的概括。
(4) 对文献进行客观评述,指出其学术贡献与研究不足,以此作为自己研究的起点。

5. 文献评研的注意事项

- 在没有认真精读一篇文献时,不要将其列为参考文献。
- 文献综述对应文末的参考文献,在文末要列出所引用的参考文献。
- 不要就一个来源引用过多,且应避免过长的引文。
- 不要引用不相干文献,网络资源和报纸资源都不是好的引用源。
- 文献综述应是研究者对原始文献所做的客观分析,不要以偏概全。

案例分析3-8

《数字普惠金融、人力资本与包容性增长》

本文的文献评研如下。

1) 已有研究成果

普惠金融:现有研究表明,数字普惠金融可以通过促进经济增长、提高收入水平和促进社会公平来提升包容性增长。

例如,"数字普惠金融可以通过缓解信贷约束、信息约束和金融知识约束、降低交易成本等途径促进家庭创业意愿"。

人力资本:教育投资和技能培训是提高人力资本的主要方式,实践也能提升个体的认知能力和劳动生产率。

例如,"人力资本水平是否能够提高主要取决于对人力资本的投资水平"。

2) 研究程度

数字普惠金融的影响机制已经有较多研究,但大多集中在其对经济增长的直接作用上,缺乏对包容性增长和人力资本之间关系的深入探讨。

例如,"现有研究发现数字普惠金融可以兼顾包容性增长的协同性、均衡性与公平性等特点,但多基于包容性增长的一个或部分子维度,对包容性增长这一主体概念的考察相对不足"。

3) 研究贡献

本文通过实证分析,证明了数字普惠金融能够通过提升人力资本质量来促进包容性增长，提出了包容性增长的三维度框架(经济发展、收入分配、机会公平)。

例如，"研究发现，数字普惠金融的发展能够从促进经济增长、提高收入水平和促进社会公平三个方面促进包容性增长"。

4) 研究不足

现有文献中，关于数字普惠金融在不同地区的差异性影响和具体传导机制的研究较少。

例如，"但现有研究的主体多基于包容性增长的一个或部分子维度，对包容性增长这一主体概念的考察相对不足"。

5) 研究创新点

本文首次系统分析了数字普惠金融、人力资本与包容性增长之间的关系，提出了人力资本在其中的中介作用，并揭示了不同地区的异质性。

例如，"本文聚焦于数字普惠金融和包容性增长的发展与联系，从人力资本视角探索数字普惠金融对包容性增长的影响机制，并通过地区异质性、人力资本异质性刻画数字普惠金融对包容性增长影响的差异性，系统分析三者的作用机制"。

3.6　参考文献引用格式

> 通过对参考文献的系统引用，不仅能够尊重和继承前人的学术成果，还能培养严谨的学术态度和求真务实的精神。规范的参考文献引用展示了学术诚信的重要性，有助于研究者树立正确的价值观和良好的学术道德，推动学术研究的健康发展。

3.6.1　参考文献引用原则

参考文献是论文的重要构成部分，其引用原则是用研究者自己的语言来总结其他作者的研究发现，然后注明引用的出处。在一篇论文中，引用参考文献来论证自己的观点或者理念是十分必要的。对于别人已经研究过的内容，研究者不需要重复进行研究，通过参考文献的引用，能简要地体现想要表述的内容。

1. 引用与论文主题高度相关的参考文献

选择参考文献必须紧紧围绕主题，为表现和论证主题服务。凡是能有力地说明、突出、烘托主题的就选用，否则就舍弃。将一些与主题无关的参考文献写进论文中，会导致参考文献与主题脱节，影响论文主题的表达。这是选择参考文献的一个基本原则。

注意事项如下。

- 检查引用的文献是否直接支持或反驳你的研究假设或问题。
- 避免引用与研究主题不相关的文献，以确保论文的严谨性和逻辑性。

2. 引用较新和档次较高的文献

尽量引用五年内发表的论文。人文社科类的期刊论文推荐CSSCI、北大中文核心、

SSCI(英文)；理工科类期刊论文推荐CSCD、北大中文核心、SCI(英文)；或是博士论文、知名学者出版的专著等。最好不要引用硕士论文或非核心论文，对于该学科领域的经典著作则不限发表时间。

注意事项如下。
- 优先选择高影响力期刊和权威出版社的出版物。
- 尽量避免引用过时或已被新研究否定的观点。

3. 少引用网络资源和报纸资源

建议少引用网络资源和报纸资源。当研究者确实需要引用网络资源和报纸资源时，首先要考量资源发布者的可信度。可采纳权威部门发布的信息，如《人民日报》、中国新闻网、政府网站以及知名度较高的智库发表的研究报告等。

注意事项如下。
- 检查引用的网络资源是否有稳定的URL和发布时间。
- 确认网络资源是否由权威机构或专家发布，确保其可靠性和学术价值。

4. 应引用多类型的参考文献

文献资料类型有多种，研究者在撰写论文过程中一般会引用多类参考文献。拟发表的期刊或会议论文，或是撰写的学位论文，大多引用的参考文献是期刊文章，但应尽量避免引用单一种类的参考文献。例如，有学生在撰写学位论文时大量引用了学位论文，这是不符合规范的。

注意事项具体如下。
- 在引用期刊文章的同时，还应包括专著、会议论文和学位论文等多种类型的文献。
- 确保所引用的文献能覆盖广泛的研究角度和方法，提供多维度的视角。

案例分析3-9

《乡村振兴战略背景下网络扶贫与电子商务进农村研究》

本文发表于《求实》，2019(03): 97-112，作者：杜永红

引用的参考文献如图3.24所示，参考文献中包含中文与英文文献，有专著、期刊文章、报纸文章及网络资源等。

[1] 中共中央国务院.乡村振兴战略规划(2018—2022年)[M].北京:人民出版社,2018.

[2] Anita Kelles–Viitanen. The Role of ICT in Governing Rural Development[J]. IFAD Workshop on the What are the Innovation Challenges for Rural Development (Rome), 2005, (11).

[3] 杰夫电商集团.2017年电子商务进农村,告诉你接下来该干什么![EB/OL]. http://mt.sohu.com/20170425/n490647055.shtml,2017–04–25.

[4] 程联涛.我国贫困地区区域特征及扶贫对策[J].贵州社会科学,2014,(10).

[5] 孙久文.网络扶贫为农民"拔穷根"[J].人民论坛,2017(1).

[6] 赵早.树立互联互通思维放大网络扶贫效益[N].河南日报,2017–05–05(9).

图3.24 引用多类型的参考文献

3.6.2　不同类型参考文献引用格式

在学术写作中，不同类型的文献需要采用不同的引用格式。正确引用参考文献不仅能够提升论文的学术规范性，还有助于读者查找和核实文献。以下是常见文献类型的引用格式。

1. 专著

[序号] 主要责任者. 文献题名[M]. 出版地：出版者，出版年. 起止页码(可选).

具体如下。

[1] 杜永红. 乡村振兴战略下的贫困地区可持续性发展研究[M]. 天津：天津大学出版社，2020. 25-30.

2. 学位论文

[序号] 主要责任者. 文献题名[D]. 保存地点：保存单位，年份.

具体如下。

[2] 宋琳. 我国电子商务企业审计风险防范研究[D]. 哈尔滨师范大学，2024.

3. 报告

[序号] 主要责任者. 文献题名[R]. 报告地：报告会主办单位，年份.

具体如下。

[3] 李平，孙世芳. 2020中国经济趋势报告[R]. 北京：中国社会科学院数量经济与技术经济研究所，经济日报社中国经济趋势研究院，2020.

4. 期刊文章

[序号] 主要责任者. 文献题名[J]. 刊名，年，卷(期)：起止页码.

具体如下。

[4] 何龄修. 读南明史[J]. 中国史研究，1998，(3)：167-173.

5. 论文集中的析出文献

[序号] 析出文献主要责任者. 析出文献题名[A]. 原文献主要责任者(可选). 原文献题名[C]. 出版地：出版者，出版年. 起止页码.

具体如下。

[5] 钟文发. 非线性规划在可燃毒物配置中的应用[A]. 赵炜(编). 运筹学的理论与应用——中国运筹学会第五届大会论文集[C]. 西安：西安电子科技大学出版社，1996. 468-472.

6. 报纸文章

[序号] 主要责任者. 文献题名[N]. 报纸名，出版日期(版次).

具体如下。

[6] 谢希德. 创造学习的新思路[N]. 人民日报，1998-12-25(10).

7. 电子文献

电子文献/载体类型标识：[J/OL] 网上期刊、[EB/OL] 网上电子公告、[M/CD] 光盘图书、[DB/OL] 网上数据库、[DB/MT] 磁带数据库。

[序号] 主要责任者. 电子文献题名[电子文献/载体类型标识]. 电子文献的出版或获得地址, 发表更新日期/引用日期.

具体如下。

[7] 王明亮. 关于中国学术期刊标准化数据库系统工程的进展[EB/OL]. http://www.cajcd.edu.cn/pub/wml.txt/980810-2.html，1998-08-16/1998-10-04.

8. 国际、国家标准

[序号] 标准编号，标准名称[S].

具体如下。

[8] GB/T 16159—1996，汉语拼音正词法基本规则[S].

9. 专利文献

[序号] 专利所有者. 专利题名[P]. 专利国别：专利号，出版日期.

具体如下。

[9] 姜锡洲. 一种温热外敷药制备方案[P]. 中国专利：881056073，1989-07-26.

3.6.3 参考文献在文中的引用与标注

当引用了别人的观点或数据时，须将该文献设置为引用，一般采用脚注、尾注的形式或是将参考文献统一罗列于文章结尾。

1. 脚注的设置方法

脚注附在论文当前页面的最底端，通常会对某些语句加以说明，一般有两个用途：一是作为文档某处内容的注释；二是作为参考文献引用标注等。

注释不同于参考文献引用标注，注释是研究者对正文中某一内容做进一步解释或补充说明的文字，注释的内容一般采用脚注方式置于页面底端，用序号标识。脚注和尾注都可对文本进行补充说明。脚注一般位于当前页面的底部，脚注和尾注均由两个关联的部分组成，包括注释引用标记和其对应的注释文本。

插入脚注方法如下。

(1) 将光标移动到需要添加参考文献引用标注的位置。

(2) 单击Word软件上方工具栏中的"引用"菜单，再单击"插入脚注"(左侧箭头所指)，如图3.25所示。

(3) 在当前位置的后方会生成一个参考资料的序号。

(4) 可单击"引用"菜单位置的扩展箭头(右侧箭头所指)，在弹出的对话框中进行格式的设置。

(5) 当前页的最下方出现一个参考资料编辑的区域。

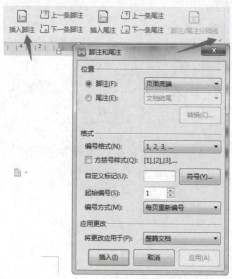

图3.25　插入脚注——脚注和尾注格式设置

(6) 在编辑区域编辑参考资料的来源信息,如图3.26所示。完成脚注的编辑后,当光标移动到序号上方时,会显示下方参考文献的信息。

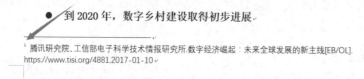

图3.26　脚注的设置

2. 尾注的设置方法

尾注也是一种对文本的补充说明,一般位于文档的末尾,用于列出引文的出处等。尾注与脚注相似,是由两个关联的部分组成,包括注释引用标记和其对应的注释文本。

尾注的插入方法与脚注类似,具体如下。

(1) 单击"引用"菜单。

(2) 再单击"插入尾注"。

(3) 单击扩展箭头,在弹出的"脚注和尾注"对话框中设置格式,如图3.25所示。

3. 参考文献引用出处

参考文献引用出处作为文章的构成部分,罗列于文章的末尾。一般按参考文献在文中出现的顺序进行编号,引文在文中对应位置标注有上标,与文末参考文献引用出处的编号相对应,如图3.27所示。

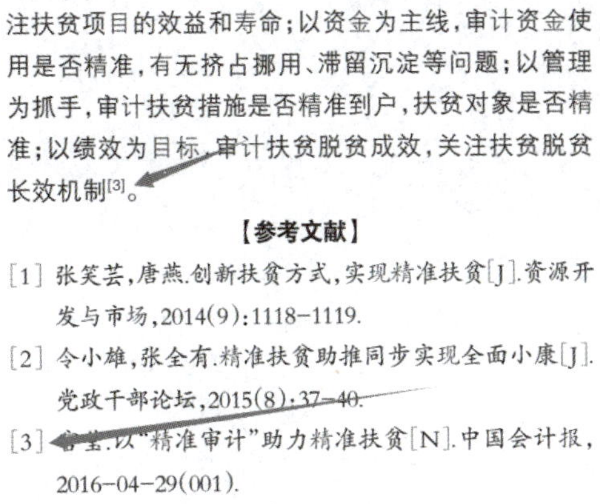

注扶贫项目的效益和寿命；以资金为主线，审计资金使用是否精准，有无挤占挪用、滞留沉淀等问题；以管理为抓手，审计扶贫措施是否精准到户，扶贫对象是否精准；以绩效为目标，审计扶贫脱贫成效，关注扶贫脱贫长效机制[3]。

【参考文献】

[1] 张笑芸，唐燕.创新扶贫方式，实现精准扶贫[J].资源开发与市场，2014(9):1118-1119.

[2] 令小雄，张全有.精准扶贫助推同步实现全面小康[J].党政干部论坛，2015(8):37-40.

[3] 谷垒.以"精准审计"助力精准扶贫[N].中国会计报，2016-04-29(001).

图3.27　参考文献引用出处

4. 脚注和尾注的格式标准

脚注和尾注的格式应遵循统一的标准，如字体大小、行距等，具体如下。

(1) 字体大小应比正文小一号。

(2) 行距应设置为单倍行距。

5. 处理多次引用的文献

当同一文献被多次引用时，可以在首次引用时给出完整的参考信息，而在后续引用中只注明作者姓氏和引用页码。或者在文末参考文献列表中统一标注，避免冗长的重复信息。

3.7　文献管理工具的应用

> 文献管理工具的使用，能够深度融合信息技术与学术研究，充分体现了现代科技在学术研究中的重要性。通过使用这些工具，学生能够高效地收集、整理和引用文献资源，提高研究效率和学术写作规范性；能够提升学生的学术研究能力，有效培养学生严谨的学术态度和责任感，树立科学精神，弘扬求真务实的学术作风；有助于学生个人学术能力的提升，也推动了整个学术领域的规范和进步。

文献管理工具是学术研究中的重要辅助工具，可以帮助研究者有效地收集、组织、标注和共享文献资源，极大地提高研究效率，更好地支持学术研究和论文写作。以下介绍几款国内外流行的文献管理工具，并讲解其使用方法。

3.7.1　EndNote

EndNote是一款功能强大的文献管理软件，广泛应用于学术研究和科学写作中。它可以帮助用户收集、管理和格式化参考文献，并与Microsoft Word无缝集成，实现自动插入和格式化引用。

1. 主要功能

(1) 导入和管理文献：可以从各种数据库和图书馆导入文献，并对文献进行分类、标注和搜索。

(2) 引文格式化：支持数千种引用格式，能够根据期刊要求自动调整引用格式。

(3) 与Word集成：通过EndNote插件，用户可以在Word文档中快速插入和管理引用。

2. 使用方法

(1) 下载安装：从EndNote官方网站下载并安装软件。

(2) 导入文献：通过EndNote界面导入文献，可以从在线数据库、PDF文件夹或手动添加文献。

(3) 管理文献：使用标签、文件夹和笔记功能，对文献进行分类和注释。

(4) 插入引用：在Word中使用EndNote插件插入引用，选择所需的引用格式。

3.7.2 Zotero

Zotero是一款免费的开源文献管理工具，适用于Windows、Mac和Linux平台。它不仅可以帮助用户收集和管理文献，还支持与浏览器集成，方便用户直接从网页上抓取文献信息。

1. 主要功能

(1) 浏览器插件：通过浏览器插件，可以直接从网页上保存文献信息和PDF文件。

(2) 文献管理：支持标签、文件夹和笔记功能，对文献进行分类和注释。

(3) 引用管理：与Word集成，支持多种引用格式。

2. 使用方法

(1) 下载安装：从Zotero官方网站下载并安装软件和浏览器插件。

(2) 导入文献：通过浏览器插件从网页上抓取文献信息，或从文件夹中导入PDF文献。

(3) 管理文献：使用标签、文件夹和笔记功能，对文献进行分类和注释。

(4) 插入引用：在Word中使用Zotero插件插入引用，选择所需的引用格式。

3.7.3 Mendeley

Mendeley是一款集文献管理和学术社交于一体的工具，提供文献管理、引用生成和学术交流等功能。Mendeley拥有强大的PDF管理和注释功能，适合科研人员和学生使用。

1. 主要功能

(1) 文献管理：支持导入和分类管理文献，提供标签、文件夹和笔记功能。

(2) PDF注释：可以在PDF文献上进行高亮、标注和评论。

(3) 引用管理：与Word集成，支持多种引用格式。

(4) 学术社交：通过Mendeley的社交功能，用户可以发现和分享学术资源，加入学术讨论。

2. 使用方法

(1) 下载安装：从Mendeley官方网站下载并安装软件。
(2) 导入文献：通过拖放PDF文件或从在线数据库导入文献。
(3) 管理文献：使用标签、文件夹和笔记功能，对文献进行分类和注释。
(4) 插入引用：在Word中使用Mendeley插件插入引用，选择所需的引用格式。
(5) 学术交流：加入Mendeley的学术群组，发现和分享学术资源。

3.7.4 NoteExpress

NoteExpress是一款国产的文献管理软件，专为中国学者和学生设计。它功能强大，界面友好，支持中文和英文文献的管理及引用，非常适合中文文献的管理需求。

1. 主要功能

(1) 文献管理：支持文献的导入、分类、标注和全文搜索。
(2) 引用格式：内置多种中文和英文期刊的引用格式，支持用户自定义格式。
(3) 与Word集成：通过NoteExpress插件，用户可以在Word文档中快速插入和管理引用。

2. 使用方法

(1) 下载安装：从NoteExpress官方网站下载并安装软件。
(2) 导入文献：可以从CNKI、万方等中文数据库导入文献，或从文件夹中导入PDF文献。
(3) 管理文献：使用标签、文件夹和笔记功能，对文献进行分类和注释。
(4) 插入引用：在Word中使用NoteExpress插件插入引用，选择所需的引用格式。

本章小结

本章全面论述了文献阅读与文献综述的撰写方法，旨在提升学术研究的基础能力和研究水平。首先，介绍了不同类型的文献资料，包括图书、期刊、学位论文、会议文献、研究报告、年鉴、报纸、政府出版物等，详细阐述了每种文献的特点和作用，进一步了解和掌握获取和利用学术资源的技能。其次，深入分析了文献数据库的使用方法和检索技巧，涵盖了中文文献数据库和英文文献数据库，从而高效地进行文献检索，提高信息获取效率和质量。然后，系统讲解了文献阅读的重要性和具体方法，强调了阅读与思考相结合、精读与泛读相结合的策略，提升批判性思维能力和科学研究素养。最后，详细介绍了文献综述的撰写方法，分为综述类论文、定性研究类论文、定量研究类论文和案例研究类论文四种类型，提供了撰写文献综述的具体步骤和案例分析。本章不仅提供了文献阅读与综述撰写的实用技巧，还通过实际案例展示了如何提升研究质量和学术影响力，在科研过程中规范化操作，以确保研究的严谨性和逻辑性。

习　　题

思考与练习：

1. 什么是文献综述？文献综述在学术研究中有哪些重要作用？

2. 请描述布尔逻辑检索运算符在信息检索中的应用，并举例说明如何使用这些运算符进行高效检索。

3. 如何通过文献综述发现研究空白，并提出新的研究方向？

4. 根据自己的论文选题如何撰写文献综述？

文献研读：

请在文献数据库中下载以下论文进行阅读，了解如何对文献进行梳理评研。

[1] 杜永红. 基于中国国情的农业全产业链数字化转型路径[J]. 中国流通经济，2023(12)：36-48.

[2] 范和生. 返贫预警机制构建探究[J]. 中国特色社会主义研究，2018(01)：57-63.

[3] 温军，张森. 专利、技术创新与经济增长——一个综述[J]. 华东经济管理，2019(08)：152-160.

[4] 李北伟，李霁雯. 数字普惠金融、人力资本与包容性增长[J]. 工业技术经济，2023，42(07)：3-13.

第四篇

论文论证

　　不论撰写何种形式的论文，都需要一个符合逻辑的论证过程，而不是天马行空的表达。论文论证是一个严密的逻辑思维过程，旨在通过有力的证据和合理的推理来支持作者的观点。

　　第一，层次感，而不是平面感。

　　论文论证过程应具有清晰的层次结构，读者顺着作者的思路逐步理解、接受观点。

　　第二，缜密性，而不是一盘散沙。

　　每个观点和结论都应有充分的依据和严谨的推理，避免随意和粗糙的论断。

　　第三，科学性，而不是宣传性。

　　论证过程应基于客观的事实和数据，而不是主观的情感和观点。

　　第四，一致性，而不是自相矛盾。

　　所有论点和论据应相互支持，形成一个统一的整体，避免前后矛盾。

　　第五，创新性，而不是陈词滥调。

　　应提出新的观点和见解，避免重复已有的研究成果。

第 4 章

学术修辞

📖 **案例导读**

关于"天价彩礼"的两种不同的描述

1. 夸张修辞手法

一些农村彩礼频出"天价"。"万紫千红一片绿"(一万张5元钞票、一千张100元钞票和若干张50元钞票)、"一动不动"(一辆汽车、一套房)、"三斤三两"(三斤三两重的100元钞票)、"一二三四五"(一个院落、二层小楼、三斤重的100元人民币、四轮汽车、50岁以下双亲)等"新词新说"成了这一现象的真实写照。

2. 学术修辞写作

天价彩礼何以可能：一种基于劳动激励与消费机制的建构论阐释。

本文发表于《华中农业大学学报(社会科学版)》，2022(2)：123-130，作者：陈晶环。

关于"天价彩礼"，文中采用学术修辞的描述如下。

1949年后劳动激励和消费机制的演变，即神圣化劳动激励向物质化转变，抑制消费向刺激消费转变，为彩礼上涨提供了客观的物质基础和主观的心理基础。一方面，收入和消费水平的提高，以及个体收入和消费差距的扩大，为天价彩礼的形成提供了物质基础；另一方面，物质激励和刺激消费带来的"物质主义"取向，构成了天价彩礼生成的心理条件。

学习目的：

1. 了解学术修辞的概念；
2. 了解论文的修辞写作要求；
3. 掌握学术修辞的自觉。

4.1　学术修辞概述

> 学术修辞通过精确和恰当的语言及手法，有效传达学术内容，提升论文的逻辑性和说服力，同时避免口语化和诗意化。这种训练使修辞规则内化为习惯，保持表达精准，并帮助清晰传达研究观点，增强论文的严谨性和学术氛围。通过学术修辞的训练，学生不仅能提高写作技能，还能增强批判性思维和科学精神，培养严谨求实的学术态度。

案例分析4-1

乡村振兴战略下的贫困地区可持续性发展研究

本书为专著，由天津大学出版社于2020年4月出版，作者：杜永红，潘武军，刘鹏

书中关于"打破'因婚返贫'的困局"的学术修辞写作内容如下。

农村地区婚丧嫁娶花费大、程序繁、仪式琐，"因婚返贫"已成为脱贫攻坚的绊脚石。因此，要深化移风易俗，合理引导群众，强化正面激励，逐步改变农民落后的观念；要推行村民自治，用乡规民约规范和约束村民行为，尤其要发挥好党员干部的表率作用，从而打破"因婚返贫"的困局。

注意：学术修辞不能口语化，也不能诗意化。

4.1.1　学术修辞的定义

学术修辞是指在论文写作的过程中，通过精确和恰当的语言和修辞手法，达到有效传达学术内容的目的。这不仅仅是对语言技巧的运用，更是对研究成果的有效表达和论证。学术修辞的运用需要不断训练，要将修辞规则内化为自动或半自动的写作习惯。通过这种方式，作者可以在复杂的学术讨论中保持逻辑清晰、表达精准，增强论文的说服力和学术影响力。

4.1.2　学术修辞的作用

学术修辞在学术写作中发挥着至关重要的作用。首先，它有助于清晰传达研究者的观点和发现，使读者能够准确理解论文的核心内容。其次，学术修辞通过结构化和有条理的表达，提升论文的逻辑性和严谨性，从而增强其说服力和可信度。最后，恰当的语言选择和修辞手法的运用，可以增强论文的学术氛围，使其更加符合学术规范和达到读者预期。

4.2 学术修辞的运用

> 学术修辞在论文、书籍、报告和演讲稿等写作中广泛应用，通过定义、分类、论证、强调和引导等手法，传递信息并展现研究的严谨性和深度。在使用学术修辞时，应避免主观表达、感情类词语、夸张修辞和教训口吻，保持语言的精准和客观。通过学术修辞的运用，学生不仅能提高写作技能，还能培养批判性思维和科学精神，增强严谨求实的学术态度。

案例分析4-2

新闻报道与论文写作修辞的对比

1. 新闻报道：《被中纪委"秒杀"的贪官：建私家园林 生活极度奢靡》(节选)

经查，陈刚政治上蜕变，丧失党性，毫无信仰，毫无敬畏，对党不忠诚不老实，搞两面派、做两面人，对抗组织审查，不如实说明问题，搞迷信活动；严重违反中央八项规定精神，利用职权建造供个人享乐的豪华私家园林，弄虚作假，违规多占住房，违规出入、独占私人会所，长年无偿占用酒店豪华套房，接受可能影响公正执行公务的旅游安排；经济上极度贪婪，长期利用规划审批的重要职权大肆敛财，为亲属经营活动谋取利益，大搞权钱交易，收受巨额贿赂；生活上极度腐化奢靡，道德败坏，肆无忌惮追求个人享乐，严重败坏党的形象。

2. 论文写作：《经济责任审计创新与发展研讨会综述》(节选)

随着经济责任审计全覆盖的深入推进，实践中遇到的问题逐渐凸显。一方面，经济责任审计覆盖面广泛与审计资源有限之间的矛盾始终存在，推进经济责任审计全覆盖任务艰巨。截至2018年10月，全国共有34个省级行政区(不含港澳台地区，下同)、344个地级行政区、2851个县级行政区、39 888个乡级行政区、102户国务院国资委监管的中央企业以及各部委各地方下属的国有控股企业与事业单位。这些企事业单位的领导干部都是经济责任审计的监督对象，而各级审计机关和企事业单位的内部审计人员数量有限，难以在短时间内兼顾经济责任审计的广度和深度。另一方面，经济责任审计项目计划还不够科学。目前，一些地方审计机关的经济责任审计工作普遍由组织人事部门根据政府机构换届调整岗位、集中发生干部任免等提出计划安排建议，审计机关在项目计划安排上的主动权较小。由于领导干部任命时间比较紧，特别在党委、政府换届时，领导干部任免较集中、涉及人员较多，导致审计机关需要在短期内完成多名领导干部的经济责任审计。有的地方领导干部调整较频繁，出现了经济责任审计跟不上领导干部调整的现象。

4.2.1 学术修辞的应用范围

学术修辞在学术论文写作中的应用十分广泛，如在撰写学术论文、书籍、报告、演讲稿及其他形式的学术出版物时，研究者需要通过有效的修辞手法，不仅传递信息，还需展现其研究的严谨性和深度。学术修辞应用范围主要如下。

(1) 阐释：通过定义、分类和比较对概念进行详细解释。

(2) 论证：建立一个基于证据和逻辑的论证体系，支持或反驳特定观点。

(3) 强调：使用特定的语句结构或技术来强调关键信息或发现。

(4) 引导：通过明确的导言和结论，引导读者理解研究的框架和核心观点。

4.2.2 学术修辞的具体要求

论文的真正目的在于帮助读者求知、解惑。写作时用学术修辞具体要求如下。

(1) 尽可能不用主观表达：避免使用"我们认为""我们知道"等表达，尽可能"让事实说话"。

(2) 避免滥用感情类词语：避免使用带有强烈感情色彩的词语，如"无耻""鼓吹"等。

(3) 尽量避免使用修饰性词语：减少使用"深刻地揭示了""伟大举措"等带有强烈价值倾向的词语。

(4) 尽可能少用夸张修辞：避免使用"最""绝对"等夸张性词语。

(5) 尽量少用"装腔作势"类口语：避免使用"毋庸置疑""众所周知"等口语化表达。

(6) 尽可能避免使用教训口吻话语：避免使用高姿态的教训口吻，如"我们应该保持清醒的头脑，绝不……"。

(7) 可以使用适当的引导语：引起读者注意，如"值得一提的是"，但内容必须有分量。

(8) 避免过度使用"言证"：避免过度引用权威人物的言论，应保持学术研究的独立性和严肃性。

4.3 学术修辞的自觉

学术修辞的自觉要求作者明确角色、精准表达和遵守规范，以提高学术写作质量。通过这些要求，学生不仅提升了写作技能，还培养了严谨的治学态度和社会责任感。这种自觉的训练有助于增强学生对知识传递的使命感，体现了课程思政的教育目标，促进学生在学术写作中实现自我教育，提升思想道德素养。

> **案例分析4-3** 《经济责任审计创新与发展研讨会综述》一文关于"关于经济责任审计全覆盖"学术修辞的写作方法

在中央审计委员会和审计体制改革深化的大背景下，推动经济责任审计创新和发展，构建全面覆盖、权威高效的审计监督体系。

1) 框架结构

提高政治站位：谋划经济责任审计发展战略。

创新管理体制：改进经济责任审计计划管理。

统筹规划：科学安排、分类实施。

信息化建设：推进审计信息化，提高监督效率。

2) 学术修辞表述

加强经济责任审计数据库建设，广泛收集更新数据；结合领导干部履职特点，建立数据分析平台；完善审计对象和结果数据库，为中长期审计规划提供数据支持；加强数据关联分析，发挥信息技术在数据分析、问题核查、归纳提炼中的作用，破解审计人力不足难题，推动经济责任审计纵深发展。

4.3.1 学术修辞角色的自觉

写论文要让读者看明白，通过文章达成共识、获得认可、相互理解。作者必须明确自己的角色，把观点写清楚，避免歧义，使读者最大限度地获取信息和观点。作为知识提供者，作者需像老师一样循循善诱，细致耐心地传递研究内容。真正的论文写作，应以读者期待的方式和社会认可的标准书写，理解自身写作的价值，并通过这种方式不断对作品进行对象化。具体要求如下。

(1) 明确角色定位：了解自己在论文中的角色，确保观点清晰、准确。

(2) 尊重读者需求：以读者理解为目标，细致耐心地传达信息。

(3) 维持知识权威：以专业和权威的态度传递研究内容，避免个人偏见。

4.3.2 学术修辞表述的自觉

写作是研究的呈现与延续，目标是更好、更准确地传递研究结论。写作过程中，作者应有一以贯之的"写作线索"，具体要求如下。

(1) 遣词造句准确：每句话要有所指，避免空话，统一术语，避免歧义。

(2) 表述到位：解读和分析要恰当，避免过于简单或过度阐释，内容不重复。

(3) 写作有逻辑：段落和句子间有机串联，保持逻辑严谨，先摆事实再讲道理。

4.3.3 学术修辞规范的自觉

学术写作应符合规范，使用准确、明确和符合逻辑的文字，规避歧义，具体要求如下。

(1) 文字规范：避免使用新词或发明词，确保语言的规范性和统一性。

(2) 格式规范：保持格式的一致性，如关键词、分节、时间表述等，体现治学态度和编辑水平。

(3) 注释规范：注释应准确、清楚、完整，便于读者进一步索引和阅读，体现学术研究的严谨性。

4.4 学术零修辞

> 学术零修辞通过直接、简洁的语言传达学术内容，避免主观色彩和情感表达，有助于提升论文的客观性和清晰性。这种写作方式培养了学生严谨求实的科学精神和批判性思维能力。在追求准确性和逻辑严密性的过程中，学生学会了用数据和事实说话，尊重科学规律，避免夸大和偏见，体现了科学研究的诚信和客观态度。这种写作训练不仅提升了学生的学术素养，还培养了他们在面对复杂问题时，坚持实事求是，求真务实的品格。

学术零修辞是一种学术论文写作的风格，强调在表达中尽量减少或完全避免使用修辞技巧，以求达到最大程度的客观性和清晰性。这种写作方式试图通过直接、简洁的语言传达信息，避免任何可能影响读者判断的主观色彩或情感表达。

4.4.1 学术零修辞的主要特点

(1) 客观性：避免使用任何暗示作者个人情感或偏见的词汇，坚持使用客观、中立的语言描述研究现象和结果。例如，用"结果显示"代替"惊人的发现"。

(2) 直接性：直接传达事实和数据，减少语言上的花哨和多余的解释，用最直接的方式表述观点和结论。例如，避免使用比喻或类比，直接描述研究对象和方法。

(3) 准确性：每一个选词都必须精准，确保术语的科学性和专业性，特别强调定义的明确性和概念的严格界定。

(4) 简洁性：语言尽可能简洁，避免冗余和重复，使文章更加精练，帮助读者更快捕捉到核心信息。

4.4.2 学术零修辞的优点和局限

1. 优点

(1) 提高清晰度和易读性：清除修辞花哨，帮助读者更直接地理解文章内容和作者意图，减少误解。

(2) 增强科学性：通过消除主观色彩，零修辞有助于维护研究的科学性和客观性，这对于学术研究尤其重要。

2. 局限

(1) 可能缺乏说服力：完全的零修辞可能使文章显得枯燥，缺乏动力，有时候恰当的修辞是增强论证说服力的重要手段。

(2) 忽视文化和语境：不同学科和领域对修辞的需求不同，一些领域如人文学科，可能需要更丰富的语言表达来探讨复杂的人类和文化现象。

4.4.3 学术零修辞的应用场景

学术零修辞特别适用于强调数据准确性和逻辑严密性的自然科学和部分社会科学领域，如物理、生物、工程及部分经济学研究。在这些领域中，实验报告、数据分析和技术说明需要清晰地传达复杂信息，确保读者正确理解研究成果。

通过采用学术零修辞风格，学术论文写作可以更加聚焦于信息的准确传递和逻辑结构的严密性，从而提高学术交流的效率和质量。具体要求如下。

(1) 数据呈现：使用简单直接的语言描述数据和实验结果，避免修饰性语言。

(2) 逻辑推理：确保每一步推理都有坚实的数据和证据支持，避免主观判断。

(3) 技术说明：采用精确和详细的描述，确保技术细节易于理解和复现。

案例分析4-4

《数字技术创新与中国企业高质量发展——来自企业数字专利的证据》

本文发表于《经济研究》2023(03):97-115，作者：黄勃，李海彤，刘俊岐，等

本文展示了学术零修辞在经济研究中的应用。作者通过精确的数据和逻辑严密的分析，揭示了数字技术创新如何提升企业全要素生产率，并促进中国企业高质量发展。

1) 数据呈现

研究结果表明，数字技术创新提升了企业全要素生产率。数据和图表用于展示这一过程，确保信息准确传达。

2) 逻辑推理

本文详细阐述了数字技术通过降低内部管控成本、提高资产运营效率与投资决策质量，以及改善劳动力资源结构，从而提升企业全要素生产率的逻辑推理过程。

3) 技术说明

本文说明了知识产权保护和数字基础设施对数字技术创新的外部环境影响，以及高新技术企业资质和劳动密集型特征的企业内部条件影响。

本章小结

本章全面探讨了学术修辞的概念、作用及其在学术写作中的具体应用，旨在提升学术写作技能和论文的学术影响力。首先，介绍了学术修辞的定义，强调通过精确和恰当的语

言及修辞手法，有效传达学术内容，提升论文的逻辑性和说服力。其次，深入分析了学术修辞在学术写作中的重要作用，包括清晰传达研究观点、提升论文逻辑性和严谨性，以及增强论文的学术氛围。接着，详细介绍了学术修辞的具体要求，如避免主观表达、感情类词语和夸张修辞，强调用科学事实和数据支持论证。最后，通过实际案例展示了学术修辞和学术零修辞的应用，阐述了在不同学科中的适用范围和具体操作方法。本章不仅提供了理论指导，还通过具体案例展示了如何在实践中运用学术修辞，提高论文的学术水平和表达能力。

习　题

思考与练习：

1. 请解释学术修辞和学术零修辞的区别，并举例说明它们在不同学科中的应用。
2. 如何在学术论文写作中保持客观性和准确性？请结合具体案例分析。
3. 学术修辞的自觉有哪些具体要求？如何在实际写作中实现这些要求？
4. 为什么学术零修辞特别适用于自然科学和部分社会科学领域？请结合实际案例分析其优点和局限。
5. 仔细思考一下，围绕自己的论文选题应如何开展学术修辞写作？

文献研读：

请在文献数据库中下载以下论文和专著进行阅读，掌握学术修辞的运用方法。

[1] 陈晶环. 天价彩礼何以可能：一种基于劳动激励与消费机制的建构论阐释. 华中农业大学学报(社会科学版)，2022(2)：123-130.

[2] 杜永红. 乡村振兴战略下的贫困地区可持续性发展研究. 天津大学出版社，2020.

[3] 王慧. 经济责任审计创新与发展研讨会综述. 审计研究，2019(02)：35-38.

[4] 黄勃, 李海彤, 刘俊岐. 数字技术创新与中国企业高质量发展——来自企业数字专利的证据. 经济研究，2023(03)：97-115.

第 5 章

论文谋篇布局与论证

案例导读

《乡村振兴战略背景下网络扶贫与电子商务进农村研究》一文的论文框架结构

本文发表于《求实》2019(03)：97-108，作者：杜永红

论文框架结构如图5.1所示。

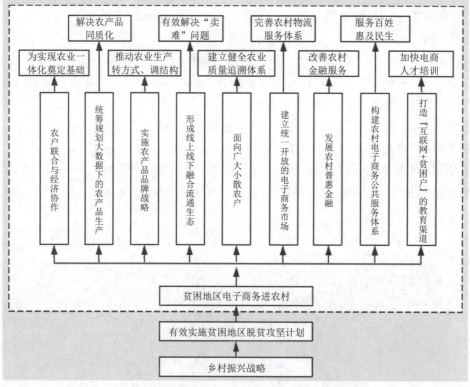

图5.1 论文框架结构

学习目的：

1. 了解谋篇布局构思；
2. 把握论文写作线索；
3. 明确论文的框架结构；
4. 掌握论文的论证方法。

5.1 谋篇布局概述

> 谋篇布局强调从全局着眼，统筹安排，合理组织材料，体现了科学精神和逻辑思维的重要性。通过对论文写作的谋篇布局进行深入探讨，学生不仅能掌握学术写作的基本技能，还能在过程中培养严谨治学的态度和系统思考的能力。这一过程要求学生树立社会责任感，以服务社会和推动知识进步为目标，培养他们的社会责任意识和创新精神。

论文的谋篇布局，谋是指计划、筹划；篇是指一篇学术文章；布局是指对文章的整体结构所做出的规划安排。撰写论文必须有一个谋篇布局的意识，文章整体上要有一套稳定的框架结构，依据结构有意识地进行布局。在构思过程中，要根据主题的要求考虑应选择何种论文类型，怎样安排结构，段落之间如何衔接等。谋篇布局，应从全局着眼，统筹安排结构，合理组织材料，使之更好地为表现主题服务。

5.1.1 谋篇布局的基本原则

谋篇布局是论文写作的基础和关键。合理的布局不仅能够使文章结构清晰、逻辑严密，还能更好地传达研究成果和学术观点。在进行谋篇布局时，需要遵循以下几个基本原则。

(1) 主题明确：主题是论文的核心，没有主题的布局是空洞的。
(2) 材料充分：具体的材料是支撑论文框架的血肉。
(3) 类型适配：不同类型的论文需要不同的布局策略。
(4) 提纲清晰：写作提纲是论文的蓝图，有助于构建清晰的结构。

5.1.2 谋篇布局的四个方面

谋篇布局主要可从以下四个方面考虑。

1. 根据主题进行谋篇布局

主题是文章的核心，布局必须围绕主题展开。确定好主题后，文章的框架才能构建起来。

2. 根据具体材料进行谋篇布局

材料是文章的支撑，框架需要具体材料来填充。只有将具体材料放入框架，文章的结构才能丰满。

3. 根据论文类型进行谋篇布局

不同类型的论文对主题和材料的要求不同，布局时需考虑论文的类型。例如，定量研究和定性研究的布局策略会有所不同。

4. 要有明确的写作提纲

写作提纲如同建设蓝图，帮助作者勾勒出论文的框架和轮廓。提纲能使论文层次清晰，内容连贯。

5.1.3 谋篇布局的实施步骤

论文的谋篇布局一般包括以下几个步骤，以《乡村振兴战略背景下网络扶贫与电子商务进农村研究》为例进行说明。

(1) 确定主题：本文的主题是探讨网络扶贫与电子商务进农村在乡村振兴战略中的作用。确定主题后，文章围绕这一核心问题展开讨论。

(2) 搜集材料：本文在撰写过程中广泛搜集关于乡村振兴、网络扶贫、电子商务等方面的资料，包括国内外的研究综述、统计数据和实际案例等，以支撑论文的论点。

(3) 拟定提纲：根据所搜集的材料，拟定详细的写作提纲。本文结构包括：引言、国内外研究综述、乡村振兴战略与网络扶贫的关系、贫困地区电子商务进农村的发展现状及存在问题、优化路径和结论等部分。

(4) 构思布局：按照提纲，本文系统地安排各部分的内容，确保各部分之间逻辑连贯，论证严密。每部分内容都紧扣主题，逐层深入，层次分明。

5.2 谋篇布局之构思

通过对谋篇布局之构思的探讨，学生不仅能掌握围绕主题构思、结构完整和为读者服务的学术写作技巧，还能在过程中培养逻辑思维和系统规划的能力。理解如何围绕主题展开、力求结构完整，并考虑读者需求，促使学生在学术研究中秉持严谨求实的态度，增强科学精神和社会责任感，推动他们在学术领域不断进取和创新。

论文的构思是撰写过程中至关重要的一环，将直接影响论文的条理性、逻辑性和读者的接受程度。构思阶段不仅是将思想和观点条理化的过程，还是作者对研究问题进行深入思考和全面规划的关键步骤。在这个过程中，作者需要统筹全局，从主题出发，合理组织材料，确定写作提纲，并考虑读者的需求和理解能力，以确保论文能够清晰地传达研究成果和学术观点。下面以《乡村振兴战略背景下网络扶贫与电子商务进农村研究》为例介绍如何进行论文谋篇布局的构思。

5.2.1 围绕主题展开构思

若要使论文写得条理清晰、脉络分明，必须使全文有一条贯穿线，这就是论文的主题。主题是一篇论文的精髓，能够体现作者的学术观点与见解。论文影响读者主要靠其主题来实现。因此，下笔写论文前，谋篇构思必须围绕主题展开，确保构思为主题服务。正如法国画家米勒(Millet)所说："所谓构思，是指把一个人的思想传递给别人的艺术。"

该论文围绕"乡村振兴战略"这一主题，详细探讨网络扶贫与电子商务在农村的应用及其对乡村振兴的推动作用。有了明确的主题，该论文的结构和内容都围绕这一核心展开，研究便有了明确的方向性和针对性。

5.2.2 力求结构完整

在构思论文布局时，需力求结构完整，有时需要按时间顺序编写，有时按地理位置(空间)顺序编写，但更多情况下需要按逻辑关系编写。这要求论文符合客观事物的内在联系和规律，符合科学研究和认识事物的逻辑。不论哪种情形，都应保证文章合乎情理、连贯完整。

该论文结构严谨，按逻辑顺序展开，从乡村振兴战略的背景介绍，到网络扶贫与电子商务进农村的现状分析，再到存在的问题和优化路径，每部分环环相扣，结构完整，有助于读者全面理解研究内容。

5.2.3 树立为读者服务的意识

撰写并发表任何一篇论文，其最终目的是让别人读懂。因此，构思时要"心中装着读者"，树立为读者服务的意识。明确读者对象，才能有效地展开构思，确定立意、选材以及表达的角度。对于学术论文，其读者对象通常为同行专业读者，因此，构思要从满足专业需要与发展的角度出发，确定材料的取舍与表达的深度和广度，明确论文的重点。

该论文的读者主要是从事乡村振兴、电子商务以及扶贫研究的专业人士。该论文在构思时，从专业角度出发，选取大量具体案例和数据，深入分析网络扶贫与电子商务的内在联系和实际应用，确保内容深度和广度适合专业读者的需求。

5.3 谋篇布局之线索

通过对谋篇布局之线索的探讨，学生不仅能够掌握如何统筹全文、围绕中心展开写作的技巧，还能培养系统思维和严谨治学的态度。理解并运用写作线索与起承转合的方法，有助于增强学生的逻辑思维能力，使他们在写作中更加注重结构的完整性和逻辑的连贯性，提升学术表达的清晰度和说服力。

谋篇布局之线索是确保论文逻辑严密、结构清晰的核心环节。写作线索不仅能使论文内容有条不紊地展开，还能帮助读者清晰地把握作者的思路和观点。一个好的写作线索可以将各部分紧密联系起来，使全文贯穿一致，增强论文的说服力和感染力。

5.3.1 论文的写作线索

写文章要找到一个统贯全文的写作线索，以此为核心，从文首贯穿到文末，将全文串联起来。论文的写作线索最好是简洁明快的直线，所有内容都围绕一个中心展开。确定一个统贯全文的写作线索，以其为核心组织文章，统筹文章。叶圣陶先生说过："思想是有一条路的，一句一句，一段一段，都是有路的，好文章的作者是决不乱走的。"这里的"路"就是指一条写作线索。

(1) 举其"纲"：要有中心论点，统领各个分论点。

(2) 张其"目"：要有一个确定的写作主线，贯穿各个分论点，决定论证沿什么途径展开。

(3) 结合"纲"和"目"：即"纲举目张"，清楚地分出各个论点并列的或从属的关系，分出亲疏远近，以便有秩序、有层次、有步骤地表现中心论点。

只有做到了以上几点，才能全局在胸，将论文合理地组织起来，做出恰当的布局和安排，如图5.2所示。

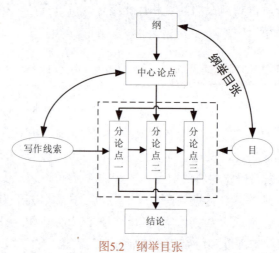

图5.2　纲举目张

例如，《乡村振兴战略背景下网络扶贫与电子商务进农村研究》写作线索围绕"乡村振兴战略背景下如何通过网络扶贫和电子商务实现农村发展"展开。从主题入手，文章首先介绍了乡村振兴战略的背景，接着分析了网络扶贫和电子商务在农村的现状及存在的问题，最后提出了优化路径和具体建议。整个论述层层深入，逻辑清晰，不仅明确了研究的方向性和针对性，还通过具体案例和数据支撑，增强了文章的实用性和说服力。

5.3.2 论文的起承转合

论文写作就像串珠子，写作线索是那条线，文章素材是珠子，不仅写作线索要一以贯之,而且这些珠子之间也要有机地联结起来。

(1) 起:起因,在文章开头提出论点或论题,分为正起式与反起式。正起式是直接提出问题或观点,反起式是通过反面材料引出论点。

(2) 承:承接中心论点,从正面或反面阐述自己的观点,支持论点。

(3) 转:分三种情况:由正面论述转入反面论述叫"反转";由反面论述转入正面论述叫"正转";由正面论述进而转入更深层意义的论述叫"进转"。

(4) 合:文章全文的总结、综合,代表全部论证的结束,回归主题,提出结论或展望。

简单而言,"起"是开头;"承"是承接上文阐述;"转"是转折,从另一方面展开;"合"是结束上文。这四字是对文章写法的总括。论文起承转合的具体应用,确保论文内容逻辑连贯,层次分明。在实际写作中,应灵活运用"起承转合"四字诀,使文章结构更加丰富多样。

案例分析5-1

《联合审计对完善我国审计监管机制的启示》一文的起承转合

本文发表于《现代审计与经济》2019(02):10-15,作者:杜永红

论文框架结构如图5.3所示。

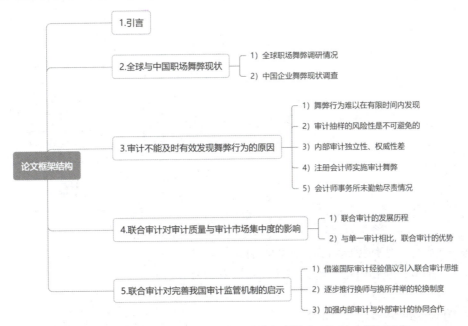

图5.3 《联合审计对完善我国审计监管机制的启示》论文框架结构

论文的写作线索是"如何抑制企业舞弊"。其起承转合如下。

- 起:从"企业舞弊问题屡禁不止"切入,对企业舞弊现状进行叙述。
- 承:分析审计不能及时有效发现舞弊行为的原因。
- 转:分析联合审计对审计质量与审计市场集中度的影响。
- 合:提出联合审计对完善我国审计监管机制的借鉴性。

5.4　谋篇布局之结构

> 通过探讨论文的结构，学生不仅能掌握各部分的写作要求和职能，还能理解如何通过合理的结构安排使论文内容连贯、逻辑清晰。认识到论文结构的重要性，有助于学生在写作中形成系统化思维，提高学术表达的严谨性和说服力。同时，结合实际案例分析，引导学生能够更好地将理论应用于实践，提升论文写作能力，进而为学术研究的质量提升奠定坚实基础。

论文的结构是确保文章逻辑清晰、内容连贯的关键。一个良好的结构不仅有助于读者理解作者的研究内容和观点，还能增强论文的说服力和影响力。论文的结构就像人体的脊椎骨骼，是支持和连接各部分内容的基础。合理的结构安排可以使论文各部分各司其职，又有机联系，形成一个统一的整体。

5.4.1　论文的结构

人有脊椎骨骼，文有篇章结构。论文的基本结构主要包括两部分：前置部分和主体部分，如图5.4所示。

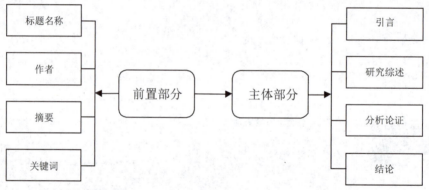

图5.4　论文的结构

(1) 前置部分：包括标题名称、作者、摘要和关键词。
(2) 主体部分：包括引言、研究综述、分析论证和结论。

5.4.2　论文各部分的职能

每个部分在论文中都有特定的职能，并且需要有机地联系在一起，以确保论文的连贯性和整体性。

1. 引言

引言部分提出研究问题，让读者打开研究视野，明确文章的研究目的。这相当于前面有一番美景，然后指着美景对读者说："看！"。引言部分应简明扼要，提出研究问题的背景和重要性。引言部分不仅要吸引读者，还要让读者了解研究的目的和意义。建议包括研究背景、问题陈述、研究目的和意义等内容。

2. 研究综述

研究综述的功能在于系统而完整地回顾既有研究在该研究问题上的贡献。研究综述部分应全面、系统地回顾相关文献，突出研究的创新点。研究综述部分要系统地回顾已有的研究，明确现有研究的不足和空白，为后续的分析论证奠定基础。建议包括相关研究的综述、现有研究的不足、本文的研究意义等内容。

3. 分析论证

这一部分主要是在前人研究的基础上，提出新观点或发现。在这一部分，要详细呈现研究的具体内容。分析论证部分应详细、逻辑清晰地展开论述，支持研究结论。分析论证部分是论文的核心，需要详细描述研究的方法、过程和结果，确保逻辑严密，论证充分。建议包括研究方法、数据分析、结果讨论等内容。

4. 结论

结论部分回顾所有的论点，对研究内容进行概括性陈述，同时总结、提炼和升华研究问题。结论部分应概括研究发现，指出研究的意义和局限，并提出未来研究方向。结论部分要总结全文，提炼研究的核心观点，并提出研究的不足和未来的研究方向。建议包括研究总结、政策建议、研究局限和未来研究方向等内容。

5.4.3 论文各部分的有机衔接

论文各部分需要有机地衔接起来，以保证文章的逻辑连贯和结构严谨。

1. 从引言过渡到研究综述

这一部分主要是提出一个目标，划定研究视野，强调研究的必要性。要回答"为什么要看这篇文章？"和"为何要多此一文？"的问题。此时，需要把学界的大部分研究内容呈现出来，让读者了解文章的研究背景和视野。

2. 从研究综述过渡到分析论证

这一部分的关键在于提出对话点，即如何将新的研究嫁接到已有的研究脉络上。要说明边际贡献，即相对于其他人的研究，这篇论文的研究有何新意和差异。

3. 从分析论证过渡到结论

这个过渡是从分到合，一定要有"合"的意识，要在结论中体现整篇文章的主旨。需要概括性地总结全文，但不能简单重复内容，要有提炼和升华的意识。

案例分析5-2

《"一带一路"背景下的境外国有资产审计监管研究》一文各部分的有机衔接

本文发表于《会计之友》2018(24)：113-118，作者：任芳，高欣

1. 从引言过渡到研究综述

如何有效加强对国有控股企业资产运作的审计监管，确保境外国有资产保值增值，维护国家经济安全是当前急需解决的一个重要问题。(如图5.5所示。)

> 在"一带一路"建设的过程中，由于境外投资风险性大，导致中国企业面临更大的挑战，同时暴露出诸多问题，中国国有控股企业产权不明、缺乏监管等，更加大了审计监管的难度。近年来由于监管疏漏，我国境外资产亏损事件频繁发生，不仅冲击着经济的发展，也阻碍了我国"一带一路"建设的进一步推进。如何有效加强对国有控股企业资产运作的审计监管，确保境外国有资产保值增值，维护国家经济安全是当前急需解决的一个重要问题。

图5.5　引言部分

2. 研究综述

……(前面省略)

上述文献为解决境外资产审计监管的问题提供了重要的理论指导。但是针对境外国有资产审计监管实践的探索较少，大多集中于东道国环境政策分析与路径选择的研究，未能形成系统的审计监管体系。(指出已有研究存在的不足或欠缺，导出本文的研究目的所在。)

3. 从研究综述过渡到分析论证

通过进一步分析当前境外国有资产监管的现状及存在的问题，借鉴国外监管模式，深入研究"一带一路"倡议背景下境外国有资产审计监管，有助于各级审计机关加强对"一带一路"倡议项目落实情况的审计，促进各项规划的制定，提高专项资金的使用率，防范国有资产流失。

4. 分析论证

……(前面省略)

二、我国境外资产及其监管现状

(一) 境外资产现状

(二) 境外资产监管现状

(三) 强化境外资产监管的紧迫性

(上述(一)、(二)、(三)部分紧扣主题，具有层层递进关系。)

三、境外国有资产审计面临的困境

(一) 境外资产审计监管难度加大

(二) 公共投资审计任务加重

(三) 政策落实与跟踪审计不同步

(四) 境外国有资产审计法律制度不健全

四、国外境外国有资产监管模式

(一) 政企分开，监管分工

(二) 公开而专业的监督
(三) 中央和地方产权明晰、分工合理
(四) 注重对国有控股企业出资人进行审计
(从第四部分的"国外境外国有资产监管模式"过渡到第五部分"加强境外国有资产审计监管"的对策的相关论述如下。)

国外一些先进的监管模式对我国仍有借鉴意义，像美国，在审计署之外再建立专门的执法监督机构防范国有资产流失；借鉴西方国家充分发挥社会审计以及媒体公众监督的力量，强化对境外资产的监督；借鉴西方国家注重对国有控股企业出资人进行审计的监管模式。通过借鉴、学习不断优化完善我国境外资产监管对策。

五、加强境外国有资产审计监管的对策
(一) 优化境外资产审计监管模式
(二) 公共投资审计与金融审计相结合，侧重绩效审计
(三) 积极开展政策落实跟踪审计
(四) 完善境外审计监督体制，健全境外审计法律制度
(上述第五部分(对策)与第三部分(困境)具有相互对应关系。)

5. 从分析论证过渡到结论

这部分通过总结前文的分析论证，提炼出关键对策，旨在为解决"一带一路"建设中面临的审计问题提供指导。结论部分不仅概括了主要论点，还提出了具体的实施建议，确保研究成果能够实际应用于政策制定和审计实践中。

5.5 论证的逻辑性与规范性

> 通过探讨论证的逻辑性与规范性，学生不仅能掌握严谨的学术思维和写作方法，还能理解科学研究中的求真精神。强调层次感、缜密性、科学性、学理性、严谨性和围绕核心问题展开论证，不仅有助于提升学生的学术能力，还能培养他们在研究过程中坚守真理、严谨求实的科学态度，推动学术研究的诚信和规范发展。学生通过结合实际案例进行分析，能更好地将理论应用于实践，增强解决实际问题的能力和社会责任感。

论文的关键在"论"，其整个内容就是一个说理的过程。论证是论文最重要的特征，也是一个严密的逻辑思维过程，因此应具有论证的逻辑性和规范性。

5.5.1 层次感，而不是平面感

好的论证逻辑一定是立体的、有层次感的，而不是只有平面感的。好的论证逻辑就像剥洋葱，一层一层剥到中心，最后才知道洋葱的中心究竟是什么。而平面性的论证逻辑缺乏新奇感，就像摊大饼，一开始就知道大饼的中心是什么了，所以这样的论证不会给人遐想，也不会带来新奇感。好的论文，要给读者带来新奇感。例如，《"一带一路"背景下

的境外国有资产审计监管研究》逐层剖析境外国有资产审计的现状、问题、对策，逻辑清晰，层次分明。

5.5.2 缜密性，而不是杂乱无章

论证缜密性体现的是作者的思维能力，也体现作者对专业知识掌握的程度。专业基础扎实的，其逻辑思维能力肯定要强。相反，没有扎实的专业根基，那么其论证肯定是碎片化的。碎片化的专业知识，碎片化的观点，就导致了碎片化的论证逻辑。有不少论文，基本上就是用1、2、3、4……进行罗列，而缺乏缜密的逻辑推理和逻辑证明。以《"一带一路"背景下的境外国有资产审计监管研究》为例，结合数据、案例，详细分析问题，如研究审计监管难度时，不仅描述现象，还分析其成因和影响，逻辑缜密。

5.5.3 科学性，而不是宣传性

学术研究无疑是一个求真的过程，需要借助大量的事实或史料进行逻辑论证，之后才能得出结论。正是这样，学术才具有真理性和科学性。要泡图书馆、档案馆，要做实地调查，而不是只收集二手材料和二手数据，并且先预设一个价值立场，用这些材料和数据来证明这个预设的立场或观点。正确的方法是在阅读大量文献、进行充分的调研之后形成新的观点，然后通过更多的材料来证明论文观点的科学性。例如，《"一带一路"背景下的境外国有资产审计监管研究》提出的审计对策基于对国际先进审计模式的借鉴，并结合中国实际，具有科学性和实用性。

5.5.4 学理性，而不是口语化

学理是指科学上的原理或法则，学理性是指以科学的原理或法则进行论文的论证。口语化是指使用日常交流时的语言，强调的是让读者能看得懂，结构相对简单，语言组织随意。论文并不像其他体裁的文学作品，要求人人都能看得懂，而是呈现给有相关专业背景的人去了解作者的学术研究成果，并在此基础上进行深入研究。因此，论文应具有学理性，必须超越日常生活的口语化表达，要避免素材、证据、文字的随意堆砌。例如，《"一带一路"背景下的境外国有资产审计监管研究》中分析审计监管问题时，使用专业术语和理论框架进行论述，确保学理性。

5.5.5 严谨性，而不是随意性

研究是一个求真的过程，因此研究者在论文写作中必须有严谨的态度。部分人的浮躁助长了其学术上的各种不端行为，如随意使用数据。论文中使用的数据必须是权威机构发布的，但一些作者在选取数据时太随意，不了解机构本身的权威性，有的甚至因找不到数据的来源而随意改动数据，导致数据失去了真实性；或者手中有什么材料和文献就用什么，结果把错误的文献内容引入自己的论文，导致论文出现硬伤。

5.5.6　围绕核心问题展开论证，而不是天马行空

论文肯定有一个核心观点，论证过程中必须围绕这个核心观点展开，所有材料的目标都是指向这个核心观点的，而不是从核心观点延伸出去。一旦延伸出去就有可能偏离主题。部分作者为了凑字数，论文的关键词非常多，几乎是每一小节讲述一个关键词，整篇论文很有可能是一个"拼盘"，而不是在一个关键词或者一个核心观点统领之下的论文。结果，篇幅很长，但不知所云。这样的文章不是一篇好的论文。例如，《"一带一路"背景下的境外国有资产审计监管研究》始终围绕如何加强境外国有资产审计监管展开，所有论述和对策都紧扣这一核心问题。

5.6　谋篇布局之论证

> 对论证方法和思路设计的探讨，不仅能帮助学生掌握科学研究的基本方法和逻辑推理技巧，还能强调科学研究中创新精神的重要性。案例分析可以帮助学生理解如何将理论与实际数据结合，提升研究的严谨性和学术价值。这一过程能培养学生严谨求实的科学态度和解决实际问题的能力，增强他们对社会发展的责任感和使命感，有助于推动学术研究与社会实际需求的结合。

论证部分是整个论文的核心，集中体现着研究者的工作量和创新。有效的论证不仅需要清晰的思路设计和严谨的逻辑推理，还需要科学的研究方法和实证数据的支持。通过对论证思路、论证方法、研究方法的全面了解，研究者能更好地组织和表达自己的研究成果，提高论文的说服力和学术价值。

5.6.1　论文的研究方法

研究方法是指在科学研究过程中，研究者所采用的一系列有系统、有组织的步骤和策略，用以收集、分析和解释数据，从而得出研究结论。不同的研究方法适用于不同类型的研究问题和研究目的。选择合适的研究方法是确保研究质量和有效性的关键。

1. 定量研究方法

定量研究方法通过统计数据进行分析，使用数据模型、回归分析等方法来检验假设。这种方法适用于需要测量和量化变量之间关系的研究问题，常用于自然科学、社会科学等领域。

例如，在《数字普惠金融、人力资本与包容性增长》一文中，通过收集大量的数字普惠金融和人力资本相关数据，运用多元回归分析方法，定量分析数字普惠金融和人力资本对包容性增长的影响。通过实证数据的支持，明确数字普惠金融在人力资本提升和经济包容性增长中的关键作用。

2. 定性研究方法

定性研究方法通过案例研究、访谈和观察等方式进行分析。这种方法适用于探索性研究，能够深入理解复杂的社会现象和人类行为，常用于社会科学、人文学科等领域。

例如，在《乡村振兴战略背景下网络扶贫与电子商务进农村研究》中，通过对贫困农村居民和地方政府官员的深度访谈，定性分析了网络扶贫政策实施过程中遇到的具体问题，提出了解决措施。

3. 实验研究方法

实验研究方法通过控制实验条件来检验假设。这种方法适用于验证因果关系，常用于自然科学、医学和心理学等领域。

例如，在《性别差异对研发投资决策影响的实验研究》(作者：吴祖光，万迪昉，王文虎，运筹与管理，2022, (06):168-175)中，基于Z-Tree实验平台利用研发投资自然博弈实验，发现风险规避导致女性的研发投入强度低于男性，但女性在研发投资过程中愿意投入的研发努力程度高于男性。研究结论揭示性别因素对研发投资决策的影响机制，为企业职位的性别配置、分级董事会以及激励契约设计提供了借鉴。

4. 文献研究方法

文献研究方法通过回顾和分析已有文献进行研究。这种方法适用于综述已有研究成果、发现研究空白和提出新的研究方向，广泛用于各个学科领域。

例如，在《专利、技术创新与经济增长——一个综述》一文中，通过系统回顾和分析已有关于专利、技术创新和经济增长关系的文献，发现了现有研究中的不足和空白，并在此基础上提出了新的研究方向。这种方法有效地总结了前人的研究成果，明确了进一步研究的必要性和方向。

5. 混合研究方法

混合研究方法结合定量研究方法和定性研究方法，综合两者的优势进行研究。这种方法适用于需要全面了解复杂现象的研究，通过定量数据提供广泛的趋势和模式，通过定性数据提供深入的背景和理解。

例如，在《基于中国国情的农业全产业链数字化转型路径》一文中，综合运用定量和定性研究方法。通过构建农业全产业链数字化水平评价指标体系，测算并分析我国农业全产业链数字化发展现状与数字化转型中的问题。通过深入访谈农业专家和农村从业者，定性分析在实际数字化转型过程中存在的瓶颈。基于定量和定性分析的结果，提出推动我国农业全产业链数字化转型的四个方面的具体对策：推动农业生产规模化、农业标准化、农产品品牌化和农村一二三产业融合。

5.6.2 论文的论证方法

论证的方法是将论点与论据有效地组织起来，也就是说用论据来证明论点的方法与过程。论证的常用方法有以下几种。

1. 事实论证

事实论证是一种从材料到论点，从个别到一般的论证方法，一般是开门见山地提出论点，然后围绕论点逐层运用观察到的事实材料来证明论点，最后归纳出结论。

案例分析5-3

《联合审计对完善我国审计监管机制的启示》一文关于"欧共体为什么采用联合审计"的事实论证

法国法律要求任何上市公司、任何银行或其他金融机构，以及任何编制合并财务报表的公司，必须指定两家以上不同的会计师事务所分担审计工作并共同签署审计报告。该项法律已确定为审计工作的实践标准，要求两名审计员均衡分工，以确保建立有效的双重控制机制。2009年法国上市公司审计情况统计数据显示，97%的上市公司采用了联合审计。

2008年的金融危机使全球投资者质疑"审计的作用和有效性"，在2010年，欧洲委员会(EC)倡议推动联合审计以提高审计质量和降低审计市场集中度。欧洲委员会认为，自1966年以来一直强制执行联合审计的法国，与任何其他欧盟(EU)国家相比，审计市场集中度较低，因此，欧共体主张采用联合审计。

2. 理论论证

理论论证是根据公认的成熟理论来证明论点，是一种演绎推理，如很多论文的研究基础为"索洛余值法"。

案例分析5-4

《中国经济减速的原因与出路》一文的理论论证

本文发表于《中国人民大学学报》，2016(06)：64-75，作者：方福前，马学俊

《中国经济减速的原因与出路》一文的理论依据如图5.6所示。

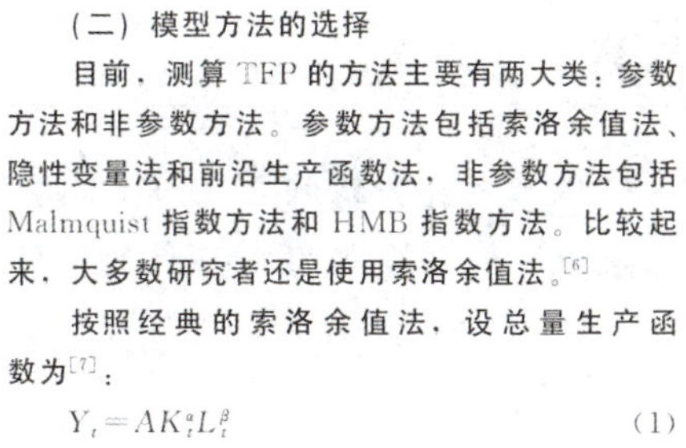

> （二）模型方法的选择
> 目前，测算 TFP 的方法主要有两大类：参数方法和非参数方法。参数方法包括索洛余值法、隐性变量法和前沿生产函数法，非参数方法包括 Malmquist 指数方法和 HMB 指数方法。比较起来，大多数研究者还是使用索洛余值法。[6]
> 按照经典的索洛余值法，设总量生产函数为[7]：
> $$Y_t = AK_t^\alpha L_t^\beta \qquad (1)$$

图5.6 理论依据：索洛余值法

3. 类比论证

根据两个研究对象在某些属性上的相同或相似，推论两者在其他属性上也相同或相似，属于类比推理，例如：A具有a、b、c、d属性，而B具有a、b、c属性(已知)，所以B可能也具有d属性。

4. 对比论证

对比论证是一种求异的思维方式，其侧重于从对事物的相反或相异属性的比较中来揭示需要论证的论点的本质。

5. 因果论证

因果论证是运用事物之间的明显因果关系来展开论证。

> **案例分析5-5**
>
> 《联合审计对完善我国审计监管机制的启示》一文关于
> "与单一审计相比，联合审计的优势"的因果论证
>
> 联合审计能够有效地提高审计能力和保持审计的独立性。从能力角度分析，在审计业务执行过程中，某个会计师事务所的审计师可能缺乏审计经验，或者审计的专业胜任能力较弱，在联合审计环境中，采用两个审计师轮换执行审计任务，通过相互协作，可以弥补其能力方面的不足。从独立性的角度分析，在联合审计环境中，两位审计师采用的是交叉审查，会对审计师的独立性产生积极影响，被审计单位与会计师事务所之间的经济关联会导致审计师独立性受损，在联合审计环境中，由经济关联导致的审计舞弊要低于单一审计系统。

6. 比喻论证

用比喻或者打比方的方式来论证，在比喻论证中，比喻者是一组形象事例，其中包含一定的关系和道理，被比喻者则往往是抽象的。

例如，2014年2月7日，习近平总书记在俄罗斯索契接受俄罗斯电视台专访时说："在中国当领导人，必须在把情况搞清楚的基础上，统筹兼顾、综合平衡，突出重点、带动全局，有的时候要抓大放小、以大兼小，有的时候又要以小带大、小中见大，形象地说，就是要十个指头弹钢琴。"

5.6.3 论文的思路设计

论文的思路体现了研究者提出问题、分析问题、解决问题的前后相承的逻辑过程。思路的设计对于论文特别是论证部分，有着至关重要的意义。对于思路设计，主要从结构形式和推理方法两个方面进行介绍。

1. 结构形式

(1) 并列式结构：研究者在论证中心论点时，从几个平行的角度分别论证。

(2) 对照结构：研究者将几个分论点或几个论据进行对照，形成鲜明的对比，从而突出中心论点。经过对照比较，就有了鉴别，孰是孰非，一目了然。

(3) 层进式结构：研究者采用层层推进、步步深入、环环相扣的方式来证明论点，从而由小到大、由浅入深地把道理说深说透。

(4) 总分式结构：研究者先针对研究对象提出论点，然后围绕中心，从不同角度提出分论点，展开论述，最后进行总结，具体而言，又有总分、分总、总分总三种形式。

案例分析5-6

《乡村振兴战略下的贫困地区可持续性发展研究》结构形式

本书由天津大学出版社于2020年4月出版，作者：杜永红

专著第八部分"乡村振兴战略下的贫困地区可持续性发展"的结构形式，如图5.7所示。

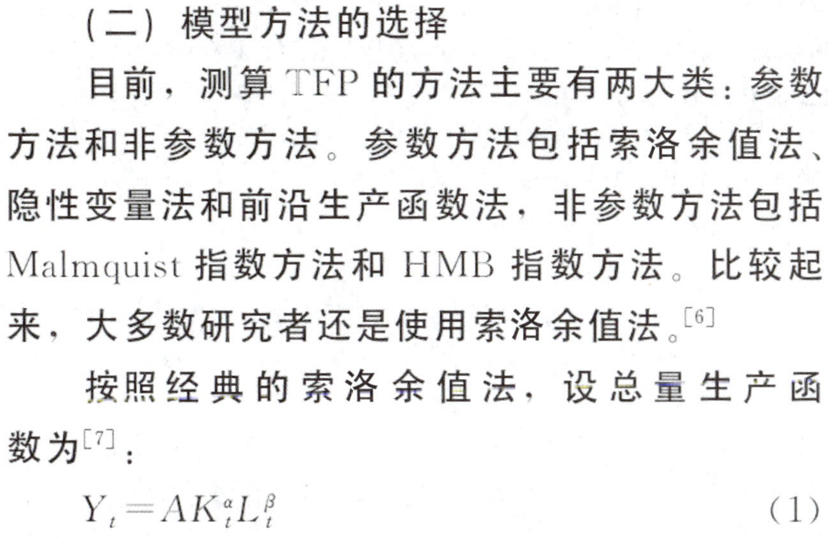

> （二）模型方法的选择
>
> 目前，测算 TFP 的方法主要有两大类：参数方法和非参数方法。参数方法包括索洛余值法、隐性变量法和前沿生产函数法，非参数方法包括 Malmquist 指数方法和 HMB 指数方法。比较起来，大多数研究者还是使用索洛余值法。[6]
>
> 按照经典的索洛余值法，设总量生产函数为[7]：
>
> $$Y_t = AK_t^\alpha L_t^\beta \tag{1}$$

图5.7 论文结构形式

该专著的第八部分采用了总分式结构的形式。

总论：在"乡村振兴战略与可持续性发展"这一总论下，提出了整体的研究框架和核心论点。

分论：从多个角度详细展开，具体如下。
- 生态振兴是乡村振兴的关键。
- 贫困地区可持续发展面临的困境。
- 贫困地区可持续发展战略。
- 贫困地区可持续发展的对策与措施。
- 贫困地区生态环境保护与协同治理。

这种结构形式确保了论文逻辑清晰、层次分明，有助于读者理解和跟随作者的研究思路。

2. 推理方法

推理方法是人们认识客观现实、获得新知识的重要逻辑方法，常用的逻辑推理方法有以下三种。

(1) 归纳推理方法：从个别的或特殊的经验事实出发，从而总结、概括出一般性原理、

原则的一种推理方法。

(2) 演绎推理方法：从普遍性结论或一般性事理导出个别性结论。

(3) 类比推理方法：根据两个对象在某些属性上相同或相似，通过比较而推断出它们在其他属性上也相同的推理过程。

案例分析5-7

《返贫预警机制构建探究》推理方法

作者通过归纳推理、演绎推理和类比推理方法，构建了完整的返贫预警机制，并通过具体案例支持其论证。这些推理方法的使用，使得文章的论证逻辑严密，结论可靠。

(1) 归纳推理方法。在第二部分"贫困脆弱性视角下的返贫预警类型"中，作者通过归纳多个个案和现象，来总结出贫困脆弱性的主要类型和成因。这是一个典型的归纳推理过程，从具体到一般，通过具体的返贫案例归纳出返贫的类型和特征。

引用文献中的实例："贫困脆弱性主要包含两个方面：一是受到的冲击；二是抵御冲击的能力。"作者在这一段中，通过分析贫困人口面临的具体冲击和抵御冲击的能力，归纳出贫困脆弱性的两个主要方面。

(2) 演绎推理方法。在第三部分"脱贫后的返贫预警机制构建"中，作者从一般性的政策框架出发，推导出具体的返贫预警机制的实施方案。这是一个演绎推理过程，从一般到具体，通过对政策的理解和推导，得出具体的预警机制设计。

引用文献中的实例："贫困问题涉及经济、社会、文化、环境等诸多领域，返贫是我国当前贫困治理中无法回避的特殊现象，而构建返贫预警机制又成为消除返贫现象的首要任务。"作者在这一段中，从普遍性的贫困问题和返贫现象，推导出构建返贫预警机制的重要性和必要性。

(3) 类比推理方法。在文献综述部分，作者通过类比其他国家或地区的扶贫机制，来推断适合中国的返贫预警机制。这是一个类比推理过程，通过比较相似性，得出针对中国具体情况的机制设计。

引用文献中的实例："例如，安徽省开拓的'一站式'平台服务：利用原有的城乡医疗救助即时结算服务系统，升级为'一站式'服务平台，完善医疗服务行为监管功能，新增针对贫困人口享受各项医保、兜底通用系列报表，提示和预警贫困脆弱群体综合医疗保障落实情况。"作者通过类比安徽省的"一站式"平台服务，推断出其在返贫预警中的适用性和效果。

5.6.4　论文的分析论证过程

论文的分析论证过程是一个涉及许多活动的不断循环的过程。该过程既可始于理论，亦可终于理论。研究者选择了一个有意义的研究问题，并且已经做了相关的文献回顾。一旦认为问题很重要、值得研究，而已有的文献对该问题不能提供有意义的答案时，研究过程就可以从理论或者观察开始。从理论开始的研究被认为是演绎导向的假设检验研究，而从观察开始的研究则被认为是归纳导向的建立理论研究。如图5.8所示，归纳导向的研究方法位于循环的左边，演绎导向的研究方法位于循环的右边。

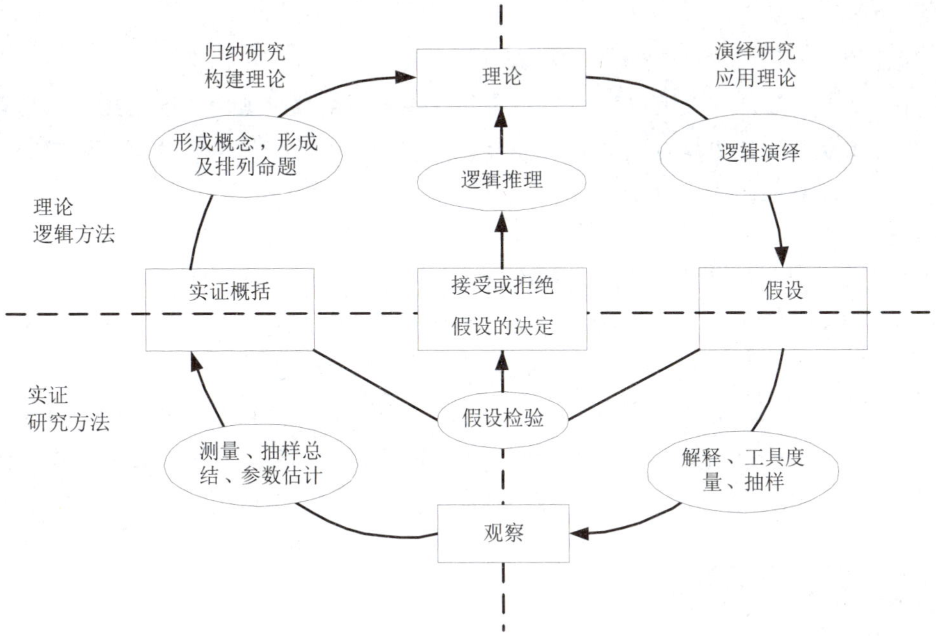

图5.8　分析论证过程

案例分析5-8

《中国经济减速的原因与出路》论证过程

1. 研究问题

文章研究了中国经济增速下滑的主要原因，并探索了如何通过供给侧结构性改革和技术创新来应对这种经济减速。

2. 文献回顾

作者对多种观点进行了回顾和评述，包括"三期叠加说""产业结构调整说"和"全要素生产率说"，并指出了这些观点的局限性。

3. 理论分析

(1) 提出假设：文章假设中国经济减速的主要原因是技术性减速，而不是结构性减速或人口(劳动力)增长减速。

(2) 模型方法：采用索洛余值法测算中国的全要素生产率(TFP)增长率，并分析技术引进和自主创新的变化对TFP的影响。

(3) 数据分析：利用历史数据分析了中国技术引进速度和自主创新速度的变化，并进一步分析了这些变化对经济增速的影响。具体见论文中的图5和图6，这些图展示了发明专利增长速度和R&D经费支出的年增长率。

4. 推理方法

(1) 归纳推理：通过对个别历史数据的分析，得出技术引进和自主创新速度下降是导致中国经济减速的主要原因。具体表现为图6中R&D经费支出增速放缓，论文的图7中设备投资占比下降。

(2) 演绎推理：从技术进步速度减慢这一结论出发，推导出全要素生产率(TFP)增长率下降对GDP增速的影响。

5. 实证分析

在数据分析部分，作者运用了广义索洛余值法和变系数模型对中国GDP变化的影响因素进行了实证分析，得出结论：自2008年后，中国的TFP增长率在波动中持续下降，这是经济增速下滑的主要原因。

6. 结论

(1) 总结：技术引进速度和自主创新速度的下降是导致中国经济减速的主要原因。

(2) 政策建议：提出要通过深化改革促进自主创新和技术进步，并建议实施国民职业培训计划和重大科技攻关计划，以提升技术创新能力和经济发展水平。

通过上述步骤，该论文展示了从研究问题的提出、文献回顾、理论分析、推理方法、数据分析到最终结论的完整分析论证过程。这种过程展示了如何在研究过程中有效结合理论和数据分析，得出具有科学性和实际意义的结论。

5.6.5 实证研究方法

1. 提出研究假设

研究假设是有待检验的尝试性或不确定断言，可以看作理论的先导。作为尝试性断言，研究假设所采取的形式可以是对一个预期结果的简单判断，也可以是对一种关系(多种力量、事件之间的多个关系)的断言。研究假设是推理过程的结果，是可检验的，是经得住反驳的。

研究假设是概念化和分析性研究过程中必不可少的组成部分。如果研究假设得到证实，就会成为未来理论结构的一部分。研究假设与理论之间的关系非常密切，对于整个论证具有引领作用，有助于论证的组织和操作。

进行研究假设时也很容易遇到问题。这些问题一般源于缺乏明确的理论框架或理论知识，不能合乎逻辑地运用假设，即产生于不能将理论整合进行推理的过程中；也有可能源于不知道如何将理论与所研究问题的实际情况相联系，所以在进行研究假设时，要有一个不断修正的过程。

案例分析5-9

《数字普惠金融、人力资本与包容性增长》研究假设

本文发表于《工业技术经济》2023年第7期，作者：李北伟，李霁雯

命题1　数字普惠金融的发展能够显著提高包容性增长水平

命题2　人力资本在数字普惠金融与包容性增长之间起到中介作用

2. 构建经济模型

经济模型是对现实的社会经济现象和问题的抽象，其形成全部或部分地来自经济理

论。经济研究中的模型常常使用数学方程进行表示。当然，有些经济模型也可以不求助于数据，可以是基于经验的，或是基于理论的。

经济模型的作用是解释一种经济关系或一种经济制度如何起作用，从而弄清使现象得以产生的因素和力量，并尽可能详细地说明这些力量是如何起作用和相互作用，从而引发这一社会经济现象的。为了解释一组特定社会经济现象和应用于特定目的，研究者往往对理论做出改造，从而形成经济模型。

如果经济模型能够解释一组现象如何起作用，则该模型可以被用于预测社会经济现象变化的方向，并确定经济政策工具如何可以用于影响这一变化。

案例分析5-10

《数字普惠金融、人力资本与包容性增长》经济模型

本文采用了以下经济模型。

基准回归：数字普惠金融与包容性增长

$$IG_{i,t} = \beta_0 + \beta_1 DIF_{i,t} + \beta_2 Z_{i,t} + \mu_i + \varepsilon_{i,t} \quad (1)$$

其中，i 表示省（区、市），t 表示年份，μ 为不可观测的地区效应，ε 为随机误差项，IG 为包容性增长指数，DIF 为数字普惠金融指数，Z 为控制变量。

传导机制：数字普惠金融与人力资本

为检验数字普惠金融通过提高人力资本的积累和促进人力资本高级化从而推动包容性增长的传导机制，在基准回归模型中，加入了人力资本变量。为此，构建如下中介效应模型：

$$IG_{i,t} = \beta_0 + \beta_1 DIF_{i,t} + \beta_2 Z_{i,t} + \mu_i + \varepsilon_{i,t} \quad (2)$$

$$CAP_{i,t} = \delta_0 + \delta_1 DIF_{i,t} + \delta_2 Z_{i,t} + \mu_i + \varepsilon_{i,t} \quad (3)$$

$$IG_{i,t} = \alpha_0 + \alpha_1 DIF_{i,t} + \alpha_2 CAP_{i,t} + \alpha_3 Z_{i,t} + \mu_i + \varepsilon_{i,t} \quad (4)$$

其中，CAP 为中介变量，即人力资本水平。

3. 实证类论文的行文结构

实证类论文的行文结构主要包括：引言、文献综述、研究假设、研究设计、实证检验与结果分析、结论与建议等，如图5.9所示。

案例分析5-11

《数字普惠金融、人力资本与包容性增长》行文结构

本文的行文结构如下。

(1) 引言：介绍数字普惠金融的背景及其重要性。

(2) 文献综述：回顾了现有研究成果，指出研究空白。

(3) 研究假设：提出了数字普惠金融对包容性增长的假设及其传导机制。

(4) 研究设计：描述了研究方法和数据来源。
(5) 实证检验与结果分析：通过面板数据模型检验了假设。
(6) 结论与建议：总结了研究发现，并提出了政策建议。

4. 分析论证过程中的注意事项

(1) 要提炼出小标题，结构清晰，层次分明。
(2) 要提炼出论文的主要观点。
(3) 既有理论分析又有数据支持。
(4) 语句通顺，标点正确。
(5) 所有数据必须标明来源，所有引用必须标明来源。

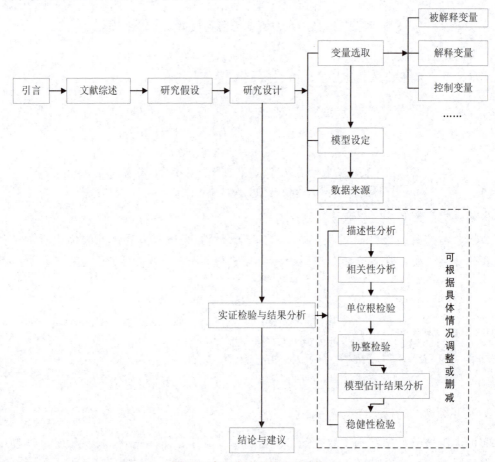

图5.9 实证类论文的行文结构

5.6.6 谋篇布局之案例分析

1. 实证论文的论证概述

1) 引言

背景介绍：详细描述研究的背景和动机，说明研究问题的重要性和迫切性。

研究目标：明确指出本文的研究目标和研究范围。
结构安排：简要介绍论文的结构安排，方便读者快速了解论文的逻辑框架。

2) 文献综述
文献分类：按照研究主题对相关文献进行分类，如按研究方法、研究对象或研究结论分类。
研究空白：在综述的基础上，指出现有研究的不足和空白，为提出新的研究假设和模型奠定基础。

3) 研究假设
假设提出：明确提出研究假设，并解释假设的理论基础。
假设逻辑：详细说明提出假设的逻辑推理过程。

4) 研究设计
数据来源：详细说明数据的来源、样本选择和数据收集过程。
变量定义：明确定义各个变量，并解释其选择的理由。
模型设计：介绍模型的具体形式和参数设定，说明选择该模型的原因。

5) 实证检验与结果分析
描述统计：对数据进行描述性统计分析，提供数据的基本特征。
模型检验：详细说明模型的检验过程和方法，展示回归结果和统计检验结果。
结果讨论：对实证结果进行深入讨论，解释结果的经济含义和理论意义。

6) 结论与建议
研究总结：总结全文的主要研究发现和结论。
政策建议：根据研究结果提出有针对性的政策建议。
研究局限与展望：指出研究的局限性，并提出未来研究的方向。

案例分析5-12

《数字普惠金融、人力资本与包容性增长》谋篇布局及论证概述

1. 引言
背景介绍：数字普惠金融在全球范围内得到广泛关注，其发展对包容性增长具有重要意义。
研究目标：研究数字普惠金融对包容性增长的影响及人力资本在其中的中介作用。
结构安排：本文分为六部分，即引言、文献综述、研究假设、研究设计、实证检验与结果分析、结论与建议。

2. 文献综述
文献分类：回顾了关于数字普惠金融、人力资本和包容性增长的相关研究，按研究方法和研究结论进行分类。
研究空白：现有研究较少涉及数字普惠金融、人力资本与包容性增长之间的具体关系。

3. 研究假设
假设提出：数字普惠金融的发展能够显著提高包容性增长水平；人力资本在数字普惠金融与包容性增长之间起到中介作用。

假设逻辑：基于理论分析和文献回顾提出假设，并解释其理论基础。

4. 研究设计

数据来源：数据来自中国各省市的数字普惠金融指数和包容性增长指数。

变量定义：定义了数字普惠金融指数、包容性增长指数和控制变量。

模型设计：构建了回归模型，说明模型的具体形式和参数设定。

5. 实证检验与结果分析

描述统计：对样本数据进行了描述性统计分析。

模型检验：运用回归分析方法检验研究假设，展示回归结果和统计检验结果。

结果讨论：对回归结果进行了深入讨论，解释结果的经济和理论意义。

6. 结论与建议

研究总结：总结了研究发现，数字普惠金融对包容性增长有显著促进作用，人力资本起到了中介作用。

政策建议：提出了加强数字普惠金融发展、提升人力资本水平的政策建议。

研究局限与展望：指出了研究的局限性，如数据的局限和模型的假设，并提出了未来研究的方向。

通过这个具体的案例分析，可以看到实证类论文的行文结构合理且完整，有助于系统地呈现研究过程和结果，确保研究的逻辑性和科学性。

本章小结

本章详细探讨了论文谋篇布局与论证的重要性和方法，旨在帮助学生掌握学术论文写作的核心技能。首先，明确了谋篇布局的基本原则，强调主题明确、材料充分、类型适配和提纲清晰。其次，介绍了论文各部分的职能和有机衔接，确保论文结构连贯、逻辑严密。再次，强调了论证的逻辑性与规范性，指出层次感、缜密性、科学性、学理性、严谨性和围绕核心问题展开论证的重要性。最后，通过实际案例分析展示了研究和论证方法的应用，包括归纳推理、演绎推理和类比推理，帮助学生理解并应用这些方法，提高论文的说服力和学术价值。本章不仅提供了理论指导，还通过具体案例展示了如何在实践中运用这些原则和方法，使学生能够更好地进行学术论文写作。

习 题

思考与练习：

1. 什么是论文的谋篇布局？为什么它在论文写作中至关重要？
2. 论文的论证方法有哪些？
3. 如何确保论文各部分之间的有机衔接，保持逻辑连贯？

4. 结合自己的论文选题，设计一个详细的写作提纲，并说明各部分的职能和衔接方式。

文献研读：

请在文献数据库中下载以下论文进行阅读，了解如何对论文进行谋篇布局与论证。

[1] 杜永红. 乡村振兴战略背景下网络扶贫与电子商务进农村研究[J]. 求实，2019(03)：97-108.

[2] 杜永红. 基于中国国情的农业全产业链数字化转型路径[J]. 中国流通经济，2023(12)：36-48.

[3] 范和生. 返贫预警机制构建探究[J]. 中国特色社会主义研究，2018(01)：57-63.

[4] 李北伟，李霁雯. 数字普惠金融、人力资本与包容性增长[J]. 工业技术经济，2023，42(07)：3-13.

[5] 温军，张森. 专利、技术创新与经济增长——一个综述[J]. 华东经济管理，2019(08)：152-160.

[6] 方福前，马学俊. 中国经济减速的原因与出路[J]. 中国人民大学学报，2016(06)：64-75.

第 6 章

论文引言和结语的撰写

📖 案例导读

《乡村振兴战略背景下网络扶贫与电子商务进农村研究》

本文发表于《求实》2019(03): 97-112,作者: 杜永红

引言:

(开宗明义)电子商务进农村作为一项国家战略,引领着农村经济转型发展的方向。

(梳理政策导向和国家政策文件)

2016年11月29日,总书记在全国网络扶贫工作现场推进会上指出,要实施网络扶贫行动,推进精准扶贫、精准脱贫,让扶贫工作随时随地、四通八达。

2017年中央一号文件首次将"推进农村电商发展"单独陈列,文件中明确提出要"深入实施电子商务进农村综合示范工作","推进'互联网+'现代农业行动",将农村电子商务发展、"互联网+农业"作为推动供给侧改革的新产业业态。

2018年9月26日,中共中央、国务院印发的《乡村振兴战略规划(2018—2022年)》提出,深入实施电子商务进农村综合示范,建设具有广泛性的农村电子商务发展基础设施,加快建立健全适应农产品电商发展的标准体系。

(提出论文的中心论点)近年来,农村电子商务迅速崛起,促进了当地经济与产业的快速发展,推动了传统市场的变革,实现了贫困家庭的脱贫和能力提升,对促进产业扶贫开发具有显著作用。

(引言写作思路)从国家的大政方针入手,梳理了2016—2018年农村电子商务方面的政策导向和国家政策文件,并明确提出论文的中心论点,即发展农村电子商务能够提升贫困家庭的脱贫能力,对产业扶贫开发具有显著的促进作用。

(结语)电子商务日趋成为贫困地区区域经济发展新的着力点,构建与完善网络扶贫下电子商务进农村的服务、物流、金融、质量溯源、人才培训体系,将优化贫困地区区域经济空间布局,加快农村经济转型升级,促进精准扶贫可持续发展。

(结语写作思路)先总结全文研究内容,再次强调电子商务是贫困地区区域经济发展新的着力点。

学习目的：

1. 了解如何统合论文的论点；
2. 掌握论文引言的撰写方法；
3. 掌握论文结语的撰写方法。

6.1 论文如何统合论点

> 论点的统合不仅是一项技术性的学术技能，更是培养学生逻辑思维能力和批判性思维的重要手段。通过论点的明确与系统论证，学生不仅能学会如何构建有力的学术论证，还能深刻理解实事求是、尊重事实的科研态度。通过多角度的分析和证据的充分运用，培养学生全面、客观、公正的科学精神。

一篇好的论文，首先缘于一个好的研究问题。而文章是否值得刊发，主要看文章是否有效地回答了研究问题，也就是说，文章是否具有一个完整、有效的结论，即文章论点。论点对于论文至关重要，它就像整篇文章的心脏，可以说，没有论点，就没有论文。

论文不仅要有论点，而且这个论点必须是整篇文章的核心，文章的布局、谋划和行文都要服务于中心论点，即统合论点。此外，论点必须明确且可以通过逻辑和证据来论证，这样才能使文章有说服力。论点与论据之间存在紧密的关系，有效的论点需要有充分且有力的论据来支持，以确保论文的科学性和可信度。

不同学科对论点的要求和表现形式可能有所不同，但无论学科如何，读者在阅读论文时都会期望看到一个清晰明确的论点，并且期待文章通过系统的分析和论证来支持这一论点。因此，在撰写论文时，必须始终围绕中心论点进行布局和谋划，确保文章的每个部分都在为论点服务。

6.1.1 论文统合论点的重要性

论点是研究历程的终点，也是写作历程的起点。从文章的整体贡献而言，所谓的研究创新、研究推进，主要也是就研究论点而言的。没有论点，学术创新、学术进步统统都无从谈起。统合论点，即将各个独立的观点、证据和分析整合为一个连贯、统一的结论，是论文写作中的核心任务。这不仅有助于提升论文的逻辑性和说服力，更是确保研究成果具有学术价值的关键。

1. 论点即答案

论点也就是对研究问题的最终回答，论点即答案。从读者的角度思考，他们之所以愿意阅读某篇论文，一定是因为这篇论文为他们思考的某个问题提供了有效的答案。因此，统合论点的重要性在于它直接关系到论文能否满足读者的预期和需求。

2. 一篇论文有且只有一个中心论点

写文章贵在专注、深刻，贵专而不贵广。一篇文章有且只有一个论点。不论是什么类型的论文，文章的最后必须有一个最终答案，即中心论点。这个论点必须是概括清楚、表述清晰的，只有如此，这篇文章才能够成立，才经得住同行专家的考验。

3. 统合论点的方法

统合论点的过程不仅仅是简单地罗列各个观点，而是要将这些观点有机地结合起来，形成一个连贯、全面的结论。这需要作者在分析和写作过程中不断地回顾和调整，以确保每一个部分都在为中心论点服务。

4. 统合论点的重要性

(1) 提升论文的逻辑性和连贯性。通过将多个观点和证据有机地结合起来，形成一个清晰、连贯的中心论点，使论文的结构更加紧凑，逻辑更加严密。

(2) 增强说服力和学术价值。通过充分的数据和多角度的分析，确保论点具有坚实的基础，使论文在学术界具有更高的说服力和影响力。

(3) 满足读者的预期和需求。明确的中心论点能够有效回答读者关心的问题，提升论文的阅读价值和学术贡献。

统合论点不仅是论文写作的核心任务，还是确保论文质量和学术价值的关键步骤。通过有效的论点统合，作者能够更好地呈现研究成果，提升论文的整体水平。

案例分析6-1

《中国经济减速的原因与出路》一文的统合论点

本文发表于《中国人民大学学报》2016(06)：64-75，作者：方福前，马学俊

1) 论点的统合

研究者用经典的索洛余值法估计全要素生产率(TFP)时通常假定资本—产出弹性系数α是常数，这既脱离经济实际，也导致估计结果偏差。运用广义的索洛余值法，把α看成可变的，重新测算中国的TFP，并利用变系数模型分析中国GDP变化的影响因素。

2) 中心论点

本文的中心论点是：中国经济增长自2010年开始减速的主要原因是2008年以后TFP增长率在波动中持续下降，这种减速主要是"技术性减速"，而不是产业结构调整带来的"结构性减速"或"劳动力增长减速"。

3) 论点的支持

技术性减速的证据：作者通过重新测算中国的TFP，发现其增长率由2007年的11.6735%大幅下降到2009年的6.0614%和2011年的3.8361%，证明了技术进步速度的放缓。

非结构性减速：作者通过变系数模型分析得出，产业结构调整和劳动力增长减速并不是主要原因，而技术引进速度和自主创新速度的下降才是关键。

政策建议：文章最后指出，供给侧结构性改革和转变经济增长方式的实现，必须从改革入手，大力促进自主创新。通过提出具体的政策建议，进一步巩固了文章的中心论点。

4) 论点的统合方法分析

作者采用了以下方法来统合论点，展示了统合论点的重要性。

数据支持：通过广义的索洛余值法和变系数模型分析，作者提供了充分的数据支持，以确保结论的科学性和可信性。

多角度分析：文章不仅仅从单一角度分析问题，而是综合考虑了技术引进、自主创新、产业结构调整等多个因素，通过多角度的分析来统合出一个主要论点。

层次分明的论证结构：作者将复杂的分析分成多个层次和部分，从TFP的变化到技术进步的速度，再到政策建议，层层递进，逻辑严密，使论点得到了充分的论证。

反驳和排除其他解释：在提出主要论点的同时，作者也排除了其他可能的解释，如产业结构调整和劳动力增长减速，进一步加强了中心论点的说服力。

6.1.2 论文论点的确立

论文的论点表明作者对某一事物的看法和态度，是作者的立场和世界观的直接反映。论文价值的大小首先要看其论点是否正确，因此，确立论点是论文写作的关键。论文的论点是从对材料的分析、研究中产生的；不能先定论点，后找适合证明论点的材料。论点的形成过程，就是对材料进行整理、分析、概括、提炼的过程。

1. 论文论点来自于材料分析

作为一篇论文，其论点应当在一定程度上反映某种事物的规律性，而这种规律性的认识又只能在对大量材料的分析过程中逐渐形成。因此，确立论文的论点，必须从分析材料入手，这里，首先是"去粗取精，去伪存真"，也就是要对所掌握的材料加以鉴别，弄清它所反映的是真相，还是假象；是个别现象，还是普遍现象；是事物的主流，还是事物的支流。只有经过这样仔细地鉴别，弄清事物的本来面目，才会有真实可靠的论据，才能从中引出正确的结论，形成正确的论点。

2. 论点要进行高度理论概括

形成正确的论点之后，就要"由此及彼，由表及里"，对掌握的材料进行分析、判断、推理，找到事物的内部联系或规律性，形成文章的论点和逻辑体系。所谓理论概括，就是从大量个别的具体材料中找出一般性或普遍性的东西。一般来说，掌握的材料越全面，从中概括出的论点越具有普遍意义。但是，对具体材料进行理论概括，并不是只简单地对具体材料进行整理、归类，因为这还只是现象的罗列，还必须深入一步进行分析、判断，找出这些现象的本质，从中得出规律性的认识。只有这样，文章的论点才能确立起来。所以，文章论点的确立，实际上是调查研究的问题，是感性认识上升为理性认识的问题。

3. 提炼、确立正确的论点

提炼、确立正确的论点不是一件很容易的事情，常有以下几种情况。一是材料很多，看了之后一无所获，表明原来所获材料是"贫矿"，提炼不出精华。遇到这种情况，只有另换方向，进行新的资料搜集工作，而已有资料不必急于处理掉，其很可能在另一场合有用，可保留下来作为资料储备。二是发现材料很多，信息蕴藏量很大，这就要求在反复比较中加以选择、提炼，舍去与论题无关的材料，确立一个明确的观点。三是发现自己分析材料得出的论点早已为别人谈过，而且别人阐述得比自己还要高明。遇到第三种情况，可以采取如下办法：其一，把别人的精彩意见，经过自己的消化理解，重新构思，用不同的材料，说明自己的观点；其二，改变论述的角度，重新组织材料，形成自己的观点。

通过提炼材料确立的论点要力求正确，并有新的见解。确立的论点，首先要能说服自己，做到有理有据。如果自己都认为不妥当，那就必须赶快重新研究材料，重新提炼，做到论点不但能说服自己，而且能得到别人的肯定，这样论文撰写就有了把握。

案例分析6-2

《中国经济减速的原因与出路》观点确定

在《中国经济减速的原因与出路》一文中，方福前和马学俊通过对大量经济数据的分析，发现中国经济减速的主要原因是全要素生产率(TFP)的持续下降，而不是产业结构调整或劳动力增长减速。这个论点是基于对广义索洛余值法和变系数模型分析的结果，从对材料的分析中提炼出来，具有坚实的依据和科学性。

该文不仅停留在对数据的整理和归类层面，还深入分析了技术引进、自主创新等因素对TFP的影响，找出了经济减速的内在原因，即"技术性减速"。通过高度理论概括，作者将具体的经济现象和数据上升到理论层面，形成了具有普遍意义的论点。

在分析材料时，方福前和马学俊遇到了大量的经济数据和不同的理论解释。他们通过反复比较和选择，摒弃了不相关或次要的材料，最终确立了"技术性减速"这一中心论点。虽然"技术性减速"的观点已有其他学者提过，但他们通过重新构思，用广义索洛余值法的分析，形成了自己的独特视角和观点，使得论点更具说服力。

6.1.3 确立论点应掌握的原则

1. 论点的科学性原则

科学性就是要求论文正确地反映客观事物，并揭示其规律。这首先要求论点正确。如果论点不正确，就会使整篇论文归于失败，作者必须用辩证唯物主义和历史唯物主义的观点观察问题，分析问题，解决问题，才能提出合乎客观实际的结论。其次，论点的表达要准确。如果表达不准确，就不能确切地反映客观事物的规律，并且会给阅读者带来困惑。

2. 论点的客观性原则

客观性与科学性是密切相关的。科学性要求实事求是，客观性要求一切从实际出发。客观性要求对客观事物进行周密的调查研究，然后从中引出符合实际的结论。写论文的常见问题就是带着先入为主的观念找材料。撰写论文必须尊重客观实际，要从实际中粗取精，得出结论，决不可只凭自己的好恶去撰写。

3. 论点的创新性原则

论文要求作者有自己的见解，要求有创新性。所谓创新就是能提出新问题、解决新问题。当然创新不是轻易可以做到的，要填补某一学科的空白，或填补某一学科的某些方面的空白。

4. 论点的价值原则

在论文中提出的中心论点一定要具有价值。其价值表现在以下两个方面。

(1) 应用价值。所确定的中心论点应该与经济社会生活和科学文化事业密切相关，即关系到千百万人的利益，成为千百万人关注的问题，具有很强的应用性。

(2) 学术价值。确定的中心论点从表面上看似乎没有什么现实意义，或者没有实际用途，但是具有学术价值，它不知在什么时候会产生不可估量的意义。虽然，论文的价值大多表现为应用价值，但也有少量不可多得的具有学术价值的论文。

案例分析6-3

《中国经济减速的原因与出路》确立论点的原则

1) 科学性原则

方福前和马学俊在《中国经济减速的原因与出路》中运用广义索洛余值法和变系数模型对中国的全要素生产率(TFP)进行了详细分析，发现了中国经济减速的主要原因是TFP的持续下降。通过严谨的数据分析和科学的方法，作者提出了"技术性减速"这一科学论断，准确地反映了经济现象背后的规律。

2) 客观性原则

作者在研究过程中，广泛收集了中国经济增长和TFP的相关数据，进行了客观、翔实的分析。没有先入为主地假定经济减速的原因，而是通过数据分析得出结论，确保了论点的客观性和真实性。

3) 创新性原则

尽管经济学界对中国经济减速的原因有多种解释，但方福前和马学俊通过独特的方法和视角，提出了"技术性减速"这一创新性论点，填补了学术研究中的一个空白，并对现有的经济理论进行了拓展和深化。

4) 价值原则

(1) 应用价值：该文提出的"技术性减速"论点，对于制定经济政策和推动技术创新具有重要的应用价值，直接关系到中国未来的经济发展路径和改革方向。

(2) 学术价值：虽然这一论点在短期内可能看不到直接的经济效益，但从长远来看，对理解经济增长的动力机制和技术进步的影响具有深远的学术价值，为后续研究提供了新的视角和理论基础。

通过严格遵守上述原则，方福前和马学俊成功地确立了科学、客观、创新且具有价值的中心论点，使其论文在学术界和实际应用中都具有重要意义。这一案例清晰地展示了如何在论文写作中确立有效的论点。

6.1.4 论文的论据使用

写论文必须首先确立中心论点,这个中心论点要贯穿论文的始终。但是,如果只有中心论点而没有若干与之相联系的从属论点,中心论点就会显得苍白无力,不能令人信服。因此,在确立文章的中心论点之后,还必须形成若干从属论点,通过这些从属论点把中心论点加以展开,使之得到充分论证和说明。

为了证明论点的正确,必须利用论据进行论证。对于论据的要求是:论据的选择要紧扣论点,论据要准确、可靠,论据要力求新颖,论据要典型,论据要丰富。

1. 论据的紧扣性

论据必须紧扣论点,确保每个论据都能直接支持或说明中心论点。如果论据与论点无关或关系不大,文章的说服力就会大打折扣。

2. 论据的准确性

论据的准确性是指论据必须真实可靠,能够反映客观事实。作者在选取论据时,要对材料进行严格筛选,确保其准确性和真实性,避免使用模糊不清或有争议的数据。

3. 论据的新颖性

新颖的论据能够吸引读者的注意力,使文章更具创新性。作者在选取论据时,应尽量选择最新的研究成果或独特的案例,避免使用过于陈旧或普遍的材料。

4. 论据的典型性

典型的论据能够代表普遍现象,具有较强的代表性和说服力。选择典型论据可以帮助读者更好地理解和接受作者的观点。

5. 论据的丰富性

丰富的论据能够从多个角度支持中心论点,使论证更加全面和深入。作者在选取论据时,应尽量选择多样化的材料,包括数据、图表、案例分析等。

案例分析6-4

《乡村振兴战略背景下网络扶贫与电子商务进农村研究》论据使用

本文发表于《求实》2019(03):97-112,作者:杜永红

该论文在引言部分就明确提出了农村电子商务对于产业扶贫开发具有显著作用。为了论证这一中心论点,文章提出了以下三个从属论点,并通过丰富的论据进行展开和支持。

1) 乡村振兴战略、精准扶贫与网络扶贫有效融合

通过引用《乡村振兴战略规划(2018—2022年)》中的政策内容,说明网络扶贫是实现精准扶贫的重要手段,详细论述了网络扶贫在促进产业扶贫中的作用。

2) 网络扶贫与电子商务进农村吻合

利用互联网的共享性、开放性特点,论述了电子商务如何提升贫困地区农民的生活品

质,并通过具体的例子说明电子商务进农村的实际效果。

3) 电子商务进农村对网络扶贫具有促进作用

详细描述了电子商务在资源配置优化和信息集成方面的优势,说明电子商务进农村如何有效地推动贫困地区的经济发展。

该论文通过以上三个从属论点,具体、贴切地论证了农村电子商务对于扶贫工作的显著作用。为了使论点正确、深刻、能说服人,作者使用有力的论据进行论证,这些论据既真实、典型,又新鲜、充分,使得中心论点得到了充分的证明和说明。

6.1.5 论文统合论点的方法

面对一无所知的读者,作者必须审慎地围绕中心论点,构建文章框架,只有如此,才能让读者顺利理解论文的核心架构。

1. 以论点作为行文驱动力

写作的目标在于告知读者作者的思想,为了表达文章的中心论点,所有的写作内容都要服务于这个终极目标。论文的写作贵在集中,凡是与论文观点有关的文字统统保留,反之则删除,也就是追求"中通外直,不蔓不枝"的效果。为了将论点陈述清楚,不要发散文字,而是要集中文字,每个段落只讲一个意思,有一个中心思想。作者必须明白,所有的文字都应围绕文章的中心论点来组织,以论点作为行文的驱动力。

2. 逻辑明晰、层次分明

很多作者通常表述得比较凌乱,有时候同一个意思反复讲,或者一个问题没讲透,就直接跳到下一个问题。而优秀的文章都有一个共同点:行文流畅,一气呵成,逻辑明晰,作者不会写着写着就"写丢"了。应审慎地反思自己的论文,不断思考自己的论文是否合理地完成了"表述论点"的目标。为了将论点讲清楚,作者要明确:需要呈现哪些论据,需要用什么样的顺序来论证。

案例分析6-5

《基于中国国情的农业全产业链数字化转型路径》统合论点的方法

本文发表于《中国流通经济》2023年12月第37卷第12期,作者:杜永红

1) 以论点作为行文驱动力

该论文的中心论点是"基于中国国情的农业全产业链数字化转型路径"。作者从头到尾围绕这一论点展开讨论,文章每部分内容都紧密联系这一中心论点,没有偏离或冗余的部分。作者首先提出农业全产业链数字化转型的必要性,然后详细分析了当前中国农业全产业链数字化的发展现状和面临的问题,最后提出了具体的转型路径和策略。

2) 逻辑明晰、层次分明

该论文逻辑清晰、层次分明。首先,从农业全产业链的数字化现状出发,分析了农业生产、农产品流通和农产品营销三个主要环节的数字化水平和存在的问题。接着,根据问

题提出了具体的解决策略，主要包括推动农业生产规模化、加强农业标准化、提升农产品品牌化水平和促进农村产业融合。每部分之间都有明确的逻辑关系，读者可以清晰地理解作者的论证过程和思路。

该论文成功地利用了论点作为行文驱动力，确保文章每个部分都在为中心论点服务。同时，文章逻辑明晰、层次分明，论点的表达更加有力和清晰。这样的写作方法值得所有论文作者学习和借鉴。

6.1.6 常见论点整合的错误与避免方法

在论文写作过程中，整合论点是一个关键步骤，然而许多作者在这一过程中容易犯一些常见的错误，这些错误可能会削弱文章的说服力和逻辑性。了解并避免这些错误，对于提升论文质量至关重要。

1. 论点不明确

文章中心论点模糊不清，读者无法准确把握作者的主要观点。

避免方法：在写作前，明确中心论点，并在论文的引言部分清晰地表述出来。确保每个段落都紧密围绕中心论点展开，避免偏题。

2. 论点过于广泛

论点涵盖范围过大，导致文章内容散乱，无法深入探讨具体问题。

避免方法：将中心论点限定在一个具体的范围内，使之具有可操作性。专注于一个明确的研究问题，深入分析和探讨。

3. 论点缺乏逻辑支持

论点与论据之间缺乏逻辑联系，论据不能有效支持论点。

避免方法：在选择论据时，确保其与论点直接相关。使用逻辑推理将论据与论点连接起来，确保每一步推理都清晰合理。

4. 论据不足或不当

使用的论据不充分或不可靠，无法有效支持论点。

避免方法：广泛搜集与中心论点相关的资料，选择真实、可靠且具有代表性的论据。避免使用过时或不准确的数据。

5. 重复与冗余

在文章中反复强调同一观点，造成内容重复和冗余。

避免方法：在写作过程中，反复审阅文章，确保每个段落和论据都为中心论点服务，避免不必要的重复。

6. 跳跃式论证

论证过程缺乏连贯性，论点之间的过渡不自然，读者难以跟随作者的思路。

避免方法：在写作过程中，注重段落与段落之间的过渡，使论证过程连贯自然。使用过渡词和连接句，帮助读者理解文章结构。

因此，在论文写作中要有明确的中心论点、具体的研究范围、逻辑严密的论证、充分的论据支持、避免重复与冗余，以及连贯的论证过程，使得文章结构清晰，论证有力。

6.2 论文引言的撰写

> 论文引言的撰写不仅是学术写作的重要环节，还是思政教育的有力载体。通过引言的撰写，将国家政策和社会背景融入学术研究，培养学生的社会责任感和家国情怀。在引言部分，通过背景分析、国家政策解读、指出存在问题以及提出论点，学生能够全面了解研究主题的社会价值和现实意义。这不仅能够提升学生的学术素养，还能引导他们关注社会热点问题，理解国家政策的重要性，从而增强他们的使命感和担当精神。

引言是论文的开篇部分，主要用于引导读者进入研究主题，明确研究的背景、问题和目的。一个好的引言不仅能够吸引读者的兴趣，还能为后续的论述打下坚实的基础。引言的撰写通常包括以下几部分。

(1) 背景分析：介绍研究主题的背景信息，解释为什么该主题值得研究。

(2) 国家政策解读：阐述与研究主题相关的政策环境和政策支持。

(3) 存在问题：指出当前研究领域或实践中存在的问题或不足。

(4) 提出论点：明确论文的研究目标和中心论点。

引言不仅仅是对主题的简单介绍，更是对论文的总体框架和研究方向的一个概括。通过引言，读者可以清楚地了解研究的动机、重要性以及研究所要解决的问题。

案例分析6-6

《农产品智能供应链体系构建研究》一文的引言撰写

在《农产品智能供应链体系构建研究》一文中，作者按照背景分析—国家政策解读—存在问题—提出论点的顺序撰写了引言部分。

(1) 背景分析：农产品流通是农村经济发展的重点，建设与完善农产品供应链体系有利于促进农产品流通，保障城镇市场供应，稳定物价，促进农民增收和扩大就业。

(2) 国家政策解读：2015年中央一号文件聚焦现代农业，提出创新农产品流通方式，加快全国农产品市场体系转型升级，开展公益性农产品批发市场建设试点；推进农村三次产业融合发展，通过延长产业链、扩充价值链提高农业经济效益。

(3) 存在问题：农产品价格波动幅度大、频次高；农民丰产不丰收现象时有发生；农产品供求信息不对称，农民对接消费市场时没有订单权和定价权；食品质量安全问题频出，责任追溯体系欠缺。这一系列问题已严重阻碍农业经济的健康发展。

(4) 提出论点：构建基于全产业链的农产品智能供应链体系，提高农产品供应链体系的信息化水平，充分发挥大数据信息传导和价格发现功能，有利于完善农产品生产、加工、流通、消费等环节，形成供应链整合、产加销一体的农业现代化经营模式，增强其对农业生产的引导和促进作用。

该论文作者在引言部分清晰地展示了研究的背景、政策环境、存在的问题和研究的核心论点，为后续的详细论述奠定了坚实的基础。这种引言撰写的方法，逻辑清晰、层次分明，是论文写作中值得借鉴的范例。

6.2.1 论文引言定义

1. 引言定义

根据《科学技术报告、学位论文和论文的编写格式(GB/T 7713—1987)》，引言可以"简要说明研究工作的目的、范围、相关领域的前人工作知识空白、基础理论和分析研究设想、研究方法和实验设计、预测结果和意义等"。

2. 引言内容

引言应以简洁的语言引出研究问题和研究目标，确保内容切题、言简意赅、突出重点。具体包括以下核心内容。
(1) 研究主旨：简要说明文章的研究主题。
(2) 研究背景和动机：介绍研究的背景和动机，解释为什么选择这个主题。
(3) 研究问题：明确指出需要阐释和回答的核心问题。
(4) 研究目标：说明本研究的具体目标和预期贡献。
(5) 研究方法：简要介绍研究将采用的方法和设计。

6.2.2 论文引言的重要性

好的研究问题一定是"千呼万唤始出来"的，而不是"信步走出来"的。引言就像广告，恰如关于一个旅游目的地的介绍，你必须说服读者，吸引读者的兴趣，告诉读者哪里值得去，为什么值得去。

引言写作的好坏，会直接影响评阅者对论文整体及其学术水平的评价，甚至影响科研成果的推广。研究者向科技期刊投稿后，如果引言写作不合格或不充分，未能充分体现出论文的创新性和科学性，会使审阅者对整篇论文的内容失去阅读兴趣，并对整篇论文的学术价值持怀疑态度。这不仅会影响研究生在高水平科技期刊上发表论文的成功率，而且会影响科研成果的广泛推广和应用，进而影响科学技术转化为生产力。引言的重要性体现在以下几个方面。

1. 引导读者进入研究主题

引言是论文的开篇部分，通过引言，读者可以迅速了解研究的主题和背景。一个好的引言能够有效地引导读者进入研究的核心内容，使其对后续的章节产生兴趣和期待。

2. 展示研究的意义和价值

引言部分应当明确研究的动机和背景，说明为什么选择这个主题进行研究，研究的意义和价值是什么。通过展示研究的重要性和潜在的影响力，吸引读者的关注。

3. 明确研究问题和目标

引言中应清晰地阐述研究的问题和目标，使读者能够迅速了解研究的核心问题是什么，以及作者希望通过研究达到什么目标。这有助于读者理解研究的方向和预期成果。

4. 设定读者的期望

通过引言，作者可以设定读者的期望，使读者对论文的内容和结构有一个初步的了解。这不仅有助于读者的阅读，还可以提高论文的逻辑性和连贯性。

5. 体现论文的创新性和科学性

引言部分应简要介绍相关领域的前人工作和知识空白，突出论文的创新点和科学贡献。如果引言部分能够有效地展示研究的创新性和科学性，则会大大提高评阅者对论文的认可度和评价。

6.2.3 引言的三要素

一般来说，引言包含三个要素：背景、张力、聚焦，如图6.1所示。

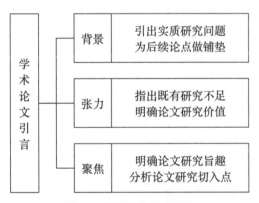

图6.1 论文引言的三要素

首先，引言的目的是引出实质的研究问题，为后续的研究论点做铺垫，同时引起读者的阅读兴趣。

其次，要指出既有研究的空白或不足，这构成了该研究的张力和合法性所在。换句话说，只有既有的研究存在空白或不足，才说明该研究值得进一步开展。假如既有的研究已经非常完备，何必再多此一举、画蛇添足呢？

最后，必须言明研究旨趣，如何面对这个张力，又如何提出一个具体的研究问题，如何使用研究方法将这个问题回答清楚，这也是研究的切入点。

案例分析6-7

《农产品智能供应链体系构建研究》一文的引言三要素

背景分析：农产品流通是农村经济发展的重点，建设与完善农产品供应链体系有利于促进农产品流通，保障城镇市场供应，稳定物价，促进农民增收和扩大就业。

张力：然而，我国农产品生产与流通领域长期存在诸多问题：农产品价格波动幅度大、频次高；农民丰产不丰收现象时有发生；农产品供求信息不对称，农民对接消费市场时没有订单权和定价权；食品质量安全问题频出，责任追溯体系欠缺。这些问题严重阻碍了农业经济的健康发展。

聚焦：构建基于全产业链的农产品智能供应链体系，提高农产品供应链体系的信息化水平，充分发挥大数据信息传导和价格发现功能，有利于完善农产品生产、加工、流通、消费等环节，形成供应链整合、产加销一体的农业现代化经营模式，增强其对农业生产的引导和促进作用。

通过这种引言结构，作者成功地引出了研究的背景、问题和目标，为后续的研究奠定了坚实的基础。通过展示研究的背景和现状、指出现有研究的不足，并提出具体的研究问题和研究方法，读者能够清晰地理解研究的动机和价值。

6.2.4 不同研究方法引言的差异与特点

引言是论文的重要组成部分，它不仅引导读者进入研究主题，还为整篇论文奠定基础。在人文社科类研究中，不同的研究方法对引言的写作有不同的要求。下面将详细说明定性研究、定量研究和综述研究在引言写作上的差异与特点。

1. 定性研究

(1) 背景介绍。详细描述研究背景，展示研究问题的复杂性。应提供相关的历史、社会或文化背景，帮助读者理解研究问题的广泛背景和重要性。

(2) 研究问题。明确提出研究问题，并讨论其重要性和相关性。定性研究的问题通常具有探索性和描述性，强调对现象的深入理解。

(3) 研究目的。说明研究的目的和意义，特别是在理论和实践中的贡献，强调研究在现有文献中的新颖性和独特性。

(4) 研究方法概述。简要介绍研究方法，如个案研究、访谈法、田野调查等，说明选择这些方法的理由及其适用性。

2. 定量研究

(1) 背景介绍。提供与研究问题相关的统计数据或趋势，说明研究背景。定量研究通常依赖于大量的客观数据，背景介绍应突出数据的来源和相关性。

(2) 研究问题。明确提出研究问题，突出其可测量性和研究的重要性，强调研究的具体假设和变量之间的关系。

(3) 研究目的。阐述研究的具体目标，强调其在理论或实践中的贡献，说明研究结果对政策制定或实践的潜在影响。

(4) 研究方法概述。简要介绍研究方法，如问卷调查、实验研究等，说明这些方法的科学性和合理性。

3. 综述研究

(1) 背景介绍。综合已有研究的背景信息，展示研究领域的整体状况。综述研究的背景介绍应广泛且详细，涵盖研究领域中的主要观点和理论框架。

(2) 研究问题。明确提出综述的核心问题，解释其在现有文献中的地位和重要性，强调研究问题的广泛性和理论价值。

(3) 研究目的。说明综述的目标，强调其在理论总结和研究方向上的贡献，指出综述研究对未来研究的启示和方向。

(4) 研究方法概述。简要介绍文献综述的方法，包括文献选择标准和分析方法，说明选择这些文献的理由和综述的方法论基础。

6.3 如何撰写论文结语

> 结语不仅是对研究成果的总结，更是对研究内容的升华和未来方向的展望。这一过程可以培养学生的逻辑思维能力和总结归纳能力，也可以体现对学术诚信和严谨治学态度的要求。通过撰写结语，学生能够学会如何有效传达研究的核心观点，增强论文的说服力和影响力，同时树立正确的价值观和责任感，为今后的学术研究和实际应用奠定坚实基础。

结语是论文的重要组成部分，是对论文整体内容的总结和升华。一个好的结语不仅能够有效地总结全文的核心观点，还能给读者留下深刻的印象，增强论文的说服力和影响力。结语的撰写不仅仅是对已阐述内容的重复，更是对研究成果的提炼、研究意义的升华以及对未来研究方向的展望。因此，结语部分不仅需要严谨和精练，还需要在结构和内容上具有逻辑性和连贯性。

6.3.1 论文结语的定义

结语是文章的终点，是对研究问题的最终回答，同时要与前文的研究内容和主要观点呼应。一个好的结语不仅要概括全文的主要内容，还要强调研究的意义和价值，并可以展望未来的研究方向或应用前景。

结语应该简明扼要，具有总结性和概括性。它不仅需要总结前文的主要论点和研究成果，还要提升和深化这些内容，使其更具理论和实践价值。一个有效的结语能够帮助读者更好地理解论文的整体贡献，并留下深刻的印象。

案例分析6-8

《"一带一路"背景下的境外国有资产审计监管研究》的结语

本文发表于《会计之友》2018(24): 113-118，作者：任芳，高欣

"一带一路"倡议为中国企业"走出去"提供了巨大的历史机遇。审计机关以"丝路精神"为指导思想，规避"一带一路"建设给国有控股企业带来的风险，推动沿线各国和平发展、合作双赢。按照审计监督全覆盖的要求，科学拓展境外审计监督的对象和范围；加强信息化建设，探索远程审计和大数据审计，规避境外资产所面临的风险；将公共投资审计与金融审计相结合，构建"三方共审"的全面审计制度体系，完善并健全法律制度；高度关注政策落实情况，积极开展"一带一路"政策落实跟踪审计。

在这段结语中，作者首先重申了"一带一路"倡议为中国企业带来的历史机遇，明确了审计机关在这一过程中所起到的重要作用。然后，作者总结了全文的主要内容，提出了多项具体的审计措施，如拓展审计监督范围、加强信息化建设、探索远程审计和大数据审计等。最后，作者展望了未来的发展方向，强调了继续推进审计监督全覆盖和完善法律制度的重要性。

6.3.2 强有力结语的特点

1. 清晰地传达研究发现

强有力的结语需要明确、简明地传达论文的研究发现和研究成果，帮助读者回顾并理解研究的重要性和主要贡献。

2. 呼应引言和内容

结语应与引言和内容部分相呼应，形成一个闭环结构，通过重述引言中的关键问题或引用，确保文章的结构完整性和逻辑连贯性。

3. 激发读者思考

结语不仅要总结文章内容，还应激发读者的进一步思考和讨论，可以通过提出开放性问题或未来研究方向，使读者对主题保持兴趣并进行更深层次的思考。

4. 保持简洁明了

结语应简洁明了，高效地传达主要信息，语言要简练有力，避免冗长，使读者在短时间内获得深刻印象。

6.3.3 论文结语的四个层次

1. 简要总结核心结论

首先要简要总结文章的核心结论。简要意味着用最简单的几句话说明文章的中心论

点，确保其清晰明确。

2. 突出学术贡献

结语需要明确论文在学术上的边际贡献，即阐述研究如何扩展或深化了现有知识，强调研究在学术背景下的独特价值。

3. 反思研究局限

结语部分还需诚实地反思研究中的局限性和不足之处，指出研究中存在的问题和限制，增强研究的可信度，并为未来的研究提供改进的方向和建议。

4. 提出未来研究方向

强有力的结语应展望未来，提出后续研究的可能方向，为学术研究的延续提供接力点，鼓励进一步探索。

案例分析6-9

《企业战略差异度会影响ESG表现吗》的结语四个层次

本文发表于《财会月刊》2024 (06)：65-71，作者：杜永红、时虎、王思懿

1) 简要总结核心结论

文章结语部分明确总结研究的主要结论，简明扼要地概括了研究的核心发现，突出了研究的重要性和实际意义。文中提到："研究结果表明：上市公司战略差异度显著抑制ESG表现；在环保背景高管缺失与内部控制较差的情形下，战略差异度抑制ESG表现的效应更加明显。"

2) 突出学术贡献

结语部分强调本研究在学术上的独特贡献，特别是对企业战略差异度如何影响ESG表现的具体机制进行详细阐述。文中指出："本文将企业战略差异引起的经济后果从企业绩效、投资等经济行为前移至非财务行为的ESG表现中，拓宽了战略差异经济后果的研究领域，补充了战略差异度对ESG表现消极作用的相关研究。"

3) 反思研究局限

在结语中也诚实地反思当前研究中的局限性，指出了研究中存在的问题。这种反思显示了研究的严谨性，并为未来的研究提供了改进方向。结语部分提到："尽管如此，本研究仍有局限，如仅采用A股上市公司数据，可能无法完全反映其他类型企业的情况。"

4) 提出未来研究方向

结语展望未来的研究方向，并提出进一步研究的建议，为后续研究和实践提供了具体的指导和接力点，鼓励进一步探索和研究。文中指出："未来研究可以考虑不同地区、不同类型企业的差异，进一步检验战略差异度对ESG表现的影响。"

本章小结

本章全面论述了学位论文引言和结语的撰写方法，旨在高效地引导读者进入和退出论文的研究话题。首先，强调了研究论点的统合过程，论证统合论点的重要性，以及论点的科学性、客观性、创新性和价值等四个原则。其次，深入分析了论文引言的撰写，包括其定义、三要素，以及不同研究方法的引言差异与特点。最后，详细介绍了论文结语的作用，不仅是对研究结论的汇总，还是展示研究深度和广度的关键部分。本章不仅提供了撰写引言和结语的具体技巧，还强调了研究论点在论文中的中心地位，指导读者如何围绕核心论点组织论文的整体框架，确保研究的严谨性和逻辑性。通过学习本章内容，读者将掌握引言和结语的撰写规范，提高论文的整体结构和表达水平，为撰写高质量的学术论文奠定坚实基础。

习 题

思考与练习：

1. 依据论文选题，如何统合论文的论点？
2. 强有力的结语应具备哪些特点？请举例说明。
3. 论文结语所包含的四个层次是什么？
4. 结合自己的论文，统合论点，撰写论文的引言和结语。

文献研读：

请在文献数据库中下载以下论文进行阅读，掌握论文的引言和结语的撰写方法。

[1] 任芳, 高欣. "一带一路"背景下的境外国有资产审计监管研究[J]. 会计之友, 2018(24): 113-118.

[2] 杜永红，时虎，王思懿. 企业战略差异度会影响ESG表现吗[J]. 财会月刊，2024(6): 65-71.

[3] 杜永红. 基于中国国情的农业全产业链数字化转型路径[J]. 中国流通经济，2023(12): 36-48.

[4] 杜永红. 农产品智能供应链体系构建研究[J]. 经济纵横，2015(6)：75-80.

[5] 杜永红. 乡村振兴战略背景下网络扶贫与电子商务进农村研究[J]. 求实，2019(03): 97-112.

第 7 章

论文摘要和关键词的撰写

案例导读

《大数据背景下精准扶贫绩效评估研究》的摘要和关键词

本文发表于《求实》2018(02)：87-96，作者：杜永红

论文摘要部分：(引出研究问题)精准扶贫旨在"扶真贫，真扶贫"。(现状及问题)但在精准扶贫实施过程中，由于信息不健全导致精准扶贫建档立卡的信息部分失真，信息不对称导致普惠式扶贫政策瞄准机制存在偏差，信息不共享导致扶贫资源分散难以产生治理成效。(研究内容)大数据及数据分析是基层社会治理扶贫开发工作的重要依托，是精准扶贫绩效评估的依据。因此，通过构建科学合理、客观可行的精准扶贫绩效评估指标体系；建设精准扶贫绩效动态监测评估机制；引入信息化、专业化的第三方扶贫绩效评估机构；完善系统化、法治化的精准扶贫绩效评估系统；落实反贫能力培育的绩效评估审计；建立健全大数据下的精准扶贫绩效评估信息系统等一系列措施，(研究结论)有助于全力实施脱贫攻坚。

论文关键词部分：大数据；精准扶贫；绩效评估。

学习目的：

1. 了解论文摘要的概念、作用及分类；
2. 掌握论文摘要的写作要求；
3. 掌握提炼论文关键词的方法；
4. 了解学科分类与中图分类号。

7.1　论文摘要概述

> 论文摘要在学术写作中具有重要的作用，不仅是提高文章传播效度和影响力的关键，还能在教育过程中传达重要的课程思政理念。摘要能够吸引读者、提供论文内容概述、增强论文可检索性、支持编辑和审稿过程、促进学术交流，并提高论文传播效度。一个优秀的摘要应清晰、简洁地概述论文的核心内容，包括研究背景、目的、方法、结果和结论，准确传达研究的信息，使读者产生进一步阅读的兴趣。摘要的撰写还应体现关注社会热点和时代需求，促进学术研究与社会发展的有机结合。

摘要如同橱窗，往往决定着检索者是否进一步下载、阅读文章全文。写好摘要不仅是提高文章传播效度的重要途径，还是提升论文影响力的关键。摘要是与编辑、审稿人及读者沟通的桥梁，很多人基本上不会阅读全文，而只会选择阅读摘要，因此，摘要是说服他人继续阅读论文的重要手段。

一个优秀的摘要应当清晰、简洁地概述论文的核心内容，包括研究背景、目的、方法、结果和结论。它不仅需要准确传达研究的信息，还要具有吸引力，使读者产生进一步阅读的兴趣。写作摘要时，作者需要考虑其在学术搜索引擎中的检索表现，以及它在学术交流和引用中的作用。

7.1.1　论文摘要的定义

论文摘要是对论文内容的简短陈述，不加注释和评论。根据国家标准GB 7713—87《科学技术报告、学位论文和学术论文的编写格式》，摘要必须概括论文的主要内容，包括文章主题、重要论据以及研究方法等。摘要的撰写应遵循以下原则。

(1) 摘：摘出论文的精华，而不是对论文内容机械式地压缩或剪贴。

(2) 要：简明扼要，用最简练的语言向读者最大限度地提供定性、定量的信息，充分反映出作者的研究目的、方法及主要结论与结果，特别要突出论文的新观点、新见解。

一个优秀的摘要应当是一篇完整的微型论文，可以独立使用，使读者能够对全文有一个概括的了解。

7.1.2　论文摘要的分类

根据内容和功能的不同，摘要可以分为以下三大类。

1. 报道性摘要

报道性摘要也常称作信息性摘要或资料性摘要。报道性摘要是全面、简要地概括论文的目的、方法、主要数据和结论，或简要提炼段旨句，达到扼要并有逻辑地揭示论文全貌的作用。

该类摘要通常适用于试验研究和单一专题的论文，如基础性研究、应用基础研究和应用研究论文。这类摘要可以部分地取代阅读全文，特别强调提供论文中全部创新内容和尽可能多的信息，突出新发现、新见解。

2. 指示性摘要

指示性摘要也常称为说明性摘要、描述性摘要(descriptive abstract)或论点摘要(topic abstract)。指示性摘要用两三句话概括论文的主题，指明研究考察的对象和论述的问题，但不着重指明研究结论或结果，其作用是说明性的而不是实质性的。

该类摘要适用于主题过多、内容庞杂的文章，如综述类文章，可用于帮助潜在的读者决定是否需要阅读全文。

3. 报道—指示性摘要

报道—指示性摘要是融报道性摘要和指示性摘要的特点于一体，以报道性摘要的形式表述信息价值较高的部分，以指示性摘要的形式表述其余部分，详略有致，主次分明。

该类摘要适用于需要灵活运用的论文类型，能够同时揭示主要信息和其他相关内容。

7.1.3 论文摘要的作用

论文摘要在学术写作和传播中起到了至关重要的作用，其具体功能包括以下几方面。

1. 吸引读者的兴趣

摘要是读者在检索文献时首先看到的内容，它需要在短时间内吸引读者的注意力。一个好的摘要能够迅速传达论文的核心信息，引导读者决定是否阅读全文。因此，摘要担负着吸引读者和将文章的主要内容介绍给读者的任务。

2. 提供论文内容的概述

摘要可以帮助读者快速了解论文的主题、研究方法、主要发现和结论，从而补充题名的不足。对于时间有限的读者，摘要提供了一个快速了解论文核心内容的途径，使他们能够迅速判断论文是否对其研究有用。

3. 增强论文的可检索性

高质量的摘要可以提高论文在科技情报文献检索数据库中的可检索性。论文发表后，文摘杂志或各种数据库对摘要进行索引，读者通过关键词检索文献时，摘要中的信息是关键的参考。因此，摘要的质量直接影响论文的被检索率和被引频次。

4. 支持编辑和审稿过程

在编辑和审稿过程中，摘要是评审者初步判断论文价值的重要依据。一个清晰、全面的摘要能够帮助编辑和审稿人迅速理解论文的研究内容和创新点，提高评审效率。

5. 促进学术交流

摘要作为论文的浓缩版，可以在学术会议、研讨会和其他学术交流活动中独立使用。它能够为与会者提供简明扼要的信息，促进学术交流和合作。

6. 提高论文传播效度

摘要通过向读者提供充分的信息，可以有效提高论文的传播效度。一个精心撰写的摘要有助于提升论文在学术界的影响力和引用率，进一步推动作者的学术声誉。

7.2 论文摘要的撰写

> 撰写论文摘要时，应牢记其不仅是学术论文的缩影，还承载着传播学术思想和引导读者深入阅读的重任。作者应注重摘要的简洁性、完整性、准确性、平实性和创新性，这不仅有助于提高论文的可检索性和引用率，还体现了对学术规范的尊重和对社会责任的承担。摘要的写作不仅需要语言精练、逻辑清晰，还应传达出研究的核心观点和创新之处，以便在学术交流中更好地服务于社会，促进学术成果的广泛应用。

论文摘要应简练地传达作者的核心观点，通常采用原文，不添加额外内容。摘要需要达到"见摘要如见全文"的效果，因此必须概括论文的主要内容，并保持与原文一致的论述主语。

7.2.1 摘要的写作规范

论文摘要应摘录要点，然后组织成段，以简练的语句传达作者的核心观点。摘要最好选用原文，不添加原文之外的附加语。由于摘要要代替原文"传情达意"，需要达到"见摘要如见全文"的效果，因此它不会改变论述主语，论述主语一般就是原文的研究对象。

(1) 简洁：摘要一般要有中文摘要和相应的外文摘要。中文摘要不宜超过300字，外文摘要不宜超过250个实词。摘要应排除常识性内容，避免引证和举例，准确使用名词术语、恰当使用缩略语。

(2) 完整：摘要应具有独立性和自含性，即摘要本身有论点、论据和结论，合乎逻辑，是一篇结构完整的短文。摘要应做到让读者不读全文仅读摘要仍能理解论文的主要内容、新观点、研究目的、方法及结论。

(3) 准确：摘要的内容与论文的内容要对应，不传达论文未涉及的信息，也不丢失重要内容，以确保准确表达论文的主旨。

(4) 平实：摘要无须对论文进行评价，不能出现诸如"本文超越前人研究"之类的语句。摘要的主语应是研究对象，而非"本文""该文"等。

(5) 求新：摘要应凸显论文的原创性，包括新观点、新论据、新方法和新结论，因为人们判断论文价值主要依据其新意。

案例分析7-1

《大数据背景下精准扶贫绩效评估研究》摘要

(摘要原文在案例导读中)

(1) 简洁：摘要语言简洁，信息量适中，中文摘要未超过300字。

分析:摘要不包含常识性内容,避免了引证和举例,准确使用了名词术语。

(2) 完整:摘要具有独立性和自含性,包含研究问题、现状及问题、研究内容和研究结论,形成一个完整的短文。

分析:读者不读全文仅读摘要仍能理解论文的主要内容、新观点、研究目的、方法及结论。

(3) 准确:摘要内容与论文内容高度对应,不传达未涉及的信息,也不丢失重要内容。

分析:准确表达了论文的主旨,避免了信息遗漏和不必要的内容。

(4) 平实:摘要无评价性语言,未出现"本文超越前人研究"之类的语句。

分析:主语是研究对象"精准扶贫",而非"本文""该文"。

(5) 求新:摘要凸显了论文的原创性,介绍了新观点、新论据、新方法和新结论。

分析:详细说明了通过大数据技术在精准扶贫绩效评估中的应用及其新颖性。

7.2.2 摘要的五要素

摘要通常包含以下五个基本要素,以确保全面、准确地传达论文的核心内容。

(1) 研究背景或问题:简要介绍研究的背景或提出研究的问题。这一部分应概述研究的动机和重要性,提供必要的背景信息。

(2) 目的:指出研究的范围、目的、重要性、任务和前提条件。明确研究的具体目标和预期成果。

(3) 方法:简述研究的工作流程和主要内容,包括对象、原理、条件、程序和手段等。描述研究设计和方法,确保读者了解研究是如何进行的。

(4) 结果:陈述研究的重要发现和成果,包括通过调研、实验和观察获得的数据和结果,并分析其不理想的部分。结果部分应包含关键数据和分析。

(5) 结论:总结研究所得出的重要结论。这一部分应概括研究的主要发现和其在学术领域中的意义,提出可能的应用和未来研究方向。

案例分析7-2

《清洁能源发展、二氧化碳减排与区域经济增长》一文的摘要

本文发表于《经济研究》2019(07):188-202,作者:徐斌,陈宇芳,沈小波

研究背景: 中国是最大的石油进口国和二氧化碳排放国之一。

研究目的: 发展清洁能源对保障能源安全、控制排放和实现绿色经济增长具有重要意义。

研究问题: 清洁能源发展对减排和经济增长的影响需要大量资金投入,是各级政府和学者关注的焦点。

研究方法: 基于中国30个省区市的面板数据,运用非参数可加回归模型探究清洁能源发展的影响。

研究结果: 清洁能源发展在不同阶段对二氧化碳排放和经济增长的影响差异明显。

研究结论: 政府应根据不同阶段采取措施,发挥清洁能源发展的促进作用。

7.2.3 摘要的写作逻辑

摘要要符合原文的逻辑关系,尽量展示原文的起承转合。摘要虽小,但要能够代表全文,展示原文的逻辑脉络。一般来说,摘要不宜超过300字,通常不超过四句:第一句引出研究问题或背景;第二句提出研究方法或视角;第三句阐明研究内容和论证过程;第四句明确研究结论或文章贡献。当然,这只是一个基本框架,不一定非得生搬硬套,可根据具体情况,斟酌损益。

案例分析7-3

《返贫预警机制构建探究》一文的摘要

本文发表于《中国特色社会主义研究》2018(01):57-63,作者:范和生

研究背景: 在精准扶贫指导下,我国减贫事业取得历史性突破。
研究问题: 脱贫人口返贫问题突出,其根源在于贫困人口的脆弱性。
研究内容: 分析返贫预警类型,并构建返贫预警机制,包括预警信息机制、组织预警机制等。
研究结论: 严防返贫,巩固并扩大脱贫成果。

7.2.4 论文摘要撰写常见问题剖析

1. 人称错误

国家标准GB 6447—87《文摘编写规则》规定,摘要应使用第三人称,建议采用"对……进行了研究""报告了……现状""进行了……调查"等表述方法标明一次文献的性质和文献主题,不必使用"本文""作者"等作为主语。然而,许多理论性强的文章摘要中错误地使用了第一人称"文章、论文、本文、我们"等。

案例分析7-4

《农村信用社风险形成及防范措施》一文的摘要

【原摘要】

本文论述了近年来农村信用社因体制原因而面临的一些风险,这些风险不仅包括自身制度的缺陷,还包括营利性目标与政策性目标冲突、行业内部体制管理混乱、破产失灵与道德风险、信贷管理落后等,针对这些问题,作者提出了改善农村金融环境、调整贷款的比例、建立市场化人力资源管理体制以及健全监管制度等化解这些风险的对策,以期对实际工作有一定的指导作用。

【修改后摘要】

近年来,农村信用社在改革中取得了一定的积极成效,但其在旧体制下积压的深层次矛盾不断出现,农村金融服务供需失衡问题日益突出,严重制约着农村信贷业务的发展,已经影响农村金融体系的安全。农村信用社所面临的风险不仅包括自身制度的缺陷,还包

括营利性目标与政策性目标冲突、行业内部体制管理混乱、破产失灵与道德风险、信贷管理落后等。化解这些风险需要通过改善农村金融环境、调整贷款的比例以及结构、建立市场化人力资源管理体制以及健全监管制度、完善信贷风险管理内控机制等手段抑制风险，以利于农村信用社稳步健康发展，实现农村经济和农村信用社持续发展的"双赢"。

修改分析：

- 将"本文论述了"改为"近年来，农村信用社在改革中取得了一定的积极成效，但其在旧体制下积压的深层次矛盾不断出现"；
- 删除了"作者提出了"等字眼；
- 删除了评价性的语言，保持摘要的独立性和自含性。

2. 结果笼统，不具体

报道性摘要又称资料性摘要或情报性摘要，用来反映作者的主要研究成果，向读者提供论文中全部创新内容和尽可能多的定量或定性信息，一般以300字左右为宜。所写的内容一般包括研究工作的目的、方法、结果和结论，而重点是后两者。结果是摘要的核心部分，应包括重要数据及其统计学处理结果，能够给读者直观地反映出相关信息。

案例分析7-5

《基于改进蚁群算法的可规避威胁源最优航线规划》一文的摘要

【原摘要】

(目的)针对复杂环境中的飞行器航线规划问题，在基本蚁群算法的基础上，(方法)提出一种可规避威胁源的航线规划方法。该方法通过综合分析飞行器飞行环境中的地形信息和威胁信息，加强了对飞行器实际飞行环境的描述，从而提高了航线规划的有效性；(结果)通过改进距离启发因子以引入方向启发，从而节省计算时间，提高优化效率。仿真结果表明，改进型蚁群算法在一定程度上提高了规划效率和有效性，具有一定的实用价值。

【修改后摘要】

(目的)针对复杂环境中飞行器航线规划问题，在基本蚁群算法的基础上，(方法)提出一种可规避威胁源的航线规划方法。该方法通过综合分析飞行器飞行环境中的地形信息和威胁信息，考虑航线距离、时耗、能耗、全程费用和威胁规避等因素，重构航线规划目标函数，通过增加目标节点对下一节点的影响来改进状态转移概率，促使蚂蚁向目标方向前进，以节省计算时间，提高优化效率。(结果)仿真结果显示，与基本蚁群算法相比，该改进型蚁群算法可以节省10%的优化时间且缩短10多次迭代次数。(结论)具有一定的实用价值，从而提高了航线规划的有效性。

修改分析：

- 详细说明了改进型蚁群算法具体的改进程度，如"该改进型蚁群算法可以节省10%的优化时间且缩短10多次迭代次数"；
- 增加了具体数据，使结果部分更加具体和直观。

3. 内容简单、空洞

文章摘要具有整体性、独立性等特点，要能够有效体现整篇文章的主要观点、应用方法等核心要素。但无论是理工技术类还是社科类文章，都有部分存在摘要内容简单、信息量不足、字数偏少、结构要素残缺等问题，不能发挥摘要应有的作用。

案例分析7-6

《我国食品安全监管失灵探析》一文的摘要

【原摘要】

近年我国食品安全事件频发，监管工具"失灵"成为常态。从政府工具的视角分析了造成食品安全监管失灵的原因，并提出了加强食品安全监管的相关对策与建议。

【修改后摘要】

近年我国食品安全事件频发，监管工具"失灵"成为常态。从政府工具的视角探究缘由，影响因素较为复杂，包括工具因素、实施者与目标群体形成的内部环境因素，转型期地方社会生态所构成的外部环境因素，它们对工具的应用产生着不同程度的影响。洞悉各因素发生作用的内在机理，亟须建立监管工具应用的长效机制，优化地方社会生态，具体从价值层面、技术层面、行为者约束及社会环境层面着手，提高食品安全监管工具正确应用的程度，确保食品安全。

修改分析：

- 详细列出了影响食品安全监管失灵的复杂因素，如"包括工具因素、实施者与目标群体形成的内部环境因素，转型期地方社会生态所构成的外部环境因素"；
- 增加了具体的对策与建议，如"建立监管工具应用的长效机制，优化地方社会生态，具体从价值层面、技术层面、行为者约束及社会环境层面着手"。

4. 介绍背景常识，未体现创新观点

摘要用来揭示文章的最主要观点或结论，是全文语言的浓缩，其信息大致与原文等同。部分论文存在摘要大量介绍背景知识，误把引言内容当成摘要来写，体现不出全文创新点等问题。

案例分析7-7

【原摘要】

随着互联网技术的快速发展，数字经济逐渐成为推动全球经济增长的重要力量，特别是在我国，数字经济正在深刻改变着各行各业的经济模式。近年来，电子支付、互联网金融、大数据、人工智能等技术的广泛应用，促使传统产业在管理、生产、销售等多个环节实现了数字化转型。数字经济不仅提升了产业效率，还为企业带来了新的盈利模式，极大地推动了经济发展。在这样的背景下，数字经济如何促进传统产业的转型升级，成为学者和企业关注的焦点问题。

【修改后摘要】

数字经济不仅在提高生产效率和产品个性化方面发挥了重要作用，还在提升产业链协同效应、改善资源配置等方面带来了深远影响。本研究探讨了数字经济如何促进传统产业的转型，重点分析了数字技术的创新应用，尤其是如何推动传统产业在管理、生产、销售等环节实现数字化升级。通过对多个行业的案例分析，本研究总结了数字经济推动产业转型的三个关键因素：一是数字技术的赋能作用，二是数字化平台的协同效应，三是企业转型过程中面临的挑战，如技术瓶颈、人才短缺等。研究表明，传统产业应加快数字化进程，提升核心竞争力，以推动高质量发展。

修改分析：

1. 背景的精练

对原摘要的背景进行了简化，使背景描述更加精练。

2. 创新点的突出

明确列出了数字经济推动传统产业转型的"三大关键因素"，突出研究的创新点，突显研究的实际应用意义。

3. 冗余内容的去除

去除了不必要的泛泛背景描述，聚焦于研究的具体问题，使摘要更紧凑有力。

4. 结论的明确

清晰地总结了研究结论，并强调了"传统产业应加快数字化进程，提升核心竞争力"的启示，使摘要更具实用价值。

要写好一篇论文的摘要，首先要认真研读论文，对论文的基本观点、重要内容、表述层次及结论有一个清晰的把握，知道论文的创新点在哪里，并将之反映在摘要中，使摘要具有独立性和自含性。其次要了解和掌握摘要的内在逻辑结构。科技期刊论文摘要包括目的、方法、结果、结论和其他。社科学术期刊论文摘要包括论题、观点、方法、结论和其他，特别要将写作重点放在论题、观点和结论上。最后，摘要要真实反映原文，要具有客观性，以旁观者的角度，用第三人称客观如实地反映论文的新内容、新观点，反映读者需要的有用信息，切不可加入主观见解、解释或评论。论文摘要的写作方法，如图7.1所示。

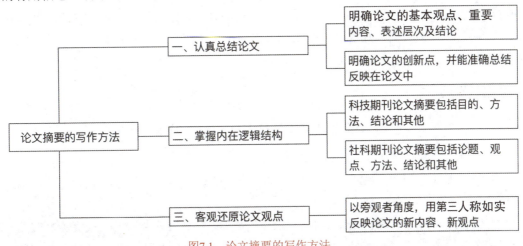

图7.1 论文摘要的写作方法

此外，摘要的语言要简明、概括、规范，应以最简洁的文字表达出最丰富的研究内容，在语言上要求高度概括、精练、规范化。摘要编写遵循客观性、针对性、独立性、自含性及逻辑性原则，编写过程有其规律可循，这要求作者在写作实践中逐步掌握其正确的方法，使论文摘要真正体现其价值。

7.3 论文关键词的撰写

> 关键词的合理选择和使用不仅有助于传达论文的核心内容和研究方向，提高其在学术界的影响力，还体现了科学研究的严谨性和规范性。通过关键词的精确选定，可以培养学生严谨的学术态度、科学的研究方法和服务社会的责任感，体现科学精神和家国情怀的结合，助力国家科技进步和社会发展。

关键词作为论文的重要组成部分，具有不可替代的学术功能。在传达学术信息、传播学术观点上，关键词起着至关重要的作用。合理选用和撰写关键词不仅能提高论文的可检索性，使更多读者能够快速找到相关文献，还能增强论文的学术影响力和引用率。因此，作者应充分重视关键词的选择和撰写，全力发挥其应有的学术功用。

7.3.1 关键词的定义

根据国家标准GB 7713—87《科学技术报告、学位论文和学术论文的编写格式》中的定义，关键词是为了文献标引工作从报告、论文中选取出来的，用以表示全文主题内容信息的单词或术语。关键词必须是单词或术语。单词是指包含一个词素(语言中最小的有意义的单位)的词或语言里最小的可以自由运用的单位，术语则是指某个学科中的专业用语。

关键词的定义明确指出它们的主要功能是标引文献的主题内容，方便检索和分类。使用单词或术语而非词组或短语，可以确保关键词的精准性和规范性。例如，在一些专业期刊中，有些论文作者使用诸如"改革经验创新""对策与建议""策略与措施"等词组作为关键词。这些关键词形式虽然能反映部分内容，但不符合国家标准，不利于文献的有效检索和归类。

案例分析7-8

《大数据背景下精准扶贫绩效评估研究》的关键词

关键词：大数据；精准扶贫；绩效评估。

关键词部分包括"大数据""精准扶贫"和"绩效评估"，这些关键词是否符合关键词的定义，从以下几个方面进行分析。

大数据是指通过各种手段(如数据挖掘、机器学习等)处理和分析的大量复杂数据集。

符合性：关键词"大数据"准确反映了论文所使用的主要技术手段，符合关键词定义中要求使用单词或术语的标准。

精准扶贫是指通过精确识别和定位贫困对象、因地制宜地采取相应的扶贫措施，以有效解决贫困问题的一种策略。

符合性：关键词"精准扶贫"明确指出了论文研究的主要对象和主题，符合关键词定义中对主题内容的要求。

绩效评估是指对某一特定活动或项目的执行效果进行系统评价，以确定其成功程度和改进方向。

符合性：关键词"绩效评估"清晰地描述了论文的核心活动，即评估扶贫措施的效果，符合关键词定义中对研究活动的描述。

论文的关键词"大数据""精准扶贫"和"绩效评估"符合国家标准GB 7713—87《科学技术报告、学位论文和学术论文的编写格式》中对关键词的定义。这些关键词准确、简洁地反映了论文的主要技术手段、研究对象和核心活动，有助于提高论文的可检索性和学术影响力。

7.3.2 关键词的作用及意义

关键词在学术论文中的作用和意义体现在多个方面，包括提高检索效率、增强学术影响力和传达研究核心内容。

(1) 提高检索效率。合理的关键词能够使论文在各种学术数据库中更容易被检索到，增加论文的曝光率。在学术研究中，研究者通常依靠关键词进行文献检索。关键词的准确性和相关性直接影响论文在数据库中的可检索性。

(2) 增强学术影响力。通过有效的关键词选择，能够吸引更多相关领域的学者关注，从而提高论文的引用率。高质量的关键词不仅能增加论文的曝光率，还能使其在学术界产生更大的影响力。

(3) 传达研究核心。关键词能够直观地传达研究的核心内容，使读者在检索结果中快速了解论文的主要研究方向。关键词的选择应能准确反映论文的主题、研究方法和主要发现，从而帮助读者迅速判断论文的相关性和价值。

案例分析7-9

《大数据背景下精准扶贫绩效评估研究》关键词的作用及意义

关键词：大数据；精准扶贫；绩效评估。

1) 提高检索效率

通过选择这三个关键词，这篇论文在相关的学术数据库中更容易被检索到。例如，研究者在数据库中搜索"大数据"或"精准扶贫"时，这篇论文有很高的几率出现在检索结果中，提高了论文的曝光率。

2) 增强学术影响力

选择这三个关键词，可以确保这篇论文能够吸引更多对大数据技术应用于精准扶贫研究感兴趣的学者，从而增加论文的引用次数。高引用率将进一步提升论文的学术影响力和作者的学术声誉。

3) 传达研究核心

这三个关键词准确地反映了论文的研究主题和核心内容。通过这些关键词，读者可以快速了解论文的研究方向和主要内容，从而决定是否进一步阅读全文。

通过关键词的合理选择和使用，可以大幅提升论文的可检索性和学术影响力，同时有效传达研究的核心内容。选择准确、相关的关键词，对于论文在学术界的传播和影响至关重要。

7.3.3　论文中使用关键词常出现的问题与分析

在论文写作中，关键词的选取至关重要，但在实际操作中常会出现以下几个问题。

1. 写成词组或短语

将关键词写成词组或短语是关键词使用不当中最常见的问题。这样做虽然能详细地表达论文某一主题，但不符合关键词应为单词或术语的标准。例如，一篇研究"跨境电商与跨境物流协同关系"的文章将关键词确定为"跨境电商与跨境物流"，这是一个典型的词组，无法有效检索。为了强调主题的全面性，作者往往会将关键词写全、写完整，但这样反而会降低检索效率。关键词应尽量简洁明确，避免使用长短语。

2. 不能准确反映主题内容

关键词的主要作用是通过逻辑组合揭示论文的主要内容，但有些论文列出的关键词逻辑组合不能有效反映主题内容。例如，"基于四大因素的搜索引擎优化研究"一文的关键词仅为"外链数、稳定性、收录量、访问量"。这四个关键词虽提出了企业搜索引擎优化的解决方案，但无法直观反映这是关于网站搜索引擎优化的研究。使用"搜索引擎优化""搜索引擎优化营销""网络营销"较为合适，能更好地支撑论文的研究主题。

3. 将泛意词选作关键词

一些关键词过于泛泛，无法准确提示论文主题内容，如"研究""使用方法""分析""问题"等，这些词几乎在大多数论文中都能使用，降低了关键词的专指性和提示作用。例如，选择"研究"作为关键词在大多数情况下都不具有特殊指向性，不能有效反映论文的独特研究内容。应选择更具特异性和独特性的关键词，以提高文献检索的准确性和论文的曝光率。

4. 关键词的写作随意性太强

有些作者在选取关键词时过于随意，没有严格按照论文主题词的逻辑进行选择，导致检索效率低下。例如，一篇研究社交媒体影响力的文章选择了"媒体""影响力""研究"等关键词。这些关键词过于宽泛，且不具体，不利于精准检索。关键词的选择应尽量标准化，并考虑其在学术检索中的实际效果，避免随意性。应使用更具体的关键词，如"社交媒体影响力""社交平台""用户行为分析"等，以便提高检索效果。

案例分析7-10

《大数据背景下精准扶贫绩效评估研究》的关键词

关键词：精准扶贫；大数据；绩效评估。

1) 写成词组或短语

若将关键词写成"精准扶贫与大数据"，则属于词组形式，不利于有效检索。

该文三个独立的关键词，符合规范。

2) 不能准确反映主题内容

若关键词仅为"评估体系""数据分析""实施措施"，则无法直观反映文章的核心主题。

该文三个关键词的使用能直接反映研究内容和方法的关键词，这样读者能够快速了解文章的研究方向。

3) 将泛意词选作关键词

若使用"研究""分析""问题"作为关键词，则过于泛泛，无法准确反映文章的具体内容。

该文三个关键词的选择更具特异性的关键词，避免使用泛意词。

4) 关键词的写作随意性太强

若关键词选择不规范，使用随意性较强的词汇，会影响检索效率。若仅选择"数据""扶贫""评估"等关键词，会使得文章在检索中不易被准确定位。

该文这三个关键词具体且与文章相关性强，更能提升文章的检索效率和准确性。这些关键词标准化程度高，能够确保文章在学术数据库中的曝光率和检索效果。

7.3.4 关键词合理使用的几点建议

1. 关键词的逻辑组合应能表征论文主题内容

关键词的主要作用应能鲜明而直观地表达论文的主题内容，并有助于查阅和检索。每一个关键词都应能表征某个或某一方面的确切含义。要完整准确地提示、表征一篇论文中有一定内涵的主题，应通过数个关键词的逻辑组合来达到。使用包含较多内容的词组或短语作为关键词是不符合关键词原意与使用要求的。

例如，《中国经济减速的原因与出路》一文的关键词：经济减速；技术引进；自主创新。

这里将"全要素生产率"漏掉，这种关键词组合无法有效表征论文主题内容。只有包含"全要素生产率"，才能完整地表达论文的主题内容。

2. 有助于读者清晰理解论文主题内容

关键词除了有助于检索，还应能清晰地提示论文主题。关键词应能准确传达论文的主要研究内容和方法，使读者能迅速了解论文的研究方向。

例如，《清洁能源发展、二氧化碳减排与区域经济增长》一文的关键词：清洁能源；二氧化碳；关联分析。

这些关键词无法提示读者这是讨论清洁能源发展与区域增长的文章，可能会误解为理工科技术类文章。因此，关键词应为"清洁能源；二氧化碳排放；经济增长；非参数可加回归模型"，使读者从关键词中获知论文的主要研究方法和主题内容。

3. 有助于读者检索

所选的关键词应清晰表征、提示论文的主题内容，还需考虑这些关键词是否有助于论文的检索。即使关键词准确、清晰、完整地提示了论文的主题，但若不符合关键词的一般写作要求与规范，会遗漏许多与该论文密切相关的文献。

例如，《大数据背景下精准扶贫绩效评估研究》一文的关键词：数据；扶贫；评估。

这些关键词过于宽泛，不符合规范，且不利于精准检索。因此，应使用"精准扶贫""大数据""绩效评估"，能更好地表征论文主题，有助于提高检索效率和准确性。

通过对关键词选择的规范化和标准化，可以有效提高论文的检索效率和学术影响力，同时准确传达论文的核心研究内容。合理使用关键词不仅有助于读者清晰理解论文主题，还能确保论文在学术数据库中的曝光率和检索效果。

7.3.5 关键词选择方法

选择适合的关键词是提高论文检索效率和学术影响力的重要步骤。以下是一些关键词选择的方法和步骤，包括从论文的标题、摘要和正文中提炼关键词，以及使用学术数据库和相关工具来确定关键词。

1. 从论文标题中提炼关键词

论文标题通常是对研究内容的高度概括，包含了研究的核心主题。选择标题中的关键术语作为关键词，可以确保关键词准确反映论文的主要研究方向。

2. 从论文摘要中提炼关键词

摘要是对论文内容的简要陈述，涵盖了研究的背景、目的、方法、结果和结论。通过分析摘要，可以提炼出反映研究重点和方法的关键词。

3. 从论文正文中提炼关键词

正文详细描述了研究的具体内容，包括研究对象、方法、实验过程和结论。通过阅读正文的各个部分，尤其是结论部分，可以提炼出更多细化的关键词。

4. 使用学术数据库和相关工具

借助学术数据库(如Google Scholar、Web of Science等)和相关工具(如关键词生成器、词频分析工具)，可以识别出高频关键词和领域内常用术语。

5. 参考相关领域的文献

查阅同一研究领域的高引用率论文,参考这些论文的关键词,确保自己的关键词与当前研究趋势和热点保持一致。

6. 关键词优化

确保选择的关键词既有广泛的覆盖面,又能具体到研究的独特性。避免使用过于宽泛或过于专业的词汇。

案例分析7-11

《农产品智能供应链体系构建研究》的关键词选择

1) 从标题"农产品智能供应链体系构建研究"中提炼关键词

关键词:农产品;智能供应链;体系构建。

2) 从摘要中提炼关键词

摘要:构建基于全产业链的农产品智能供应链体系,提高农产品供应体系的信息化水平,有利于形成供应链整合、产加销一体的农业现代化经营模式。当前,我国农产品供应链仍存在智能化不足及由此导致的诸多问题农产品生产信息化水平偏低;专业性智能化服务平台缺失;智能化物流技术及管理水平落后;农产品全程可跟踪链条尚未形成。因此,应加快推进农业智能化基础设施建设;构建现代化农业智能信息服务平台;提高农业管理和生产的智能化水平;延伸"县域电商"以服务"三农";建立农产品绿色履历追溯体系;大力发展智能化冷链物流;构建农产品供应链大数据联盟。

关键词:全产业链;信息化水平;智能化基础设施。

3) 从正文中提炼关键词

正文内容描述了具体的供应链模式、生产信息化水平、专业性智能化服务平台、智能化物流技术及管理水平、农产品全程可跟踪链条等。

关键词:供应链模式;生产信息化;智能化服务平台;物流技术,跟踪链条。

4) 使用学术数据库找到关键词

使用Google Scholar查询相关主题的高引用率论文,找到高频关键词:大数据分析,冷链物流,农产品供应链。

5) 参考相关领域的文献

参考高引用率文献的关键词:农业信息化,供应链管理,智能化物流。

通过这些步骤,可以确保关键词的选择既能准确反映论文内容,又能提高论文在学术数据库中的检索效果和引用率。

选择适合的关键词是一个系统的过程,需要从论文的标题、摘要和正文中提炼出能准确反映研究内容的术语,并结合学术数据库和相关工具进行优化。通过这一系列步骤,可以确保关键词的准确性和有效性,提高论文的学术影响力和检索效率。

7.4 学科分类号与中图分类号

> 学科分类号和中图分类号的选取和使用过程,不仅能够帮助提升论文的可见性和学术传播效果,还能够体现科学研究的严谨性和规范性。通过合理的分类和组织,可以培养学生严谨的学术态度、科学的研究方法,并增强服务社会的责任感。这种分类方法不仅有助于学术成果的传播和应用,还有助于推动国家科技进步和社会发展,体现了科学精神和家国情怀的结合。

在论文投稿过程中,学科分类号和中图分类号的选择至关重要。依照文献内容的学科属性和特征进行分门别类的组织,所获取的分类代号能够帮助读者快速了解论文所属的学科领域,便于检索和阅读。合理的分类代号不仅提升了论文的可见性和学术传播效果,还确保了其在相关领域的有效引用和关注。

7.4.1 学科分类号

《中华人民共和国学科分类与代码国家标准(GB/T 13745—2009)》,由中华人民共和国国家质量监督检验检疫总局、中国国家标准化管理委员会于2009年5月6日发布,2009年11月1日实施。本标准将学科分类定义到一、二、三级,共设62个一级学科或学科群、676个二级学科或学科群、2382个三级学科。一级学科之上可归属到科技统计使用的门类,门类不在标准中出现。门类排列顺序是:A 自然科学,代码为110~190;B 农业科学,代码为210~240;C 医药科学,代码为310~360;D 工程与技术科学,代码为410~630;E 人文与社会科学,代码为710~910。

学科分类与代码查询网站如图7.2所示。

图7.2 学科分类与代码查询网站

越来越多的论文在投稿过程中要求填写文章的学科分类号(MASS或PACS)。可以通过学科分类代码了解所写的论文属于哪一学科,以便读者进行检索和阅读。图7.3所示为期刊投稿界面要求投稿人填写学科分类号。

图7.3 期刊在线投稿页面

案例分析7-12

《激励科技创新税式支出制度的缺陷及立法完善——以组织理论为切入点》一文的学科分类代码

本文发表于《法商研究》2019(05): 91-102, 作者: 付大学

在学科分类与代码查询网站中查询到一级学科"管理学"的代码为630, 单击"管理学"可以进入其二级学科, 包含管理思想史(630.10)、管理理论(630.15)、管理心理学(630.20)等11个二级学科, 单击"管理理论"又可以查询到下级分类, 最终找到最符合该篇文章的分类——组织理论, 代码为630.1520。

7.4.2 中图分类号

《中国图书馆分类法》(原称《中国图书馆图书分类法》)是中华人民共和国成立后编制出版的一部具有代表性的大型综合性分类法, 是当今国内图书馆使用最广泛的分类法体系, 简称《中图法》。中图法初版于1975年, 1999年出版了第四版。第四版增加了类分资料的类目, 并与类分图书的类目以"＋"标识进行了区分, 并正式改名为《中国图书馆分类法》, 简称不变。

第四版全面补充新主题、扩充类目体系, 使分类法跟上科学技术发展的步伐, 同时规范类目, 完善参照系统、注释系统, 调整类目体系, 明显加强类目的扩容性和分类的准确性。

中图分类号查询网站如图7.4所示。顶级中图分类号信息汇总如表7.1所示。

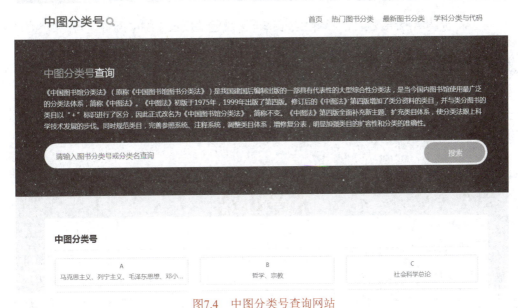

图7.4 中图分类号查询网站

表7.1 顶级中图分类号信息汇总

分类号	对应学科	分类号	对应学科	分类号	对应学科
A	马克思主义、列宁主义、毛泽东思想、邓小平理论	B	哲学、宗教	C	社会科学总论
D	政治、法律	E	军事	F	经济
G	文化、科学、教育、体育	H	语言、文字	I	文学
J	艺术	K	历史、地理	N	自然科学总论
O	数理科学和化学	P	天文学、地球科学	Q	生物科学
R	医药、卫生	S	农业科学	T	工业技术
U	交通运输	V	航空、航天	X	环境、安全科学
Z	综合性图书				

案例分析7-13

《乡村振兴战略背景下网络扶贫与电子商务进农村研究》一文的中图分类号

本文发表于《求实》2019(03)：97-112，作者：杜永红

分类号：F323.8；F724.6。

(1) F323.8：农业收入与分配。

(2) F724.6：电子贸易、网上贸易。

案例分析7-14

《清洁能源发展、二氧化碳减排与区域经济增长》的中图分类号

本文发表于《经济研究》2019(07)：188-202，作者：徐斌、陈宇芳、沈小波

分类号：X321；F127；F426.2。

(1) X321：区域环境规划与管理。

(2) F127：地方经济。

(3) F426.2：工业部门经济。

本章小结

本章全面论述了论文摘要和关键词的撰写方法，旨在提升论文的学术传播效果和可检索性。首先，强调摘要作为论文"橱窗"的重要性，摘要应通过清晰、简洁的语言传达论文的核心内容，包括研究背景、目的、方法、结果和结论。其次，深入分析了摘要的写作规范，包括简洁性、完整性、准确性、平实性和求新性等五个方面。最后，详细介绍了关键词的定义、作用及意义，并解析了论文中使用关键词常见的问题及合理使用的建议。本章不仅提供了撰写摘要和关键词的具体技巧，还通过实际案例展示了如何提高论文的学术影响力和引用率，指导读者在论文写作过程中如何规范化操作，以确保研究的严谨性和逻辑性。

习 题

思考与练习：

1. 如何撰写一个有效的论文摘要？
2. 关键词在学术论文中的作用是什么？如何选择适合的关键词？
3. 撰写摘要时常见的错误有哪些？如何避免这些错误？
4. 结合自己的论文，撰写一个300字以内的摘要和相应的关键词。

文献研读：

请在文献数据库中下载以下论文进行阅读，掌握论文摘要和关键词的撰写方法。

[1] 杜永红. 大数据背景下精准扶贫绩效评估研究[J]. 求实. 2018(02)：87-96.

[2] 徐斌，陈宇芳，沈小波. 清洁能源发展、二氧化碳减排与区域经济增长[J]. 经济研究. 2019(07)：188-202.

[3] 范和生. 返贫预警机制构建探究[J]. 中国特色社会主义研究. 2018(01)：57-63.

[4] 杜永红. 基于中国国情的农业全产业链数字化转型路径[J]. 中国流通经济，2023(12)：36-48.

[5] 杜永红. 农产品智能供应链体系构建研究[J]. 经济纵横，2015(6)：75-80.

[6] 杜永红. 乡村振兴战略背景下网络扶贫与电子商务进农村研究[J]. 求实，2019(03)：97-112.

第五篇

学位论文

　　学位论文作为一种重要的论文形式,是学位申请者为获得某一学位必须撰写的学术文献。通常,学位论文分为学士论文、硕士论文和博士论文三个级别。撰写学位论文不仅是对申请者所学知识的系统总结,更是其学术研究能力的全面展示。

　　撰写学位论文的过程是一个不断探索、学习与创新的过程,是学位申请者迈入学术界的重要里程碑。因此,每位学位申请者都应以高度的责任感和严谨的态度对待这一任务。无论是对自身学术发展的负责,还是对社会进步与文化传承的担当,都要求研究者精心策划、认真撰写,力求在学术上取得新的突破和贡献。

第 8 章

学位论文开题与写作

📖 案例导读

《精准扶贫基层审计工作机制研究——以XA市CA区为例》
学位论文开题报告中"研究内容、意义和预期结果"的摘要

(研究背景)长久以来,贫困一直制约着国家经济的发展,习近平总书记最早提出了精准扶贫的概念,同时,审计署也出台了相应的文件,提出要加强精准扶贫审计,以促进精准扶贫、精准脱贫政策的全面落实。(研究内容、意义和预期结果)本文以分析精准扶贫审计中的典型案例为切入点,对照精准扶贫审计理论,审查精准扶贫审计过程中的重大政策措施落实是否到位、精准扶贫项目建设管理是否规范以及精准扶贫资金分配管理使用是否合法,以实际发生在XA市CA区的精准扶贫审计案例为研究范本,找出精准扶贫审计中存在的诸多问题,分析问题产生的原因。再从精准扶贫基层政府审计的顶层制度设计、审计机关审计项目工作实施方法、审计干部业务考核指标体系、精准扶贫审计项目绩效考评这四个层面入手,构建一套相对完善的基层审计机关精准扶贫审计工作机制,探索优化精准扶贫审计项目计划编制、加强审计实施过程管理、加大审计队伍人才建设、优化审计结果统计分析的对策,从而推进精准扶贫审计实施进程。

学习目的:

1. 掌握学位论文开题报告的撰写要求;
2. 掌握学位论文的写作要求、写作规范及写作内容。

8.1 学位论文的开题

> 学位论文开题报告的撰写不仅是对学生学术能力的考验，更是培养其社会责任感和使命感的重要环节。在撰写开题报告过程中，学生需要进行严谨的选题和系统的文献综述，这样不仅能够提升自身的科研水平，还能在研究过程中注重理论联系实际，关注社会现实问题。通过开题报告的撰写，学生能够在实践中锻炼科研能力，提升自身综合素质。同时，学生在这一过程中逐渐树立正确的价值观，增强服务社会的意识，真正做到学以致用。

开题报告是学位论文写作的重要环节之一，是为阐述、审核和确定学位论文题目而进行的专题书面报告。它不仅是大学生开展学位论文课题研究的前瞻性计划和依据，还是监督和保证论文质量的重要措施，更是训练大学生科研能力和学术论文撰写能力的有效实践活动。

然而，若以严肃的眼光审视当前高等教育中的学位论文开题报告写作工作，不难发现管理部门、导师和学生三者在认识上均存在一定的问题。许多人将开题报告视为走过场，导致报告流于形式。这不仅仅是因为思想上不够重视，还因为许多学生对开题报告的撰写方法缺乏了解。因此，有必要深入探讨学位论文开题报告的写作规范和技巧，以提高其质量和实效性。

8.1.1 开题报告撰写要点

1. 准确表明对研究对象内涵的认识和理解

撰写开题报告时，需要清晰、具体地阐述每部分的内容。首先，明确为什么要研究这个题目，即选题的意义和背景。其次，指出该选题需要解决的核心问题。对于选题的核心要素，要详细解释并进行深入理解。选题的研究重点是什么？在哪个领域和范围内展开研究？研究的边界在哪里？如果能把这些问题清晰、完整地回答出来，则说明对选题的认识和理解已经较为到位，这也有助于后续研究目标的确定和研究内容的设计。

2. 搜集并阅读、整理文献

选题确定后，需要查阅和积累相关文献资料，这是撰写研究综述的基础。要求搜集的文献应较为全面，并与学位论文的选题高度相关。常用的方法包括通过数据库检索文献、在图书馆查阅纸质文献，以及进行科学实验、实地观察与调查，以获取所需的一手资料。

阅读文献是写好综述的重要步骤。在阅读文献时，必须领会文献的主要论点和论据，做好"读书笔记"，并制作文献摘录卡片。用自己的语言写下阅读时得到的启示、体会和想法，摘录文献的精髓，为撰写综述积累最佳的原始素材。阅读文献、制作卡片的过程，实际上是消化和吸收文献精髓的过程。制作卡片和笔记便于后续的加工处理，可以按综述的主题要求进行整理、分类编排，使之系统化和条理化。最终对分类整理好的资料进行科学分析，写出阅读体会，提出自己的观点。

3. 明确研究目标和研究内容

研究目标的表述必须指向问题的解决，要高度概括和凝练，不能将研究目标等同于研究内容和研究措施。研究内容的设定要落实研究目标，必须具有可操作性。每项研究内容下面，需要明确解决哪些具体问题，进行哪些具体的研究工作。重点要突出，明确为什么研究、研究什么、如何研究、研究方法是什么。论证要充分，详略得当，观点鲜明，语言准确，逻辑性强，层次清楚，结构完整。

4. 落实好研究内容的时间安排

研究内容要表述清晰且具体，对具体时间进行合理安排和规划，明确何时完成研究任务，预期的研究成果包括成果名称和成果形态等。完成论文开题报告初稿后，需经指导老师反复讨论定稿，然后组建审核专家组，进行开题报告的答辩。专家组会对论文研究的科学性和可行性进行评议，并提出修改意见和建议。如果没有重大问题，开题工作即告完成，论文研究将进入具体实施的新阶段。

8.1.2 开题报告撰写具体要求

某高校硕士研究生学位论文开题报告模板如图8.1所示。

一、简表						
研究课题	中文名称					
	英文名称					
	专业领域			起止时间		
	课题来源	A. 国家级项目 D. 校企合作项目		B. 省部级项目 E. 校级项目		C. 企业项目 F. 自选项目
	研究类型	A. 产品研发 D. 工程/项目管理		B. 工程设计 E. 调研报告		C. 应用研究
研究生	姓名			出生年月		
	性别		民族		联系电话	
	入学年月			学号		
指导教师	导师姓名			职称		
	企业导师姓名		职称		工作单位	
研究内容、意义和预期结果(摘要限400字内)						
二、选题依据						
(包括选题的来源及类型、目的与意义、国内外研究现状和发展趋势分析、主要参考文献等，不少于3000字，主要参考文献应在30篇以上。参考文献主要为近年来公开发表的中外文期刊文章、会议论文、学位论文等，其中外文文献应不少于三分之一。)						
三、研究方案						
(包括研究目标与内容、关键技术指标及解决途径、拟采用的研究方法与技术路线、本论文的难点和可能的创新之处、计划安排及预期结果等。)						
四、研究基础						
完成本项课题已经具备的条件(包括过去的研究工作基础、现有的研究条件、协作要求、所需经费来源和使用计划。)						
其他(略)						

图8.1 某高校硕士研究生学位论文开题报告模板

1. 开题报告中的学位论文题目

题目是学位论文中心思想的高度概括，要求如下。

(1) 准确、规范：将研究的问题高度准确地概括出来，反映出研究的深度和广度、性质及基本要求。用词造句要科学、规范。

(2) 简洁：用尽可能少的文字表达，一般不得超过25个汉字。

案例分析8-1

《精准扶贫基层审计工作机制研究——以XA市CA区为例》一文的选题来源与标题命名

作者学位论文的选题来源于生产实习，在生产实习中参与了XA市审计局的多项精准扶贫审计工作，在项目审计过程中，发现精准扶贫基层审计工作机制不完善，认为可以此作为研究的生长点，于是与实习导师、校方导师多方研讨，最后确定了学位论文的标题为《精准扶贫基层审计工作机制研究——以XA市CA区为例》。

2. 开题报告中的学位论文选题依据

(1) 学位论文的选题目的与意义：一般先谈现实需要，由存在的问题引导出研究的实际意义，然后谈理论及学术价值，要求具体、客观，具有针对性，注重资料分析基础，注重时代、区域或行业、企业发展的需要，避免空洞口号。

案例分析8-2

《精准扶贫基层审计工作机制研究——以XA市CA区为例》选题依据部分节选：选题目的和意义

该开题报告在选题目的和意义中明确指出了精准扶贫现状的大背景，以及存在的挤占挪用、层层截留扶贫资金的问题，强调了研究精准扶贫基层审计工作机制的现实价值。文中描述如下。

近年来，我国的经济发展取得了突破性的进展，但同时贫困也在一定程度上制约着国家的经济发展，国家为脱贫攻坚投入了大量的人力、财力、物力，因此对于精准扶贫的审计也是我国审计机关的工作重点之一。"十三五"规划指出要在2020年之前，实现全面建成小康社会的重要奋斗目标。对于精准扶贫审计，习近平总书记作出重要指示，要加强扶贫资金阳光化管理，加强审计监管，集中整治和查处扶贫领域的职务犯罪，对挤占挪用、层层截留、虚报冒领、挥霍浪费扶贫资金的，要从严惩处。李克强总理强调，要严格资金监督管理，严惩违法违规行为，抓紧健全制度安排，确保扶贫资金在阳光下运行、真正用在扶贫开发上。因此本课题通过在XA市审计局对精准扶贫审计实施全过程的研究，发现精准扶贫审计中存在的问题并提出相应的解决对策，以完善精准扶贫基层审计工作机制。

(2) 国内外研究现状：即文献综述或称为文献回顾，要以查阅文献为前提，所查阅的文献应与研究问题相关，但又不能过于局限。综述要综合某一学科领域在一定时期内的研究概况，并对相关研究进行评述，提出自己的独特见解。所引用的主要参考文献应予引注，反映立论的依据，同时尊重原著的劳动。

案例分析8-3

《精准扶贫基层审计工作机制研究——以XA市CA区为例》
选题依据部分节选：国内外研究现状

该论文先介绍国外研究现状，再介绍国内研究现状。由于国外研究较少，因此只简单罗列了部分专家观点，重点介绍国内研究现状，最后进行文献综述简评，指出国内外文献对比的优势和不足。文中描述如下。

1. 国外研究现状

……Zoellick(2007)认为，在扶贫援助的时候，不仅要评估其效率性和效果性，还应重点关注其结果和改进情况，可见其研究的关注点是扶贫资金审计的效率性和效果性……

2. 国内研究现状(只列出了分类，具体内容略)

(1) 关于我国精准扶贫问题的研究。
(2) 关于我国扶贫资金审计监管及绩效问题的研究。
(3) 关于我国扶贫审计机制的研究。

3. 文献综述简评

(肯定国外前期研究成果)由国内外文献研究综述对比发现，国外的研究绩效审计意识较强，认为应注重资金支出的效益性。(肯定国内前期研究成果)我国农村扶贫审计起源较早，近几年发展为精准扶贫审计。国内外对扶贫审计的诸多研究，已经客观陈述了扶贫审计中存在的主要问题，并对此做了很多次的研究探讨，提出了相应的解决对策和方法。在近几年的研究中，又加入了大数据等新的信息技术。

(客观评价国内研究成果的不足)总体来讲，我国的精准扶贫审计方式为事后审计，主要在于审计已经实施完成的项目中是否存在政策执行违规、业务操作违规及资金使用违规的问题，侧重于披露问题、整改问题及处理移送问题，以此查错防弊，发现错误，再纠正错误，以期挽回或者弥补已经造成的损失。这种现状从一定程度上来讲只能起到事后督查的作用，对扶贫地区和扶贫项目缺乏有效的前期论证，审计监督的事后介入，只能是查错纠错，没有办法进行事前防范和控制，而这往往已经影响扶贫工作本身的效率性，也造成了人力财力物力的损失浪费，并且也很难做到全面审计，这就使得审计模式不能满足监管需求，项目及资金产生的效益大打折扣。(引出本文的研究主题)因此，本文在前人已有成就的基础上，研究精准扶贫基层审计工作机制，以提高精准扶贫审计工作效率。

请注意，在进行开题报告和学位论文的文献综述部分时，也可将国内外研究现状按照研究主题或领域进行分类梳理和论述，而不再单独按国内研究现状和国外研究现状进行分类叙述。这种方法更加合理，能够系统地展示各个子领域的研究现状，并且突出不同研究方向的联系与区别。例如，在精准扶贫审计领域，可以分为以下几个子类别。

- 精准扶贫政策研究。
- 扶贫资金管理研究。
- 扶贫项目绩效研究。

3. 开题报告中的学位论文研究方案

研究方案包括：研究目标、研究内容、研究方法、研究过程、拟解决的关键问题、创新点等。

(1) 研究目标：目标明确、重点突出，保证具体的研究方向，排除研究过程中各种因素的干扰。

案例分析8-4

《精准扶贫基层审计工作机制研究——以XA市CA区为例》研究方案节选：研究目标

通过深入扶贫项目基层审计全过程，精准查找当前扶贫审计中存在的问题，从精准扶贫审计顶层制度设计到基层工作实施，构建一套合理高效的精准扶贫基层审计工作机制，创新扶贫审计方法，以指导审计人员的审计行为，提高扶贫审计质量，充分发挥审计工作对于精准扶贫的监督和促进作用。

(2) 研究内容。根据研究目标确定具体的研究内容，要求全面、翔实、周密，避免内容笼统、模糊。

案例分析8-5

《精准扶贫基层审计工作机制研究——以XA市CA区为例》研究方案节选：研究内容

详细阐述了精准扶贫基层审计工作机制研究的总体框架和研究思路。文中描述如下。

研究思路如下。

首先阐述了精准扶贫及精准扶贫审计的研究背景以及研究意义；列出了精准扶贫相关政策及理论基础，深入剖析了精准扶贫政策审计、业务审计及资金审计的程序与方法；然后结合具体的审计案例，分析了精准扶贫审计的现状和存在的问题，最终建立健全精准扶贫基层审计工作机制。

总体框架如下。

第1章　导论
　1.1　研究背景及意义
　1.2　国内外文献综述
　1.3　研究内容与研究方法
　1.4　创新点和局限性
第2章　精准扶贫审计理论与审计方法
　2.1　精准扶贫审计相关理论与政策
　2.2　精准扶贫政策措施落实情况审计方法
　2.3　精准扶贫项目建设运营情况审计方法
　2.4　精准扶贫资金分配管理使用情况审计方法
第3章　精准扶贫审计案例与问题分析
　3.1　案例简介与分析

3.2 精准扶贫审计中存在的问题
3.3 问题产生的原因
第4章 精准扶贫基层审计工作机制研究
4.1 党委政府顶层政策制定机制
4.2 基层审计机关工作实施机制
4.3 审计干部业务考核机制
4.4 审计项目绩效考评机制
第5章 优化精准扶贫审计的对策建议
5.1 改进精准扶贫审计项目计划编制，保障审计计划的科学性
5.2 加强精准扶贫审计实施过程管理，提高审计工作效率
5.3 加大精准扶贫审计人力资源建设，增强审计队伍力量
5.4 做好精准扶贫审计统计结果分析，深化审计成果层次
第6章 结论

(3) 研究方法。提出研究内容实施的具体手段，常用研究方法包括：调查法、观察法、实验法、文献研究法、实证研究法、定量分析法、定性分析法、案例研究法、跨学科研究法等。

案例分析8-6

《精准扶贫基层审计工作机制研究——以XA市CA区为例》研究方案节选：研究方法

该论文的研究方法有三种：文献研究法、调查法、案例研究法，其中案例研究法是本文最主要的研究方法。

(案例分析法)该论文以XA市CA区审计局精准扶贫审计项目实施过程为切入点，进行深入的剖析，在此案例中，发现精准扶贫审计过程中所遇到的问题，以及问题产生的原因，据此构建一套从精准扶贫审计顶层制度设计到基层工作实施的工作机制。

其他(略)。

(4) 研究过程：对整个研究在时间及顺序上的安排进行分阶段说明，每个阶段的起止时间、研究内容及成果均需明确规定。

(5) 拟解决的关键问题：对可能遇到的主要困难与问题进行科学估计和判断，提出可行的解决方法和措施。

案例分析8-7

《精准扶贫基层审计工作机制研究——以XA市CA区为例》
研究方案节选：拟解决的关键问题

该论文的关键问题是构建精准扶贫基层审计工作机制。分析政府精准扶贫审计中审计方法的运用、审计过程的实施、审计风险的识别以及审计风险的应对等，找出精准扶贫中存在的问题，给出相应的对策建议，使这些问题所产生的风险降低在可接受的水平，最后根据审计机关的工作要求，有针对性地制定精准扶贫基层审计工作机制。

(6) 创新点。研究的点睛之处，包括内容、方法、观点、资料创新，突出课题与其他研究的不同之处。

案例分析8-8

《精准扶贫基层审计工作机制研究——以XA市CA区为例》研究方案节选：创新点

(1) 研究观点创新。在国内精准扶贫审计的前期研究中，大多以扶贫资金审计研究和绩效审计研究为主，在实践中精准扶贫基层审计存在的问题较多，相应的工作机制不健全，而本文的研究目标是建立健全精准扶贫基层审计工作机制，有效地提高精准扶贫审计的工作效率。

(2) 研究内容创新。本文从政府审计的顶层制度设计、基层审计机关审计项目工作实施方法、审计干部业务考核指标体系、精准扶贫审计项目绩效考评这四个层面入手，构建切实可行的精准扶贫基层审计工作机制。

(3) 研究资料创新。研究资料来源于XA市CA区精准扶贫基层审计全过程，在审计中，发现道路建设项目重复申报国家扶贫补助资金；多个党政部门同时开展扶贫工作，导致扶贫项目、扶贫资金交叉重复。以上所选案例及数据来源于一手资料，且真实、客观、公正。

8.1.3 开题报告常见问题与注意事项

在撰写开题报告过程中，学生经常会遇到以下一些常见问题。

1. 选题不够明确

选题过于宽泛或模糊，导致研究方向不清晰。选题应明确具体，具有研究价值和可操作性。例如，选题"提高企业管理效率的研究"过于宽泛，可以细化为"中小企业在数字化转型过程中的管理效率提升策略研究"。

2. 研究目标与内容不匹配

研究目标和研究内容不一致，导致开题报告逻辑混乱。研究目标应明确指向问题的解决，研究内容则要紧密围绕目标展开。确保每一项研究内容都能直接或间接地帮助实现研究目标。例如，若研究目标是"提高基层精准扶贫的审计效率"，研究内容应包括审计方法优化、数据分析工具应用等具体措施。

3. 文献综述不够全面

文献综述部分引用的文献不够全面，缺乏系统性和深度。应广泛查阅与研究主题相关的最新文献，包括国内外期刊、会议论文、学位论文等，进行系统的整理和分析。综述应突出研究领域的现状、热点问题和争议点。例如，在研究"精准扶贫审计"时，应引用关于审计方法、扶贫政策、项目绩效等方面的最新研究成果。

4. 研究方法描述不清

研究方法的选择和描述不够详细，缺乏可操作性。应详细描述研究方法的选择依据和具体操作步骤，确保其科学性和可行性。例如，若采用问卷调查法，应说明问卷设计、抽样方法、数据分析方法等具体细节。

5. 时间安排不合理

研究计划的时间安排不合理，无法按期完成研究任务。应结合研究内容和实际情况，制定合理的时间表，确保每个阶段的任务都能按时完成。例如，文献综述阶段可安排2个月，数据收集阶段安排3个月，数据分析和论文写作阶段安排4个月。

8.1.4 开题报告评审与修改

开题报告完成后，需要经过评审和修改，确保其科学性和可行性。开题报告评审与修改的主要步骤如下。

1. 初审与反馈

提交开题报告初稿后，由指导教师进行初审，并给出修改意见和建议。学生应认真听取指导教师的反馈，及时进行修改和完善。例如，如果指导教师认为文献综述部分不够全面，学生应补充相关文献，完善综述内容。

2. 专家评审

经过指导教师初审修改后，开题报告需提交给专家组进行评审。专家组通常由多位专业领域的专家组成。在专家评审过程中，学生应做好答辩准备，清晰阐述研究内容和方法，回答专家提问。例如，若专家质疑研究方法的科学性，学生应详细说明选择该方法的依据和具体操作步骤。

3. 修改与完善

根据专家评审意见，进一步修改和完善开题报告，确保其达到预期的学术水平和质量。学生应根据专家组的具体建议，逐条进行修改，确保每个问题都得到解决。例如，如果专家认为研究目标与内容不匹配，学生应重新审视研究目标和内容，进行必要的调整。

4. 终稿提交

修改完善后的开题报告需经指导教师和专家组再次审核，确认无误后提交终稿。学生应确保终稿格式规范、内容完整、逻辑清晰，符合学校的相关要求。例如，终稿提交前应仔细检查报告的格式是否符合规范，内容是否完整，逻辑是否清晰。

案例分析8-9

《精准扶贫基层审计工作机制研究——以XA市CA区为例》开题报告评审与修改过程

在初审阶段，指导教师指出文献综述部分对国内研究的引用较少，建议补充近年来国内相关研究成果。学生据此补充了多篇国内期刊文章，完善了综述内容。

在专家评审阶段，专家组成员对研究方法质疑，认为问卷调查法的样本量不足，可能影响研究结果的代表性。学生根据建议，扩大了问卷调查的样本量，并补充了实地访谈法，进一步增强了研究方法的科学性。

经过多次修改和完善，最终提交的开题报告逻辑清晰、内容翔实，顺利通过了评审。

8.2 学位论文的写作

> 学位论文的写作是学术研究的重要组成部分，它不仅展示了学生对研究领域的深入理解和探索成果，还体现了其学术规范意识和科研能力。通过规范的写作过程，学生能够系统地总结研究内容，清晰地表达研究结果，为学术界和社会贡献有价值的知识。同时，学位论文写作也是培养学生社会责任感和创新精神的重要环节。学生在撰写过程中需严格遵守学术道德，杜绝抄袭行为，尊重他人研究成果，并通过反复修改和查重确保论文的原创性和学术价值。这不仅提升了学生的科研能力，还体现了他们对学术诚信的坚守，为未来的职业发展和社会贡献奠定了坚实基础。

学位论文的写作是学术研究的重要组成部分，它不仅展示了学生对研究领域的深入理解和探索成果，还体现了其学术规范意识和科研能力。通过规范的写作过程，学生能够系统地总结研究内容，清晰地表达研究结果，为学术界和社会贡献有价值的知识。

8.2.1 学位论文写作要求

1. 学位论文的规范性

学位论文的规范性是学位论文评议中重点考察的一项指标，也是同行专家评议过程中最为在意甚至是"最难容忍"的底线问题。这包括写作基本规范、语言文字表达、引证文献格式、学术伦理道德等方面。具体来说，标题或正文中不应出现语言不通、错别字频出的情况；文献引用必须规范，格式清晰，标注明确，来源清楚；研究成果中坚决杜绝剽窃、伪造数据、抄袭代写等学术不端行为。这些问题直接反映出大学生的治学态度、学风状况和学术道德水准，是学术共同体最关注的问题。

2. 学位论文的基础性

学位论文的基础性指文献回顾和文献综述的全面性与深入程度，体现出研究生对学科领域基础知识的掌握程度、对最新研究现状的了解程度，以及对相关研究文献的反思与质疑能力。常见的问题包括：简单罗列相关研究文献而缺乏评述；所列文献不够权威、全面，或过于陈旧；阅读量不足，缺少国际视野，外文文献引用较少。解决这些问题没有捷径，唯有下大力气广泛查阅文献、深入研读文献、批判评述文献，以尽可能全面而深入地进行文献研究，夯实学位论文的文献基础。

3. 学位论文的学理性

学位论文的学理性体现在研究问题、研究框架和研究方法等方面。应聚焦特定研究问题，定位于"小题大做"，而非宽泛而宏大的选题，更不是对某类现象或议题的漫谈；应具有内在的逻辑框架，包括清晰界定的概念、合理构成的篇章结构、论证有力的素材或证据，避免素材、证据、文字的随意堆砌和论点、论据、论证的貌合神离；应运用恰当的研究方法，既遵循共识性的方法论，又不至于过于简单、缺乏技术含量。在前后一致、方法有效的前提下，充分且有条理地讨论研究问题、展示研究过程、呈现研究结果。

8.2.2 学位论文写作规范

学位论文写作规范不仅要求论文的表述要规范，还要求论文的分析与研究过程也要规范。学位论文写作规范的意义和价值在于为读者提供"理论上和方法上的信念"，因此，论文中所体现的学术思想和观点必须是研究者自己的研究成果，而不是他人的研究成果。如果引用了他人的观点和思想，必须标明出处。

1. 学位论文不可抄袭

学位论文应该是作者通过自身的知识积累、思考和研究所获得的成果。在撰写学位论文的过程中，参考和引用前人或他人的研究成果是必然的，但必须注明出处。这不仅是对前人或他人研究成果的尊重，还能区分哪些是自己研究的结论，哪些是引用的内容。教育部明确规定，抄袭他人的成果视为"论文作假行为"，将受到严惩。教育部出台的《学位论文作假行为处理办法》(中华人民共和国教育部令第34号)对此有明确规定。

2. 关键词、摘要和结论

撰写"关键词"和"摘要"是为了便于他人检索。关键词是论文的核心词汇，应当能反映论文的主题内容，一般3~5个为宜。摘要则是对论文主题内容的简要陈述，不做评价和解释，直接陈述论文运用的方法和研究成果。摘要不应使用"第一人称"表述，如"本论文""该论文"等。摘要应具有独立性，即使不阅读论文全部内容，通过摘要也能了解论文的主题和研究成果。学位论文最后需要做出"结论"，这是对研究过程和结果的总结，是作者自己的研究结论。国家相关规定有《科学技术报告、学位论文和学术论文的编写格式》(中华人民共和国国家标准GB/T 7713—1987)。

3. 不隐匿证据、不编造证据

在学术研究中，不能隐匿对自己不利的证据，也不能为了使证据符合自己的立场而有意曲解证据，更不能编造证据和前人或他人的研究成果。即使不同意他人的观点，也需要从学理上阐述理由，而不能编造证据来论证自己的观点。这些都是不道德、不规范的学术行为。

4. 学位论文标点符号的规范使用

除了正确使用字、词、句，还要注意标点符号的正确使用。标点符号的正确使用是准确表达论文思想的基础。国家相关规定有《标点符号用法》(中华人民共和国国家标准GB/T 15834—2011)。

5. 遵守注释与参考文献著录规则

撰写论文时难免会引用前人的研究成果和文献资料。引用他人研究成果和文献资料必须注明出处，以示对他人研究成果的尊重，同时也便于读者检阅引用文献的全部信息。国家相关规定有《信息与文献：参考文献著录规则》(中华人民共和国国家标准GB/T 7714—2015)。

8.2.3 学位论文撰写过程

学位论文撰写过程既是学生获得学位的过程，也是训练和提高学生研究能力的重要方式和手段。一篇优秀的学位论文是学生进入研究领域的"里程碑"。学位论文撰写的具体过程如下。

1. 学位论文的选题与资料收集

1) 学位论文选题

学位论文选题应尽量避免"大、广、空、泛"，而要"小题大做"。选题时应做到恰如其分。对于硕士和博士学位论文来说，资料和方法的突破与创新是关键；对于学士学位论文，选题应适当小一些，确保题目在能力范围之内。

案例分析8-10

博士学位论文选题：《互联网金融平台治理研究》

选题主要集中在通过三方信任的建立，解决交易双方的信息不对称问题，进而探讨平台治理的问题。

(选题意义的论述)互联网金融平台通过三方信任的建立，从技术和形式上解决了交易双方之间的信息不对称问题，陌生的投融资双方借助平台能够实现直接交易。但对平台信息真实性和有效性的质疑一直存在，从现实情况来看，投资人与融资人、投资人与平台之间信息不对称问题并未得到根本性解决。信息不对称条件下融资人和平台双重机会主义行为不断叠加和交互，产生交易负外部性，在间接网络效应和正反馈效应机制的共同作用下导致互联网金融各种问题和风险集中爆发。有效治理机会主义问题，重塑行业声誉和形象，有助于引导互联网金融回归"分享"和"平等"的理念，更好地服务金融弱势群体，增强经济活力。

案例分析8-11

硕士学位论文选题：《中央企业境外投资业务审计模式研究——基于政府审计的视角》

选题主要集中在应对"一带一路"倡议下境外资产监管的需求。

(选题意义的论述)党的十七大报告中提出"走出去"战略，2013年习近平总书记发起"一带一路"的合作倡议，党的十九大报告提出要提高中央企业的全球竞争力，境外投资业务迅速发展，但大规模的境外资产却长期处于监管空白，未得到有效监督。因此，有必要开展境外审计模式研究，利用审计手段来加大境外资产的监管力度，保证国有资产的安全。

案例分析8-12

学士学位论文选题：《爱彼迎共享房屋发展营销策略研究》

选题主要集中在探讨在线短租市场的竞争策略。

(选题意义的论述)当前在线短租市场需求量大，短租平台市场竞争激烈，房源的开发成为各大短租平台获得市场竞争力的重要因素。爱彼迎在房屋监管方面的标准不严，房东与房客之间存在信任危机，面临本土短租品牌的竞争，其市场推广不均衡、不全面。

2) 资料收集与整理

确定研究方向后，通过图书馆、数据库等途径，广泛查阅与研究主题相关的最新文献，并进行分类、整理和分析，制作文献综述，找出研究现状、研究空白和未来研究方向。

2. 研究方法与应用

1) 选择研究方法：根据研究问题和研究目标，选择合适的研究方法，如定性研究、定量研究、混合研究等。

2) 应用研究方法：详细描述研究方法的具体应用步骤，包括数据收集、数据分析和数据处理等。

3) 验证研究方法：通过预实验或试验验证研究方法的有效性，确保所选研究方法的科学性和可行性。

3. 论文结构与框架设计

1) 设计论文结构：按照学位论文的要求，设计论文的整体结构和框架，包括前言、文献综述、研究方法、研究结果、讨论、结论等部分。

2) 编写提纲：根据设计的结构和框架，编写详细的论文提纲，明确每一章、每一节的内容和重点。

3) 调整与完善：根据指导教师的反馈和建议，调整和完善论文结构和框架，确保逻辑清晰、层次分明。

学位论文正文的一般结构公式为"2+X"，其中，"2"是前言和结束语，也就是论文的头和尾。"前言"是一个"引子"，是引出下文的一段重要文字，往往相当于八股文的"破题"；"结束语"是写在论文后的总结性文字，要求短小精悍、画龙点睛，紧扣论文中心的思想和主要论题。X相当于章，是正文骨干。学士学位论文结构一般为"2+3/4"式，即论文头、尾加三章或四章；硕士学位论文结构一般为"2+4/5"式，即论文头、尾加四章或五章；博士论文结构一般为"2+5/6"式、"2+7/8"式，即论文头、尾加五章或六章，或是论文头、尾加七章或八章。

案例分析8-13

硕士学位论文正文结构：《中央企业境外投资业务审计模式研究——基于政府审计的视角》

其结构为"2+4"，在文中增加了一个案例分析。

1. 绪论
   1.1 研究背景
   1.2 研究意义
      1.2.1 理论价值
      1.2.2 实践价值
   1.3 文献综述
      1.3.1 境外投资业务的文献回顾
      1.3.2 境外投资审计的文献回顾
      1.3.3 审计模式的文献回顾
      1.3.4 文献评述
   1.4 研究内容与创新
      1.4.1 研究内容
      1.4.2 研究创新
2. 相关理论基础
   2.1 系统论
   2.2 免疫系统论
   2.3 信息不对称理论
3. 中央企业境外投资业务发展与审计现状
   3.1 中央企业境外投资业务发展情况
      3.1.1 对外直接投资规模快速增长
      3.1.2 境外投资失败案例汇总分析
      3.1.3 境外投资业务面临的风险
      3.1.4 境外投资业务存在的问题
   3.2 中央企业境外投资业务审计现状
      3.2.1 境外审计覆盖不全面
      3.2.2 境外审计资源不足
      3.2.3 境外审计内容不完整
      3.2.4 境外审计技术方法需继续探索
      3.2.5 境外审计目标停留在起步阶段
   3.3 开展中央企业境外投资审计的必要性
      3.3.1 对境外国有资产审计是国家审计机关的职责所在
      3.3.2 开展境外审计有利于保障"一带一路"倡议
      3.3.3 开展境外审计有利于维护国有资产的安全
      3.3.4 境外审计是中央企业风险防范机制的重要部分
   3.4 开展中央企业境外投资审计的困难
      3.4.1 境外投资所在国法律约束
      3.4.2 国内主管部门重复监管
      3.4.3 审计时间和审计程序难以保障

3.5 本章小结
4. 中央企业境外投资业务审计模式的设想
    4.1 政府审计与社会审计协作模式
        4.1.1 借助境外社会审计力量开展财务收支审计
        4.1.2 依托社会审计补充审计机关境外审计力量
        4.1.3 加强对境外会计师事务所审计质量的监督
    4.2 政府审计与内部审计联动模式
        4.2.1 充分利用内部审计工作成果
        4.2.2 联动模式下的人员组织模式
        4.2.3 发挥各自优势形成审计合力
    4.3 互联网+综合共享的审计模式
        4.3.1 以政府审计人员为主导，多方共同参与
        4.3.2 以综合共享平台为基础进行大数据分析
        4.3.3 充分发挥境外会计师事务所的专业特长
        4.3.4 加强事前投资决策审计
        4.3.5 重视境外投资合同审计
        4.3.6 重点关注资金流动和股权管理
        4.3.7 加大投资过程风险管理审计
        4.3.8 推行事后投资绩效评估审计
    4.4 境外投资审计应注意的问题
        4.4.1 加强数据保密管理
        4.4.2 积极拓展审计思路
        4.4.3 优化境外审计程序
        4.4.4 建立"容错免责"机制
    4.5 本章小结
5. WK集团境外投资案例分析
    5.1 案例背景
        5.1.1 可行性研究不够充分
        5.1.2 项目投资决策不合规
    5.2 互联网+综合共享审计模式的应用
        5.2.1 审计组人员配置
        5.2.2 利用综合共享平台寻找疑点
        5.2.3 根据线索现场审计收集证据
        5.2.4 形成审计报告，优化审计分析模型
    5.3 本章小结
6. 结论
    6.1 政府机关
        6.1.1 出台《境外投资条例》规范监管职责

  6.1.2 建立境外投资政府审计常态化机制
  6.1.3 加快审计署境外投资审计队伍建设
  6.1.4 推进境外国有企业混合所有制改革
 6.2 中央企业
  6.2.1 完善中央企业境外投资组织管理体系
  6.2.2 建设中央企业境外投资信息管理系统
  6.2.3 健全中央企业境外投资内部审计制度

4. 论文撰写与初稿完成

(1) 撰写各章节内容：根据提纲，逐章撰写论文内容，确保每部分内容翔实、论证充分。

(2) 初稿完成：完成论文的初稿，包含所有章节内容，以及参考文献、附录等辅助部分。

(3) 初稿检查：检查初稿的逻辑性、完整性和规范性，确保没有明显错误和遗漏。

5. 修改与定稿

(1) 修改初稿：根据指导教师的反馈和建议，对初稿进行修改和完善，重点检查论点是否明确、论据是否充分、逻辑是否清晰。

(2) 多轮修改：经过多轮修改，不断提高论文质量，直至达到满意的效果。

(3) 定稿：完成最终的论文定稿，确保内容完整、结构合理、格式规范。

6. 格式与排版、致谢与参考文献

(1) 遵守格式规范：按照学校的学位论文格式要求，调整论文的字体、行距、页边距等格式细节。

(2) 正确使用标点符号：确保标点符号的使用规范，避免错误使用。

(3) 参考文献著录：按照规范格式著录参考文献，确保引用准确、标注清晰。

(4) 图表排版：合理排版论文中的图表，确保清晰、美观，并与正文内容相对应。

(5) 论文的致谢：撰写致谢部分，简洁明快地对帮助过、指导过自己的教师、前辈、同学表示感谢。

(6) 附录与附件：为使论文完整丰满，文后可配置一些附件，如阶段性成果、相关研究项目、发表的文章、调研报告等。

8.2.4 学位论文查重与抄袭预防

  学位论文查重与抄袭预防是确保学术诚信和论文质量的重要环节。在撰写学位论文的过程中，学生必须严格遵守学术规范，杜绝抄袭行为，确保论文的原创性和学术价值。

1. 理解和遵守学术道德

  首先，学生在撰写学位论文前应全面理解和遵守学术道德规范。这包括熟悉学术界对抄袭和学术不端行为的定义，以及了解这些行为可能带来的严重后果。抄袭不仅损害个人学术声誉，还可能导致学位被撤销、取消学位申请资格等严重后果。各高校和科研机构都

有明确的学术道德规范和相关处罚措施，学生应认真学习和严格遵守这些规定。

例如，教育部明确规定了学术不端行为的范围，包括但不限于抄袭、剽窃、伪造数据和论文代写等。了解这些行为的定义和后果，可以帮助学生在论文撰写过程中时刻保持警惕，避免无意间触犯学术规范。

2. 使用知网查重工具

为了确保论文的原创性，学生应在提交论文前自行使用中国知网(CNKI)的查重系统进行查重。知网查重系统是国内高校普遍使用的查重工具，能够有效检测论文中可能存在的抄袭内容，并提供详细的相似性报告。

使用知网查重工具时，学生应将完整的论文上传到系统中进行检测。系统会生成一份相似性报告，显示论文中与其他文献的相似部分，并标明具体来源。学生应仔细查看报告中的相似性部分，检查是否存在引用不当或未标注出处的情况，并根据报告结果对论文进行修改，确保所有引用内容都得到正确标注，提升论文的原创性。

3. 正确引用与参考文献

在撰写学位论文时，学生必须正确引用他人的研究成果，并在参考文献中详细列出所有引用的文献。这不仅是对他人研究成果的尊重，也是展示自身学术规范和诚信的重要体现。

正确引用包括使用规范的引用格式，如APA、MLA、Chicago等，并在引用内容后标明出处。例如，当引用某一研究成果时，应在引用部分加上引用标注，并在参考文献列表中提供详细的文献信息。保持良好的写作习惯，包括定期记录研究过程、及时整理和标注引用的文献，有助于提高论文的原创性和质量，减少抄袭的风险。

4. 加强自我检查与修改

学生在完成论文初稿后，应多次进行自我检查和修改，特别是对引用和参考文献部分进行仔细核对，确保所有引用内容都有明确的标注和正确的引用格式。初稿完成后，学生应认真阅读全文，检查是否存在逻辑错误、内容重复或引用不当的情况，并根据发现的问题进行修改。

此外，学生应详细了解所在学校的查重政策和标准，包括查重率的要求、查重工具的使用方法及查重结果的处理方式。确保论文符合学校的查重要求，避免因不符合标准而影响毕业和学位授予。例如，一些学校可能要求论文的查重率不超过20%，学生应根据具体要求进行查重和修改，确保论文符合规定。

本章小结

本章全面论述了学位论文开题与写作的相关内容，旨在帮助学生全面了解学位论文撰写的各个环节，提高学术写作的规范性和质量。首先，详细介绍了学位论文开题报告的撰写要求，包括选题的意义、文献综述的方法、研究内容的设计等，强调了选题的具体性和文献综述的全面性。其次，讨论了学位论文写作的规范性要求，涵盖了论文结构、语言表达、引证文献格式及学术伦理等方面，确保论文的规范和完整。此外，本章还详细阐述了学位论文撰写过程的各个阶段，从选题、资料收集与整理，到研究方法的选择与应用，再到论文的初稿撰写与修改，提供了系统的指导和具体的案例分析。最后，强调了学位论文查重与抄袭预防的重要性，介绍了如何使用知网查重工具、正确引用文献、加强自我检查与修改等方法，以确保论文的原创性和学术诚信。通过本章的学习，学生能够系统掌握学位论文开题与写作的关键要点，提升自身的科研能力和学术水平。

习　　题

思考与练习：

1. 学位论文开题报告撰写的要点是什么？
2. 学位论文的写作要求是什么？
3. 选择学位论文的选题，拟订题目，确定学位论文的目录结构。

文献研读：

请在文献数据库中下载以下论文进行阅读，掌握学位论文的写作方法。

[1] 张雪艳. 精准扶贫基层审计工作机制研究[D]. 西京学院，2019.

[2] 向倩. 审计备案制改革、事务所变更及其经济后果的研究——以深圳堂堂为例[D]. 西南财经大学，2022.

[3] 刘秀. 政策落实跟踪审计与经济高质量发展[D]. 西南财经大学，2023.

第六篇

投稿与发表

论文写作的最终目的是发表，这既是学术能力的体现，也是学术交流的重要方式。论文作为研究者的知识产物，通过发表来呈现，并经过学术同行的评价、参考和引用，形成一整套学术互动体系。论文的发表不仅有助于研究成果的传播和应用，还能提升研究者的学术影响力和声誉。

首先，论文必须具有学术价值。论文选题应具有前瞻性和创新性，研究内容应严谨、翔实，数据分析科学、准确，结论具有普遍性和应用价值。

其次，遵循论文发表的规律。投稿前，研究者需要了解目标期刊的选题要求、发稿方向、学科范畴、用稿风格、篇幅字数和格式体例等信息。这些信息通常可以通过期刊的官方网站或投稿指南获得，有助于提高投稿成功率。

再次，注重论文的结构和写作规范。一篇高质量的论文应包括引言、文献综述、研究方法、结果与讨论、结论及参考文献等部分，各部分内容应逻辑严谨，衔接自然，语言表达简洁明了，避免出现拼写和语法错误。

最后，熟悉投稿流程和审稿机制。不同期刊的投稿流程和审稿机制有所不同，一般包括稿件提交、初审、同行评审、修改和终审等环节。研究者应熟悉这些流程，并按要求提供材料，积极配合编辑和审稿人的意见进行修改。

第 9 章

论文投稿与发表

案例导读

《学术论文写作与发表的几个问题》(部分摘录)

本文发表于《重庆大学学报(社会科学版)》2018(01):71-81,作者:张积玉

文中对论文写成后如何投稿与发表进行了经验分享,从撰稿、投稿与发表,正确认识和处理撰稿、投稿,以及与编辑的关系等方面进行分析,提出了近年来出现的一些引人关注的现象,并给予建议,如表9.1所示。

表9.1 学术论文的投稿与发表

问题	主要观点	分析
学术论文投稿与发表应注意的问题	选择适合的期刊投稿	改革开放以来,中国学术期刊事业快速发展。目前,国内公开发行的学术期刊共5000多种,其中仅人文社科类就有3000余种。由于学科专业、出版地域和主办单位等不同,各种学术期刊大都有自己的办刊宗旨和内容特色。作为作者撰稿、投稿,必须对相关期刊的内容特色与风格有清楚了解,尤其是应对每种期刊的优势、特色、栏目、研究重点、组稿计划等十分清楚。总之,作者投稿时应充分考虑期刊的特点,选择最合适的期刊
	做好与编辑的沟通与交流	作者与编辑打交道,既是一门学问,也是一门艺术,尤其对于学术期刊编辑来说,作者与编辑都同为学者,甚至连专业、学科、研究方向或研究领域都可能相同,可谓真正的同道、同行。由此,与编辑打交道,一定要平等相待,互相尊重,坦诚相待,绝不能以自己是某一专业方向研究的专家、学者而过于自信甚至居高临下。对编辑部及同行专家的审稿意见应虚心听取,认真对待,对正确意见采纳接受,对不完全正确的意见则将其作为继续研究和修改文章的参考
学术论文投稿与发表应注意的问题	精心打磨论文	学术论文是科学研究的一种成果。投向期刊的文稿,必须经过反复推敲修改,保证论文在理论、观点上不出偏颇、错误,资料真实、翔实、可靠,论证上不出现前后混乱或矛盾,以及文字、内容的重复,文字表达上的不准确、不顺畅甚至病句。一篇论文如出现上述任一问题,都会给编辑留下非常不好的印象,以致编辑对作者的学风文风产生怀疑,从而对论文做出较低评价甚至否定。因此,在投稿前要特别注意花精力仔细检查论文,如认真核对引文、校核注释、参考文献等,尽量避免错误

学习目的：
1. 了解学术期刊的分类；
2. 了解学术期刊的审稿流程；
3. 掌握论文再修改的技巧；
4. 掌握学术期刊的投稿方式。

9.1 学术期刊的分类

> 学术期刊不仅是科研成果展示的重要平台，还是学术交流的关键渠道。了解学术期刊的分类有助于研究者更精准地选择投稿目标，优化科研传播效率和影响力。不同类型的学术期刊，如专业期刊、综合期刊、高校学报和党政报刊，各有其独特的特点和投稿要求。通过系统地了解这些期刊的分类，研究者可以根据自己的研究方向和成果，选择最合适的期刊进行投稿，提高论文发表的成功率，从而更好地推动学术进步和社会发展。

在论文投稿与发表的过程中，选择合适的学术期刊至关重要。学术期刊不仅是科研成果展示的平台，还是学术交流的重要渠道。了解学术期刊的分类，有助于研究者根据自己的研究方向和成果，选择最适合的期刊进行投稿，从而提高论文发表的成功率。

9.1.1 我国学术期刊的四种类别

我国的学术期刊大致可以分为四类：专业期刊、综合期刊、高校学报、党政报刊。了解这些期刊的特点和投稿要求，有助于研究者更有效地选择投稿目标，提高论文发表的成功率。

1. 专业期刊

专业期刊以学科专业作为选题和选稿标准，通常具有很强的学科性，甚至以学科建设为己任。例如，社会学专业期刊可能涵盖人口学、民族学等分支学科。

尽管专业期刊数量较少，但受众同质化，主要是相关学科的业内人士。年轻作者可以首先尝试投稿专业期刊，因为这些期刊代表了该学科的最高水平，编辑队伍专业，匿名评审机制完善，通过投稿可以迅速提升写作能力和专业口碑。每本专业期刊都有独特的取向和定位，建议作者认真浏览往期文章。

例如，《审计研究》(如图9.1所示)是由审计署主管、中国审计学会主办、国内外公开发行的权威性审计学术刊物，创刊于1985年，主要关注国家审计的理论研究和经验总结，兼顾注册会计师审计和内部审计的理论研究，是广大审计理论工作者和审计实务工作者展示研究成果，了解审计理论、审计方法发展趋向和创新动态，总结审计工作发展规律的权威性平台。

图9.1 《审计研究》

2. 综合期刊

综合期刊是一种具有中国特色的刊物类型，多数期刊历史悠久，属地治理产物。每个省份至少有两本较好的综合期刊，通常由省社科院与省社科联主办。

综合期刊按照学科分为若干栏目，每个学科相对独立但又统筹在整本期刊里。编辑多为专职，工作量较大。相比于专业期刊，综合期刊的选题策划是一大亮点，考虑时政、社会热点和学科视角。建议投稿者了解期刊选稿方向，然后通过系统或邮箱进行投稿。

例如，《学术月刊》(如图9.2所示)创刊于1957年1月，是一份人文社科类综合性学术期刊，以繁荣发展哲学社会科学为己任，积极贯彻双百方针，倡导理论创新，注重反映国家思想文化建设与现代化建设进程的重大理论成果与学科前沿成果，发稿侧重于文学、历史学、哲学、经济学等基础学科，兼顾政治学、法学、社会学等。

图9.2 《学术月刊》

3. 高校学报

高校学报主要由各地院校主办，依托本校优势学科发展。学报主编和编辑多为双肩挑，既做科研又做刊物。学报反映了高校的研究方向与学术兴趣，通常采用匿名审稿制度，审稿人多数为校内学者。

例如，《中国人民大学学报》(如图9.3所示)是中国人民大学主办的人文社会科学综合性理论刊物。1987年《中国人民大学学报》正式创刊，明确提出了"以马克思主义为指导，从中国的实际出发，借鉴其他国家得失成败的经验教训，研究中国社会主义建设和体制改革中提出的新课题，为中华民族的崛起进行创造性探索"的办刊宗旨。

图9.3 《中国人民大学学报》

4. 党政报刊

党政报刊由党校、行政学院主办，关注社会科学的应用层面，强调文章的"决策参考"价值。该类刊物适合刊登社会热点、难点问题等社会治理视角的文章，纯理论性的文章不太受青睐。党政报刊连接政界、学界、工商企业界，是学术成果转化的重要平台。

例如，《中共中央党校(国家行政学院)学报》(如图9.4所示)创刊于1997年，是中央党校主办的人文社会科学类综合性学术双月刊，面向国内外公开发行。该刊以马克思列宁主义、毛泽东思想、中国特色社会主义理论体系为指导，围绕党和国家的工作大局，以对重大理论与现实问题的研究为主题，思想性和学术性并重，着重反映马克思主义中国化的最新理论成果，反映社会科学领域的最新学术成果，反映国内外学术研究动态。

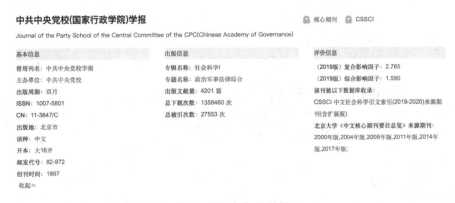

图9.4 《中共中央党校(国家行政学院)学报》

9.1.2 核心期刊体系

核心期刊是某学科的主要期刊，指含有大量专业情报信息、质量高、能够代表专业学科发展水平并受到本学科读者重视的专业期刊。核心期刊的存在帮助学者更好地选择投稿目标，提高论文的影响力。

1931年，著名文献学家布拉德福揭示了文献集中与分散规律，发现某时期某学科1/3的论文刊登在3.2%的期刊上。1967年，联合国教科文组织研究了二次文献在期刊上的分布，发现75%的文献出现在10%的期刊中。1971年，SCI的创始人加菲尔德统计了参考文献在期刊上的分布情况，发现24%的引文出现在1.25%的期刊上。这些研究表明期刊存在"核心效应"，从而衍生了"核心期刊"的概念。

1. 国内核心期刊体系

目前，国内有七大核心期刊(或来源期刊)遴选体系。

1) 北京大学图书馆"中文核心期刊"(又称北大核心期刊)

北大核心期刊根据期刊影响因子等诸多因素划分，由北京大学图书馆联合众多学术界权威专家鉴定产生，目前得到学术界的广泛认同。北大核心期刊每三年评定一次，并出版《北大核心期刊目录要览》。图9.5所示为北大核心期刊《统计与决策》。

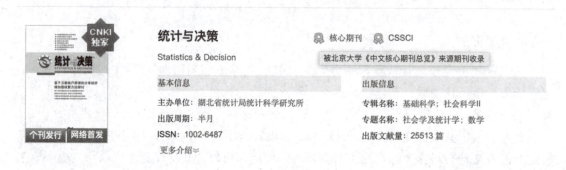

图9.5　北大核心期刊《统计与决策》

2) 南京大学"中文社会科学引文索引(CSSCI)来源期刊"(又称南大核心期刊)

南大核心期刊由南京大学中国社会科学研究评价中心组织评定，每两年一评。通过对全国人文社会科学各学科期刊进行他引影响因子和总被引频次分析得出结果。南大核心期刊《高校教育管理》如图9.6所示。

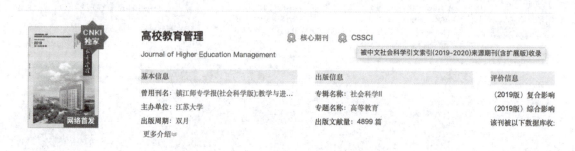

图9.6　南大核心期刊《高校教育管理》

3) 中国科学院文献情报中心"中国科学引文数据库(CSCD)来源期刊"

CSCD(Chinese Science Citation Database)，被誉为中国的CSI。每两年遴选一次，采用定量与定性相结合的方法。CSCD期刊《通信学报》如图9.7所示。

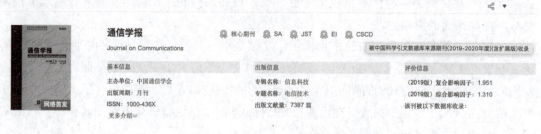

图9.7　CSCD期刊《通信学报》

4) 中国科技论文统计源期刊(又称中国科技核心期刊)

该期刊由中国科学技术信息研究所经过严格的定量和定性分析选取，是各个学科的重要科技期刊目录，主要涵盖自然科学领域。

5) 中国人文社会科学核心期刊

该期刊由中国社会科学评价研究院发布，是评价我国人文社会科学的期刊，基于学科与期刊特点构建了不同的期刊评价指标体系。

除了上述期刊，还有中国人文社会科学学报学会的"中国人文社科学报核心期刊"和万方数据股份有限公司建设的"中国核心期刊遴选数据库"等。

2. 国外核心期刊体系

SCI(《科学引文索引》)、EI(《工程索引》)、ISTP(《科技会议录索引》)是世界著名的三大科技文献检索系统，是国际公认的进行科学统计与科学评价的主要检索工具，其中以 SCI 最为重要。

1) SCI(《科学引文索引》)

SCI (Science Citation Index)于1957年由美国科学信息研究所(Institute for Scientific Information，ISI)在美国费城创办，是由美国科学信息研究所(ISI)于1961年创办出版的引文数据库。SCI期刊《Acta Mathematica Sinica》如图9.8所示。

图9.8　SCI期刊Acta Mathematica Sinica

2) SSCI(《社会科学引文索引》)

SSCI (Social Sciences Citation Index)为SCI的姊妹篇，亦由美国科学信息研究所创建，是目前世界上可以用来对不同国家和地区的社会科学论文的数量进行统计分析的大型检索工具。SSCI期刊《QUARTERLY JOURNAL OF ECONOMICS》在Web of Science中的检索结果如图9.9所示。

3) EI(《工程索引》)

EI (The Engineering Index，EI)是由美国工程师学会联合会于1884年创办的历史上最悠久的一部大型综合性检索工具。EI在全球的学术界、工程界、信息界中享有盛誉，是科技界共同认可的重要检索工具。EI期刊《电力系统自动化》如图9.10所示。

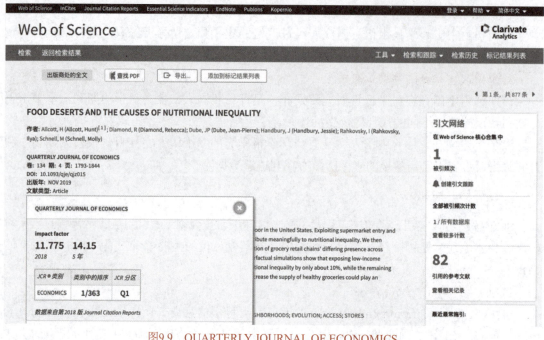

图9.9　QUARTERLY JOURNAL OF ECONOMICS

图9.10　EI期刊《电力系统自动化》

4) CPCI(《科技会议录索引》)

CPCI (Conference Proceedings Citation Index)创刊于1978年，由美国科学情报研究所编辑出版。该索引收录生命科学、物理与化学科学、农业、生物和环境科学、工程技术和应用科学等学科的会议文献，包括一般性会议、座谈会、研究会、讨论会、发表会等的会议文献。其中，工程技术与应用科学类文献约占35%，其他涉及学科基本与SCI相同。

3. 其他刊物常见收录等级

1) JST(《日本科学技术振兴机构数据库》)

JST由日本科学技术振兴机构(Japan Science and Technology Agency)创办，它是日本政府文部科学省科学技术厅下设的一个国家级的科学技术管理组织，同时也是发达国家中具有代表性和最为成功的科技中介服务机构之一。JST的建立就是为了顺应日本的"科学技术创造立国"战略目标总需求。JST期刊《护理学杂志》如图9.11所示。

图9.11　JST期刊《护理学杂志》

2) CA(《化学文摘》)

CA (Chemical Abstracts是世界上最大的化学文摘数据库,也是目前世界上应用最广泛、最为重要的化学、化工及相关学科的检索工具之一。其创刊于1907年,由美国化学学会化学文摘社(Chemical Abstracts Service,CAS)编辑出版,CA报道的内容几乎涉及化学家感兴趣的所有领域,除包括无机化学、有机化学、分析化学、物理化学、高分子化学领域外,还包括冶金学、地球化学、药物学、毒物学、环境化学、生物学及物理学等诸多学科领域。CA期刊《金属热处理》如图9.12所示。

图9.12　CA期刊《金属热处理》

3) AJ(《文摘杂志》)

AJ是俄罗斯 (Journal Abstracts),俄文为Реферативный Журнал,РЖ,是供查阅自然科学、技术科学和工业经济等方面文献资料的综合性信息检索刊物。其于1953年创刊,由苏联全苏科学技术信息研究所(现名全俄科学技术情报研究所)编辑出版,是世界三大综合性文摘杂志之一。AJ期刊《锻压技术》如图9.13所示。

图9.13　AJ期刊《锻压技术》

9.1.3　学术期刊的评价

学术期刊的评价是研究人员选择投稿目标的重要参考依据。通过多种评价标准，可以全面了解期刊的学术质量和影响力，从而做出更明智的投稿决策。

1. 学术期刊的评价标准

除了查看学术期刊被哪一级别核心期刊收录，还可以通过以下参数进行期刊评价。

1）总被引频次

该期刊自创刊以来所刊载的全部论文在统计当年被引用的总次数。这个客观实际的评价指标显示了期刊被使用和受重视的程度，以及在科学交流中的作用和地位。

2）影响因子

这是国际通行的期刊评价指标。影响因子是一个相对统计量，公平地评价各类期刊。计算公式为：影响因子＝该期刊前两年发表论文在统计当年被引用总次数/该刊前两年发表论文总数。影响因子越大，期刊的学术影响力和作用也越大。

3）即年指标

表示期刊即时反应速率的指标，描述期刊当年发表的论文在当年被引用的情况。计算公式为：即年指标＝该期刊当年发表论文的被引用次数/该期刊当年发表论文总数。

4）他引率

在该期刊被引用的总次数中，被其他期刊引用次数所占的比例。计算公式为：他引率＝被其他期刊引用的次数/期刊被引用的总次数。

5）机构分布数

该数据来源于期刊论文的作者所涉及的机构数，这是衡量期刊科学生产能力的指标。

6）基金论文比

来源期刊中，各类基金资助论文占全部论文的比例，这是评价期刊论文学术质量的重要指标。

7）平均引文数

该数据来源于期刊每一篇论文平均被引用的文献数。

8）地区分布数

该数据来源于期刊登载论文所涉及的地区数，这是评价期刊论文覆盖面及在全国影响力的指标。

9) 自引率

本刊全部被引次数中,被本刊自引用次数所占的比例。计算公式为:自引率=自引用的次数/期刊被引用的总次数。

管理类高品质期刊《管理世界》的相关数据如图9.14所示。

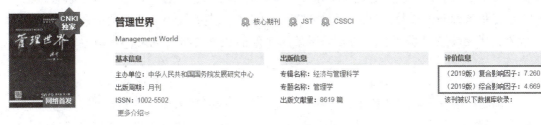

图9.14 《管理世界》

2. 文章含金量

评价文章的含金量有两个主要指标:引用率和转载率。

1) 引用率

引用率指所刊发文章被引用的数量和比率。这是一个与国际接轨的指标,被普遍认为是有效的评价标准。相较于下载、阅读和复制,引用率具有更高的甄别效力。

2) 转载率

转载率指所刊发文章被《新华文摘》《中国社会科学文摘》《高等学校文科学术文摘》等转载的数量和比率。相对引用率,转载率在中国的科研体系中更受重视,因为它更容易"计工分",并具有较高的时间效度。在目前强调绩效考核的学术体系下,转载率成为一个重要的评价标准。

图9.15为知网检索结果中呈现的"被引"和"下载"数据。

题名	作者	来源	发表时间	数据库	被引	下载	阅读	收藏
基于项目评分预测的协同过滤推荐算法	邓爱林;朱扬勇;施伯乐	软件学报	2003-09-23	期刊	1491	6572	HTML	☆
基于以电商平台为核心的互联网金融研究	黄海龙	上海金融	2013-08-15	期刊	670	38359	HTML	☆
电子商务时代的供应链管理	蓝伯雄;郑晓娜;徐心	中国管理科学	2000-09-30	期刊	649	6541	HTML	☆
国有商业银行如何应对互联网金融模式带来的挑战	梁璋;沈凡	新金融	2013-07-15	期刊	594	24746	HTML	☆
国际贸易新方式:跨境电子商务的最新研究	鄂立彬;黄永稳	东北财经大学学报	2014-03-15	期刊	576	21301	HTML	☆
电子商务环境下的消费者行为研究	黎志成;刘枚莲	中国管理科学	2002-12-30	期刊	550	12157	HTML	☆
"互联网+"行动计划的实施背景、内涵及主要内容	宁家骏	电子政务	2015-06-20	期刊	546	18132	HTML	☆
协同过滤推荐算法综述	马宏伟;张光卫;李鹏	小型微型计算机系统	2009-07-15	期刊	543	7705	HTML	☆
O2O商业模式及发展前景研究	卢益清;李忱	企业经济	2013-11-25	期刊	533	28021	HTML	☆
基于项目聚类的协同过滤推荐算法	邓爱林;左子叶;朱扬勇	小型微型计算机系统	2004-09-21	期刊	459	2441	HTML	☆

图9.15 知网检索结果中文章的被引和下载数据

9.2 学术期刊的投稿方式

> 学术期刊的投稿过程不仅是学术交流的重要一环，还是培养学生学术素养和提高学术水平的重要实践。通过系统学习和实践投稿技巧，学生可以锻炼自身的写作能力、逻辑思维和细节把控能力，学会科学、严谨、规范地进行学术研究和表达，提升学术论文的发表成功率，从而让更多的人了解和认可其研究成果，推动学术发展和创新。

学术期刊的发表不仅依赖于论文的高质量写作，同样还需要作者熟悉并掌握投稿过程的各个环节。投稿是一门技术活，熟练者事半功倍，生疏者事倍功半。作者在投稿过程中需要谨慎对待每个细节，通过有意的训练和提高，才能提高论文的发表成功率，从而让更多的人了解和认可作者的研究成果。

9.2.1 学术期刊投稿经验

学术期刊的发表不仅依赖于论文的高质量写作，还需要作者熟悉并掌握投稿过程的各个环节。有些学者研究做得很好，但由于投稿不得要领，才华不免被埋没。还有一些作者被网上鱼龙混杂的投稿方式蒙蔽，上当受骗。因此，投稿一事不能马虎，必须谨慎对待，并且有意训练和提高。

1. 有的放矢

学术期刊相当于学术市场，作者相当于卖家，读者相当于买家。如何让自己的学问符合读者和学术市场，是一个值得思考的问题。投稿者首先要明确发表目的：传播学术观点或为了发表本身。然后，根据发表诉求确立目标刊物。例如，推广新的社会学理论可以选择社会学的专业期刊、综合类期刊或高校学报的人文社科类期刊；需要职称评定积分则选择被本校认可的核心期刊。

2. 定制式写作

每种期刊都有其独特的发稿倾向和文章风格，若向其投稿，最好事先综合考虑期刊的选题、风格、取向、篇幅甚至体例。定制式写作就是将投稿融合到写作之中，写作过程中就向目标刊物靠拢。系统阅读并跟踪这些期刊，了解其投稿要求、刊物风格、选题要求及宗旨、内容范围、发稿方向、出版周期、选稿周期、读者对象、发稿篇幅等。

3. 投稿前的自查

投稿前进行自查，以预先消灭问题，避免投稿受阻。自查具体包括如下方面。

(1) 选题是否具有创新性。
(2) 研究观点是否扎实、可靠。
(3) 表述是否清楚。

(4) 材料、数据和图表是否准确。
(5) 注释和参考文献格式是否规范。
(6) 作者信息是否完备。
(7) 有无涉嫌剽窃。

9.2.2 推介自己文章的技巧

投稿就像推销，投稿者必须学会推销自己的文章。要向学术期刊正确地释放信号，以便期刊及其编辑能从众多投稿中发现、识别并录用自己的文章。

1. 推介自己的文章

推介自己的文章不仅是推销自己，而且是方便编辑。可以通过电话或在投稿邮件中说明，相对来说，在投稿邮件中说明比较常见。向编辑证明自己的研究选题有价值，尽可能简洁地陈述研究贡献，提供完整的摘要和关键词信息。

2. 了解编辑部关心的信息

编辑部关心作者的履历、学科和研究范围，作者主持的项目，近些年的学术兴趣。如果作者已经有了较好的学术发表经历，可以增强编辑的信心。

3. 七条建议

(1) 正视投稿：投稿、改稿是提高自身学术表达水平的过程。
(2) 熟悉期刊：了解学术出版的一般特征和刊发流程。
(3) 固定阅读：了解刊物的学术取向和选稿要求。
(4) 订阅纸版：感受学术诚意。
(5) 不要海投：一稿多投并非良策。
(6) 经常开会：学术期刊约稿不是"看人"，而是"看文"。
(7) 多方核实：辨明网络投稿的真假，不要轻易上当。

9.2.3 如何正确识别刊物

很多期刊的编辑部经常接到作者遭到诈骗的投诉电话，那是因为很多作者不明真相，将冒充的期刊误认为正牌的期刊，并支付了版面费。这种情况很多，实际上，如果熟悉期刊知识，这种情况是可以避免的。

1. 通过中国知网查询

在进行刊物查询时，在知网上查询比较精准，可以通过知网检索相关刊物的原版目录页，一般在目录页会有刊物编辑部、官方网站等相关信息。例如，通过中国知网检索《中国社会科学》，如图9.16所示，可以看到其详细信息和原版目录页(部分)如图9.17所示。

图9.16　CSSCI期刊《中国社会科学》

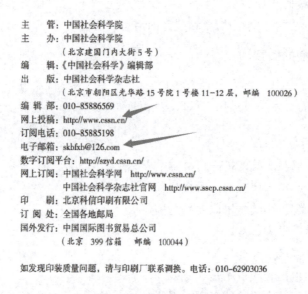

图9.17　CSSCI期刊《中国社会科学》原版目录页(部分)

2. 通过刊物主管单位查询

每份刊物都有主管单位。例如，《社会学研究》是由中国社会科学院社会学研究所主管的，《中山大学学报》是由中山大学主管的。因此，查询真实的投稿地址、联系电话和官方网站时，可以先进入其上级主管单位的网站。例如，进入中山大学的官方网站，然后从子菜单中找到中山大学学报编辑部的信息。有些编辑部的信息可能不完善，但通常会有联系电话，这个电话多半是真实的。如果需要发表文章，可以直接通过电话确认。

3. 通过出版刊号查询

每份刊物都有一个正式的出版刊号(一些以书代刊的杂志除外)。这些刊物的版权信息可以在中国知网等网站上查询到，而一些假冒的、没有正式出版刊号的刊物则无法查询到。当然，也有些刊物有特殊情况。

例如，通过中国知网查询期刊《管理世界》，可以看到其正式的出版刊号和详细的版权信息，如图9.18所示。

图9.18　《管理世界》正式出版刊号

最后，一般来说，与作者联系的通常是期刊的责任编辑，他们主要是与作者就文章本身进行沟通，其沟通目的非常明确，如文章修改、文章校对等具体事务，而不会只谈是否发表等非常简短的信息。

9.2.4　投稿信的撰写技巧

撰写投稿信是论文投稿过程中的一个重要环节。投稿信不仅仅是对论文内容的简单介绍，更是作者与期刊编辑建立初步联系的重要方式。一个清晰、简洁且有说服力的投稿信，可以增加编辑对论文的兴趣，提高论文被送审的机会。以下是撰写投稿信的几个技巧。

1. 简洁明了的自我介绍

开头部分应简洁地介绍自己，包括姓名、职称、研究领域和所在机构等信息。避免冗长的自我描述，重点在于让编辑对作者有一个基本了解。

2. 明确论文的题目和研究内容

在自我介绍后，应清晰地列出论文的题目，并简要描述研究内容和主要发现。重点强调论文的创新点和研究意义，解释该论文适合发表在该期刊上的原因。

3. 强调论文的独特性和贡献

在描述研究内容时，要突出论文的独特性和贡献，说明研究如何填补了现有研究的空白，或如何提供了新的视角或方法，确保编辑能够迅速了解论文的价值。

4. 说明与期刊的契合度

解释为什么选择该期刊投稿，说明论文的主题和内容如何契合期刊的定位和选题方向。可以提及期刊近期发表的相关论文，展示对期刊的了解和认可。

5. 礼貌和感谢

在结尾部分，表达对编辑阅读和考虑这篇论文的感谢，并附上联系方式，方便编辑随时联系。保持礼貌和专业，避免使用过于随意的语言。

6. 附上必要的文件

在投稿信中注明随附的文件，如论文全文、图表、数据补充材料等，并确保所有附件都已按要求格式化和整理好。

案例分析9-1

投稿信的撰写

尊敬的编辑：

您好！

我是××大学社会学系的张明，现任副教授，主要研究领域为社会网络与城市发展。谨此向贵刊投稿一篇题为《社会网络对城市居民幸福感的影响研究》的论文。

本研究基于一项大规模的城市居民调查数据，探讨了社会网络对居民幸福感的影响机制。研究发现，社会网络的广度和深度显著影响居民的主观幸福感，并提出了相应的政策建议。论文的创新之处在于采用了最新的数据分析方法，并结合了多层次模型进行深入分析。相信本研究对社会学领域特别是城市研究具有重要的学术贡献。

鉴于《×××期刊》长期关注社会学前沿问题，尤其是城市发展与社会网络方面的研究，故此将本论文投稿贵刊，希望能够与更多同行分享研究成果。

非常感谢您在百忙之中审阅此稿，并期待您的宝贵意见。随信附上论文全文及相关图表数据。如有任何问题，请随时联系我。

此致

敬礼

作者：张明

×××大学社会学系

邮箱：×××@×××.com

电话：123-456-7890

9.3 学术期刊的编发流程及审稿

学术期刊的编发流程及审稿标准不仅体现了严格的学术规范和流程管理，还蕴含着严谨治学、实事求是的科学精神。通过学习和理解这些流程，学生可以深刻体会到学术研究中细节和规范的重要性，培养严谨的学术态度和高度的责任感。这种课程思政不仅有助于提升学生的学术素养和研究能力，还能引导他们在学术研究中坚守诚信、追求卓越。

9.3.1 学术期刊的编发流程

学术期刊的常见编发流程包括分稿、初审、责任编辑审稿、匿名外审、发稿会、主编审定和编校七个流程。常见学术期刊的编发流程如图9.19所示。

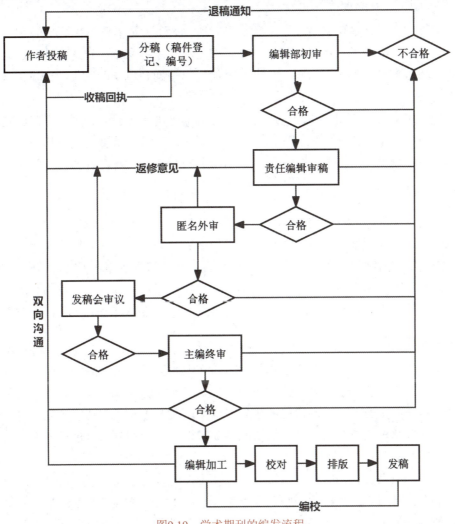

图9.19 学术期刊的编发流程

1. 分稿流程

编辑部通常设有投稿邮箱或接受纸质版投稿,因此,每个编辑部都有一个负责收发的编务人员。他们负责将文章分门别类。有些编辑部的收发人员只负责分门别类,然后转交给相应的责任编辑,而有些编辑部的收发人员则同时负责初步甄别工作,会将完全不符合发稿要求的文章直接过滤掉。

以《学术月刊》为例,其刊登内容涉及文学、历史学、哲学、经济学、政治学、社会学、法学、教育学等诸多领域。编务人员会将来稿的题目和单位等信息登记在册,然后按照学科分类将这些文章转交给相应的责任编辑。需要注意的是,编务人员不是来稿即分,而是将前一个月累积的稿件一次性转给编辑,因此会有一个月的分稿周期。

对于电子邮件投稿，每个栏目都有专门的投稿邮箱，电子稿件的分类工作可以直接跳过。现在，很多期刊采用网上投稿系统，简化了分稿流程，文章会直接投给相应的编辑。例如，《经济研究》这种专业期刊，按照经济学分支分别有不同的责任编辑负责。

2. 初审流程

由于编辑部人手有限且审稿流程耗费大量人力、物力(外审需要审稿费等)，因此很多期刊都有初审流程。初审的目的是过滤掉基本没有发稿可能的文章，让优质文章进入精审环节。初审一般根据文章的大致方向、专业和风格等，与期刊自身的定位相比较，确认文章是否符合要求。

初审通常由相应的编辑直接负责，有时与分稿同时进行；也有期刊是专门的初审编辑负责。初审周期视期刊而定。期刊发表通常"供不应求"，投稿文章大量积压，编辑们往往不能及时处理投稿。建议作者在投稿一段时间后打电话向编辑部询问文章进度。

3. 责任编辑审稿

熟悉期刊发表的作者都知道，每篇文章的最后都有一个署名的责任编辑，责任编辑对文章的编辑、校对和刊发负有直接责任。经过初审后的文章由责任编辑负责审阅、处理。责任编辑是编辑部的核心生产力，熟悉期刊的风格、选题和规格等，需对整本期刊负责。

责任编辑的工作像是守门人，他们是发表流程的第一个重要关卡。说服责任编辑的核心要件是文章质量。责任编辑通过后，文章符合期刊要求，有较大希望进入后续编发流程。

4. 匿名外审流程

"闻道有先后，术业有专攻"。责任编辑的知识面有限，采用匿名外审制度可以显著提升审稿质量。严格采用匿名外审制度的期刊一般是较为优秀的期刊。

现在，越来越多的期刊采用双向匿名外审制度。大多数专业期刊在责任编辑不确定文章内容、对文章总体质量判断不准确的情况下，需要相应的外审专家进行评审。全国哲学社会科学规划办公室在资助期刊时，明确鼓励甚至要求资助期刊采用匿名外审制度。

匿名评审一般来自期刊的作者队伍，往往是比较优秀的作者。有时期刊缺乏相应学科的作者，会在作者队伍之外特约一些评审专家。他们在相应领域有深厚的学术积累，只要本着对期刊负责的态度，都能提出优秀且专业的审稿意见。责任编辑根据评审意见决定是否录用，如果录用，会让作者根据评审意见修改文章。

5. 发稿会流程

在责任编辑通过和匿名评审之后，最重要的编发流程是发稿会。发稿会上，责任编辑、分管副主编和主编会出席，他们会认真阅读文章内容和评审意见，深入探讨文章是否适宜刊发。通过发稿会的文章多半会顺利发表。

在发稿会上，责任编辑陈述拟刊发的文章，内容包括文章选题、创新与贡献、作者与研究履历、作者单位和职称信息、文章的其他信息等。发稿会是编辑部交流意见、分析讨论文章的机会，也是编辑部最重要的会议。发稿会往往提前至少两个月召开，为编辑、校对预留时间。

6. 主编审定流程

在发稿会之后，通常还有主编审定流程，广义上的主编审定包括分管副主编审定。不同编辑部的审稿流程不同，有些副主编审定在发稿会之前，有些在发稿会之后。经过发稿会的文章仍可能在主编审定中被抽下来，因为发稿会讨论可能不充分，主编、副主编可能没有充分阅读全文，只听责任编辑现场陈述，等全文提交后，主编、副主编会进行权衡和调整。

在主编审定环节，优秀的文章一般不会有问题，而在发稿会讨论中存疑、质量不够过硬的文章会面临再一次筛选。有些期刊要求责任编辑在发稿会上提交多于正式刊发的文章数，再由主编或副主编进行差额甄选。

总之，主编审定是编辑部最后一个编发流程，文章通过这个环节后进入编校流程，如无意外情况，文章一般会如期见刊。

7. 编校流程

编校流程是文章正式刊发前的最后一个环节，是文章质量的重要保障之一。编校流程由责任编辑主导，一般经过三次编辑和校对。校对工作有专人负责，有些编辑部缺乏人手则互相校对，以降低错漏概率。责任编辑三次编校后，主编或总编进行最后审读，即"三校一读"，主编签字后文章即可正式出版。

编校流程主要是对文章进行微调，提升文章整体质量，修正错别字、错漏字，规范文章格式和参考文献等。严格认真的编校工作是期刊工作水准的重要保证。作者应全力配合编辑部的编辑流程，以免发生错漏。

9.3.2 学术期刊的审稿标准

每个期刊都有一个相对确定的发表门槛。文章如果过了这个门槛，流程就会走得特别快；反之，则可能会磕磕绊绊，甚至让编辑和作者都感到苦不堪言。资深编辑能够通过标题和摘要快速判断文章的质量，进一步决定文章的层次、需要进行的修改，以及后续处理方式。

编辑的首要工作是判断文章是否达到发表门槛。大多数作者没有编辑经验，不了解编辑的角色、视角和处境，误以为编辑只是简单地收稿、编稿、校稿。实际上，编辑的工作是"以理服人"，说服自己、主编和读者文章的价值。学术发表有一个"说服链"：作者说服编辑，编辑说服主编，主编再说服读者。

学术发表和期刊文章有各自的生态和情势，需要具体分析。以下是学术期刊审稿的主要标准。

1. 选题倾向

每个期刊都有稳定的学科属性、选题范围和发稿方向，这些是其立刊的基础。好的期刊会有专业化的发稿倾向。例如，《学术研究》等综合期刊有固定的学科分类——哲学、政治学、法学、社会学、经济管理学、历史学、文学等。超出这些门类的文章即使优秀也难以发表，因为期刊不会因为一篇文章而设立一个新栏目。

作者在投稿前，需明确了解期刊的选题方向，判断自己文章是否符合其选题要求。例如，《学术月刊》不发表艺术学方面的文章，因此，相关投稿难以顺利发表。期刊的选题倾向可在征稿启事和历史发表文章中找到。

2. 学术贡献

判断一篇文章是否值得刊发，最重要的标准是其学术贡献。具体来说，文章是否具有扎实、可靠和创新的学术观点，该学术观点对学术界是否有推介意义。

作者投稿时，需陈述学术贡献，让责任编辑了解文章的价值。编辑部在发稿会上，责任编辑需要向同事和领导陈述这些学术贡献。因此，作者在投稿时不妨简单陈述自己的学术贡献，以供编辑参考。

3. 行文表述

光有学术贡献还不够，文章还必须表述到位、行文规范。具体来说，文章需论据充分、论证合理、行文顺畅、文辞准确。

从编辑部的角度看，学术期刊需要的是一篇成熟的文章，而不是一个初稿或半成品。作者行文表述需有修辞自觉，即忠实、客观地阐释研究发现，实事求是地表达研究结论。

行文表述要中庸，既不要夸大自己的研究，也不要过分谦虚。锤炼、推敲文字是学术的基本功，务必将文章写到位。作者需明确行文目标，推敲文字是高度理性的工作，是反复斟酌的结果。当表述研究结论时，作者应有初步的概括，明确与读者分享的问题、论据和结论。

📖 案例分析9-2

《学术月刊》的投稿须知，如图9.20所示。

投稿须知

（一）本刊自2016年起启用在线投稿系统，以"学术月刊"网站（https://www.xsyk021.com）作为接受投稿的主要渠道。

本刊的栏目分为：（1）哲学；（2）经济学；（3）文学、艺术学、美学；（4）历史学、民族学、人类学；（5）政治学；（6）法学；（7）社会学；若不能确定板块，请选择"（8）综合通联"板块。

（二）来稿字数以15000~20000字为宜，并附带中文摘要（300~400字）、英文题目与摘要（约200个单词）、中英文关键词（3~5个）、作者简介（包括姓名、工作单位、学位、职称、研究方向等）。

（三）根据国家标准（GB/T 7714-2015），结合本刊实际，引文标注采用当页脚注形式，用阿拉伯圈码数字（①②③……）统一编码。

（四）本刊对来稿实行专家匿名审稿及编辑部三审。稿件正文中请勿出现作者个人资讯，作者从投稿之日起超过一个月未接到采用通知，可自行处理稿件。

（五）本刊有权对来稿做文字性删改，有特殊要求者请在来稿时注明。

（六）来稿须为作者本人原创性作品且从未公开发表，并确认不存在剽窃、伪造、篡改、不当署名、一稿多投、重复发表、违背研究伦理，以及其他学术不端行为。学术不端行为内涵的具体解释，请参照《学术出版规范——期刊学术不端行为界定（CY/T 174—2019）》。向本刊投稿，即视为作者承诺，如有前述任何学术不端行为，愿意承担一切相应的直接责任与间接责任。

（七）作者向本刊投稿或提交文章发表的行为，即授权许可本刊对稿件享有长期专有使用权，包括本刊享有独家发表、出版、复制及发行等权利，且本刊有权独家自行或委托第三方以数字化方式复制、汇编、发行、信息网络传播作者稿件及本刊全文。稿件一经被采用，即付稿酬，寄送样刊。与前述相关的著作权授权专有许可使用费包含在一次性支付给作者的稿费中。向本刊投稿即视为作者同意接受前述对本刊的著作权授权专有许可。若不同意前述著作权授权专有许可的，作者应在来稿时作出明确书面说明，本刊将作适当处理。

（八）本刊不以任何形式收取版面费，全国社科工作办举报电话：010-63098272。

学术月刊编辑部

图9.20 《学术月刊》的投稿须知

《学术月刊》的投稿须知内容详尽，涵盖了投稿过程中的各个方面，体现了期刊的专业性和规范性。明确的栏目设置、严格的学术规范和无版面费政策等为作者提供了清晰的投稿指引，有助于提高稿件的质量和审稿的效率。

1. 在线投稿系统

说明：自2016年起启用在线投稿系统，主要通过"学术月刊"网站接受投稿。

分析：在线投稿系统方便了作者投稿，提高了投稿处理效率，减少了传统邮寄投稿的延迟问题。

2. 栏目设置

说明：栏目包括哲学、经济学、文学、艺术学、美学、历史学、民族学、人类学、政治学、法学、社会学。如果不确定板块，则选择"综合通联"板块。

分析：明确的栏目设置有助于作者确定合适的投稿方向，提高文章被选中的概率。同时，提供了"综合通联"板块，方便无法明确分类的稿件。

3. 字数及附带信息

说明：稿件字数为15 000到20 000字，需附中文摘要、英文题目与摘要、中英文关键词、作者简介等信息。

分析：详细的字数和附带信息要求规范了投稿内容，确保文章信息完整，提高了审稿效率。

4. 引文标注

说明：采用当页脚注形式，用阿拉伯圈码数字统一编码。

分析：统一的引文标注形式有助于保持期刊的规范性和专业性，方便读者查阅和引用。

5. 审稿流程

说明：实行专家匿名审稿及编辑部三审。超过一个月未接到采用通知，可自行处理稿件。

分析：专家匿名审稿和三审制度保证了审稿的公平性和严谨性。一个月的审稿周期也为作者提供了预期时间，方便后续安排。

6. 原创性及学术规范

说明：稿件必须是作者原创且未公开发表，确认不存在学术不端行为。作者承诺愿意承担相应责任。

分析：严格的原创性和学术规范要求保证了期刊的学术诚信和质量，维护了作者和期刊的声誉。

7. 著作权授权

说明：投稿即授权期刊享有长期专有使用权，包括发表、出版、复制及发行等权利。若不同意，须在来稿时做出书面说明。

分析：明确的著作权授权条款保护了期刊和作者的权益，避免了后续的法律纠纷。

8. 无版面费

说明：不收取任何形式的版面费，并提供全国社科工作办举报电话。

分析：不收取版面费体现了期刊的公正性和学术性，增加了投稿的透明度和可信度。

9.4　学术期刊的投稿再修改

> 学术期刊的投稿再修改不仅是提升论文质量的关键环节，更是学术交流和学术诚信的重要体现。通过对文章的内向和外向修改，作者不仅能完善自身的研究成果，还能在与编辑、评审专家的互动中吸收多元意见，提升自身的学术素养和写作水平。这一过程中，作者学会接受批评、尊重他人意见，展现了严谨治学和实事求是的精神。

论文的修改贯穿于整个学术发表过程，只要文章尚未发表，就仍然是一个未完成的作品。文章的修改分为两个阶段：投稿前的内向修改和投稿后的外向修改。内向修改是作者基于自身对文章的斟酌和考量进行的改进，而外向修改则是根据编辑部、匿名评审专家及同行的意见进行的修改。

9.4.1　修改文章的重要性

论文的修改贯穿学术发表的整个过程。只要文章没有发表，它就仍然是一个未完成的作品。文本与言语是两种不同的表达形式，文本需要经过深度和反复的打磨，也就是修改。修改文章的重要性主要有以下几点。

1. 确保表达准确

想清楚与写清楚是两码事。词不达意是写作中常见的错误，修改文章的目的是让论述更加符合表达意图，确保文字准确地传达作者的思想和观点。

2. 增强客观性

作者的观点和读者的观点可能有所不同。作者的观察和判断有时会掺杂个人的主观臆断，导致文章与实际情况有所出入。将文章交给同行阅读和批评，可以获得更多的视角，对文章进行更客观的审视。

3. 符合期刊规范

每个期刊对其刊载的文章都有一定的规范、格式和体例要求。编辑部通常会提出相应的修改意见，帮助文章更好地符合期刊的标准和读者的期望。

4. 提高学术水平

修改文章不仅是为了发表，更是学术写作中的必不可少环节。通过修改，文章可以在内容、结构和表达上不断优化，达到更高的学术水平。

5. 促进学术交流

修改过程中的学术讨论和交流，可以帮助作者不断完善文章。这些来来回回的讨论，有助于文章精益求精。

作者必须端正心态，积极面对修改。尤其是当编辑部提出修改意见时，应该尽可能地配合修改。编辑的意见都是为了完善文章而提出的，最终受益的也是作者。如果编辑的建议有不合理之处，作者也可以通过学术交流进行反馈和讨论。这样，文章才能在反复修改和讨论中不断提升质量。

9.4.2 修改文章的四个步骤

作者在写作过程中，主要关注的是如何尽快完成文章。然而，一旦文章写完，作者就应该着手修改，确保文章质量达到最佳水平。修改的核心目标在于清楚地阐述论点，因此，所有的修改都应围绕这一核心目标展开。凡是有助于阐述论点的内容，应保留并进一步深化；凡是与论点无关的内容，则应删除。

有时编辑部会建议作者删减部分篇幅，作者可能会感到抵触。但事实上，删减篇幅也是一个精简和提高文章质量的过程。尽管某些内容在研究过程中花费了大量精力，但如果与中心论点无关或冗长，则需认真修改。若能用1000字讲清楚的内容，作者却用了10 000字，则不仅降低了文章的传播效力，也影响了读者的阅读体验。因此，修改文章是提升其性价比的重要步骤。

具体来说，修改文章可以分为以下四个步骤。

1. 检查文章阐述的完整性

首先，查看文章是否完整地阐述了论点，引用了必要的材料，并使用了相关的图表。确保所有需要讲述的内容都已完整呈现。

2. 检查表述的清晰性

在完整表述的基础上，检查这些表述是否清晰、明了，是否符合事实，是否做到了实事求是。确保读者能准确理解文章的内容。

3. 检查表达的到位性

在表述清楚的前提下，进一步检查段落和句子的表达是否到位，是否将原本希望表达的意思准确传达。有无过分或不足之处，是否精准、恰当。

4. 检查格式和注释的规范性

最后，检查文章的格式和注释是否规范，是否符合所投期刊的要求。确保文章在形式上达到发表标准。

每篇文章的修改过程不一定严格按照上述四个步骤进行，但至少要参考这些修改目标。只有把这些修改做到位，文章才能顺利通过发表审核。

值得一提的是，修改文章最好进行整体性修改，对文章进行全面的、系统的检查，而不是只进行局部性的小修小补。只做局部修改，会使文章显得不协调，可能导致上下文不一致，无法达到预期的修改效果。因此，整体性修改有助于文章达到更高的质量标准。

9.4.3 常见修改问题与解决方法

在学术论文的修改过程中，作者常常会遇到各种问题，这些问题如果得不到有效解决，可能会影响论文的质量和发表成功率。

1. 结构不清晰

论文结构混乱，章节安排不合理，逻辑不连贯，导致读者难以理解文章的主旨。

(1) 重新组织结构：梳理文章的逻辑结构，确保每个章节和段落都有明确的主题，并且各部分之间有清晰的逻辑联系。

(2) 使用清晰的标题和小标题：在每个部分前加上明确的标题和小标题，帮助读者迅速抓住文章的要点。

(3) 使用过渡段：在不同部分之间加入过渡段，确保逻辑连贯，帮助读者理解文章的整体框架。

2. 论证不充分

文章的论据不足，缺乏有力的证据支持，导致论点不够说服力。

(1) 增加数据支持：通过补充实验数据、统计分析、案例研究等方式，增强文章的论证力度。

(2) 引用权威文献：引用最新的研究成果和权威文献，增强文章的可信度。

(3) 详细解释论据：对提供的论据进行详细解释，确保读者能够理解其与论点之间的关系。

3. 语言表达不准确

文章语言表达不准确，存在模糊或歧义，影响读者对文章内容的理解。

(1) 反复推敲文字：认真推敲每一句话，确保表达准确、清晰、简洁。

(2) 使用专业术语：在适当的地方使用专业术语，但要避免过度使用，以免增加阅读难度。

(3) 请他人审阅：邀请同行或导师审阅文章，帮助发现语言表达上的问题。

4. 格式和注释不规范

文章格式、注释和参考文献不符合期刊的规范要求，可能导致编辑直接拒稿。

(1) 熟悉期刊要求：仔细阅读目标期刊的投稿须知，了解其格式、注释和参考文献的具体要求。

(2) 使用参考文献管理软件：如EndNote、Zotero等，自动生成符合期刊要求的参考文献格式。

(3) 逐项检查格式：在提交前逐项检查文章的格式、注释和参考文献，确保完全符合期刊要求。

5. 过度冗长或简略

文章内容过于冗长，包含无关信息，或过于简略，缺乏必要的细节。

(1) 删减无关信息：删除与核心论点无关的冗余内容，确保文章简洁明了。

(2) 补充必要细节：在关键部分增加必要的细节和说明，确保读者能够充分理解文章内容。

(3) 使用字数限制：根据期刊的字数限制调整文章篇幅，既不过长也不过短。

通过有效应对上述常见修改问题，作者可以显著提升论文的质量，增加文章在学术期刊上发表的成功率。在修改过程中，应保持开放的态度，积极采纳他人的建议和意见，不断完善和提升自己的学术成果。

9.4.4 审稿意见的回复技巧

收到审稿意见后，如何有效地回复是论文能否最终被接受的重要环节。合理的回复策略不仅能够解决审稿人提出的问题，还可以展示作者的学术素养和专业态度。以下是回复审稿意见的几个技巧。

1. 礼貌和感激

在回复审稿意见时，首先要对审稿人和编辑的辛勤工作表示感谢。无论审稿意见是正面的还是负面的，都应保持礼貌和专业，展现出对同行评审的尊重。

2. 逐条回复

应对每条审稿意见进行详细回复，不要忽略任何一条意见。对于审稿人提出的每个问题或建议，逐条进行回复，说明修改的具体内容和理由。如果某些意见无法采纳，也要解释清楚原因。

3. 具体而明确的修改说明

在回复中具体说明每处修改的位置和内容，可以引用论文的具体段落或页码，方便审稿人对照检查。避免笼统的描述，确保修改说明清晰明了。

4. 合理的反驳

如果对某些审稿意见有不同意见，可以进行合理的反驳，但要保持礼貌和理性。应提供充足的证据和理由，说明为何不采纳这些意见，并尽量让审稿人理解和接受。

5. 附上修改后的稿件

随回复信附上修改后的稿件，并在稿件中标注出修改的部分，便于审稿人和编辑核对。同时，可以附上一份修改说明文档，详细列出所有修改内容及其对应的审稿意见。

案例分析9-3

审稿意见的回复

尊敬的编辑：

您好！

非常感谢您和审稿人对我论文《社会网络对城市居民幸福感的影响研究》提出的宝贵意见。我已经根据审稿意见对论文进行了详细的修改，现将修改情况说明如下。

(1) 审稿人A建议增加文献综述部分的内容，特别是关于社会网络影响幸福感的最新研究。我在第2节文献综述中增加了几篇近期的重要研究，并对相关理论进行了更详细的阐述

(见第5页第2段)。

(2) 审稿人B指出数据分析部分需要更加详尽。我在第4节数据分析中增加了对模型选择的详细说明，并补充了表3和表4，展示了数据分析的具体过程和结果(见第10页至第12页)。

(3) 审稿人B提到部分结论的论证不够充分。我对第5节结论部分进行了修改，增加了对研究结果的深入讨论，并引用了相关文献支持(见第15页第3段)。

对于审稿人B提出的第3点意见，由于数据限制，无法进行更详细的分析。我在回复中详细解释了这一点，并在论文中注明了该研究的局限性和未来研究方向(见第16页第1段)。

再次感谢您和审稿人对我论文的审阅和建议。随信附上修改后的论文全文及修改说明文档，期待您的进一步审阅。

此致

敬礼！

作者：张三
××大学社会学系
邮箱：×××@×××.com
电话：123-456-7890

9.4.5 修改后的再投稿策略

在经历了初次投稿、接受审稿意见并进行修改之后，许多学者发现再次投稿并非易事。为了提高修改后再投稿的成功率，以下几点策略较为重要。

1. 充分吸收审稿意见

审稿意见是提升文章质量的宝贵资源，通常包含专业且建设性的建议。充分吸收这些意见，不仅能提高文章质量，还能展示出作者对同行评审的尊重。因此，仔细阅读并理解审稿人和编辑的意见，逐条进行修改和回复，确保所有提出的问题都得到了有效处理。

例如，如果审稿人建议增加更多的数据分析，作者可以详细补充相关数据，完善统计分析部分，并在回复信中说明增加数据的具体原因和效果。

2. 明确修改和新增内容

清晰标注修改内容不仅方便审稿人工作，还展示了作者的专业态度和认真程度。因此，在修改后，明确标注所有修改和新增的内容，使审稿人和编辑能够快速识别并评估这些变化。

例如，在修改后的稿件中，使用不同颜色或标注工具，突出显示新增的段落或修改的句子，同时在回复信中详细说明每处改动。

3. 精心撰写再投稿信

再投稿信是编辑了解文章修改情况的第一手资料，应重点突出文章的改进和新增的贡献，增强编辑对稿件的兴趣。因此，撰写一封简洁明了、条理清晰的再投稿信，简要概述文章的主要修改内容和改进之处。

例如，在再投稿信中，列出修改的主要方面，如数据分析的改进、理论框架的完善、文献综述的扩充等，确保编辑一目了然，在上一小节已详细叙述。

4. 选择合适的投稿期刊

有时，修改后的文章可能更适合于不同领域或不同风格的期刊。重新评估投稿目标，有助于提高文章的接受率。因此，根据修改后的文章特点，重新评估并选择最适合的投稿期刊。

例如，如果原投稿期刊关注的主题与修改后的文章有所偏离，可以选择另一个更符合文章主题的期刊进行再投稿。

5. 遵守期刊的投稿规范

期刊对投稿规范的要求体现了其学术严谨性，遵守这些规范是获得编辑和审稿人认可的基础。因此，严格遵守目标期刊的投稿规范，包括格式要求、字数限制、参考文献格式等。

例如，在再投稿前，逐条检查期刊的投稿指南，确保所有格式、引用和字数要求都符合规范。

6. 保持积极的心态

学术发表是一个不断改进和完善的过程，积极的心态有助于作者应对各种挑战，提升自身的学术水平。因此，在面对可能的拒稿或修稿要求时，应保持积极的心态，继续改进和完善文章。

例如，即使文章再次被拒，也不要灰心，可以根据新的审稿意见继续修改，或者考虑向其他合适的期刊投稿。

案例分析9-4

改进数据分析并再投稿

背景：某学者的论文在第一次投稿时，审稿人建议补充更多的数据分析。

修改过程：学者增加了新数据，改进了统计分析方法，并在论文中新增了两段详细的数据解释。

再投稿信如下。

尊敬的编辑，

您好！

感谢您和审稿人对我论文《×××研究》的宝贵意见。我已根据建议补充了新的数据分析，具体包括如下方面。

1. 增加了××××年的数据样本，改进了统计分析方法。
2. 在第3节中新增了两段数据解释，进一步支持研究结论。

期待您对修改后的稿件进行评审。

此致

敬礼

作者：×××

本章小结

本章详细介绍了学术期刊投稿与再修改的各个环节,为投稿者提供了全面的指导和实际操作建议。首先,讲述了学术期刊的分类及其投稿方式,帮助投稿者了解如何选择适合的期刊进行投稿。其次,强调了修改文章的重要性,并详细阐述了文章优化的四个步骤,指导投稿者如何通过内向和外向的修改提升文章质量。再次,讨论了常见的修改问题及其解决策方法,提供了实际案例以帮助读者理解和应用这些方法。最后,介绍了审稿意见的回复技巧和修改后的再投稿策略,帮助投稿者提高文章发表的成功率。通过本章的学习,投稿者能够系统掌握学术论文投稿与修改的关键要点,提升自身的科研能力和学术水平。

习　　题

思考与练习:

1. 学术期刊的分类有哪些?请简要描述不同类型期刊的特点。
2. 修改文章的重要性体现在哪些方面?
3. 如何进行文章的优化修改?请列出并解释四个主要步骤。
4. 常见的文章修改问题有哪些?如何解决这些问题?
5. 收到审稿意见后,应如何有效回复?

文献阅读:

请在文献数据库中下载以下论文进行阅读,掌握期刊论文的投稿与发表技巧。

[1] 李静. 学术期刊投稿与审稿机制探析[J]. 编辑学报,2015,27(1):73-76.
[2] 王磊. 学术期刊投稿策略与技巧[J]. 出版发行研究,2017,25(3):45-49.
[3] 赵静. 如何提高学术论文的发表成功率[J]. 科技与出版,2019,24(4):52-55.

第七篇

课题申报

科研课题的申报，是科研工作中至关重要的一步，也是整个研究工作的关键和前奏。成功申报科研课题不仅能够获取研究所需的资源和支持，还能提升研究人员的学术地位和影响力。因此，为了实现申报课题成功立项，提高中标率，必须高度重视课题申报材料的写作质量。在一定程度上，课题申报能否成功，直接取决于研究人员的写作能力及申报书的撰写是否充实、科学和规范。

首先，研究目标新颖，研究问题明确。申报课题的研究目标应具有创新性，能够填补现有研究的空白或提出新的研究视角。同时，研究问题必须明确具体，具有一定的研究深度和广度，以吸引评审专家的关注。

其次，研究思路清晰，研究内容翔实。课题申报书应有清晰的研究思路，逻辑结构严谨，内容详尽。研究的各个环节和步骤需要详细描述，确保评审专家能够全面理解研究的全过程。

最后，研究方法科学，研究计划可行。研究方法的选择应科学合理，能够有效解决研究问题。同时，研究计划要切实可行，时间安排合理，资源配置充分，以保证研究的顺利进行。

第 10 章

课题申报书的撰写

📖 **案例导读**

❧ 关于《"一带一路"沿线国家投资争端解决机制创新研究》的
国家社会科学基金项目申报书撰写内容(部分摘录) ❧

研究总体框架如图10.1所示。

1. 评估当前的国际投资争端解决机制解决"一带一路"沿线国家投资争端的现状

结合"一带一路"沿线国家投资争端产生的原因,深刻剖析目前"一带一路"沿线国家关于国际投资争端的监管模式、立法体系,以及沿线国家近年来对此在区域层面开展的内部协调和外部合作机制,重点对世界贸易组织(以下简称"WTO")争端解决机制、ISDS机制、区域性投资争端解决机制、双边协议中的争端解决机制等解决投资的争端方式做法理及实践分析,明确各种解决争端方式用于解决沿线国家投资争端的优缺点。

2. 剖析"一带一路"倡议下对沿线国家投资争端解决机制进行创新性研究的现实诉求

立足于"一带一路"倡议法治化的需要,结合"一带一路"沿线国家的经济发展状况,分析众多沿线国家在经济制度、政治制度、法律制度和文化传统等方面存在的差异性,沿线国家或地区内部之间存在的各种矛盾和冲突,各相关国家存在着的投资壁垒与障碍,投资沿线国家会遇到的各种风险,以及当前国际投资争端解决机制解决沿线国家投资争端的不适性,论证在"一带一路"倡议下对沿线国家投资争端解决机制进行创新性研究的重要性、必要性和紧迫性。

3. 探求"一带一路"沿线国家投资争端解决机制的构建

该部分包括:第一,模式的选择,并不要求所有沿线国须恪守一套争端解决体系,可根据实践中构建的区域经贸合作机制的客观情况,既可在双边层面上亦可在多边层面上与不同的沿线国分别制定相应的争端解决机制,即构建"宜双边即双边、宜多边即多边、以双边促进多边、以多边带动双边"的投资争端解决机制;第二,构建的基本原则,遵循不干涉内政,尊重司法独立、平等协商,尊重东道国管辖、透明度等原则;第三,具体的构建,结合"一带一路"沿线国家的国情,在借鉴国际投资争端解决机制及美国、日本等较为成熟国家的贸易摩擦协调机制的基础上,构建一个专门解决沿线国家投资争端的机制,该机制以调解和仲裁为核心程序,同时,在该机制中引入争端多主体协调程序——偏向政治性的解决方式,使之与调解程序、仲裁程序等成为一系列有内在逻辑的机制体系;第四,"一带一路"沿线国家多套国际投资争端解决机制的协调分析。分析多套投资争端解决机制的相互关系及可能产生的问题,提出相应的协调建议。

4. 研究中国应对"一带一路"沿线国家投资争端解决机制的对策

研究当前中国在"一带一路"沿线国家投资的典型案例,以经济学与法学相结合的视角,分别从政府层面、行会层面、企业层面研究利用"一带一路"沿线国家投资争端解决机制最大化保护中国的海外投资利益,这是中国参与制定该机制的重要原因,也是中国主导的"一带一路"倡议法治化的需要。

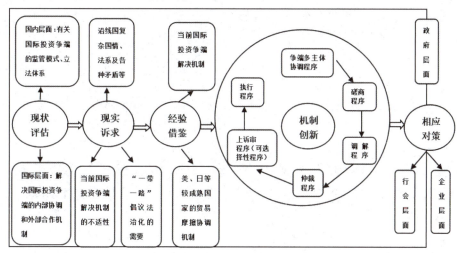

图10.1　研究思路总体框架

学习目的:

1. 了解课题申报书与开题报告的异同;
2. 掌握社科基金项目申报书的撰写与论证。

10.1　课题申报书与学位论文开题报告的联系和区别

> 课题申报书侧重于整体工作计划和创新性、实用性论证,旨在获得科研部门立项批准;学位论文开题报告侧重于学位论文研究方案的优化和细化,旨在通过专家组评审。撰写前的准备工作也不同,前者包括选题、组建课题组、调研等,后者包括选题、收集资料、文献检索等。此外,前者的预期成果主要是实用性成果,如报告、论文、专利等,评价标准为创新性和应用价值;后者的预期成果主要是学位论文,评价标准侧重于学术水平、研究深度和方法的严谨性。

学位论文旨在检验研究者的学术训练和知识水平,而开题报告是学位论文的前期论证,研究目的更具学理性。课题申报书主要是项目申报的前期论证,服务于项目本身的目标。尽管很多纵向课题以基础研究为主,但仍然带有不同程度的实用性诉求。

1. 课题申报书与开题报告的联系

课题申报书与学位论文开题报告都是对一项研究所做的设计和构想，有着比较相近或相同的内容结构，如项目名称、研究背景、研究综述、研究意义、理论依据、研究目标、研究内容、研究方法、研究步骤、成果形式、研究保障等。

2. 课题申报书与开题报告的区别

1) 所表述的含义不尽相同

课题申报书是课题确定后，课题研究人员所设计的整个课题研究工作计划。它论述开展课题研究工作的具体思路和设想，初步拟订课题研究各方面的具体内容和步骤。

开题报告是在学位论文题目确定后，在论文撰写工作开展前，学生向开题审核专家组进行书面或当面陈述的材料。

2) 论证的内容侧重点和目的有所不同

课题申报书的论证侧重点在于课题研究的问题是否具有价值和意义，是否体现创新性，是否具有可行性，以及具体研究问题的哪些方面，达到怎样的预期等。其主要目的是帮助课题顺利通过科研部门的批准立项。

学位论文开题报告的论证侧重点在于如何进行研究才能实现预期结果，确定具体的操作策略。其主要目的是优化和细化研究方案，是对项目研究方案的再设计、再修改，使研究方案更科学、更可行、更具可操作性。

3) 前期所做的准备工作也有所不同

学位论文开题报告撰写前，研究者需要做的准备工作包括选题、收集资料、进行文献检索、构思学位论文的初步研究方案，并向指导老师申请通过开题。

课题申报书设计前，课题研究者需要做的准备工作包括选题、组建课题研究小组、开展相关调研，以及课题组对课题创新性与可行性的研讨等。

4) 成果的预期和评价标准不同

课题申报书的预期成果多为实用性成果，如报告、论文、专利等，评价标准主要是创新性和应用价值。

学位论文开题报告的预期成果则主要是学术论文，评价标准更侧重于学术水平、研究深度和方法的严谨性。

10.2 社会科学基金项目申报书的撰写

撰写社会科学基金项目申报书不仅是细化研究问题的过程，还要详细论述立项依据、研究方案、可行性及创新点等内容。评审专家只能通过申报书了解课题内容，因此必须认真对待，做到态度严谨、描述到位、语言得体、前后通畅、主题明确。选题时应关注党和国家提出的重大理论和政策、国家和区域经济社会发展的重点问题，以及学科知识体系的发展动态，同时结合当年项目选题指南和项目负责人及课题组成员的研究领域、方向、优势与特色，从多个角度论证选题依据，突出课题的学术价值和应用价值，从而确保课题申报书的高质量和高成功率。

撰写社会科学基金课题申报书是细化所要研究问题的过程，必须详细论述立项依据、研究方案、可行性及创新点等。评审专家只能通过申报书来了解课题内容，因此必须认真对待。在撰写时应做到态度严谨、描述到位、语言得体、前后通畅、主题明确。2024年国家社会科学基金年度项目申请书填写范式见附录1，2024年国家社会科学基金年度项目课题论证活页见附录2。

10.2.1 社会科学基金项目的选题

社科基金项目的选题没有固定模式。在选题方面，应该做到"三个关注"和"两个结合"。"三个关注"即关注党和国家提出的重大理论和大政方针政策；关注国家和区域经济社会发展中的重点、焦点、难点问题；关注学科知识体系研究发展的动态。"两个结合"即结合当年项目选题指南；结合项目负责人和课题组成员的研究领域、方向、优势与特色。

1. 认真研究各类基金项目所给定的指南

(1) 按照"指南"给出的方向选题，确保选题与时俱进，贴近课题指南，紧跟党和政府最新重大部署，关注国内外最新动态，选题要关注理论前沿。

(2) 选题要有全局意识，题目不要过大、过长，尽量不加副标题，避免与热门题目扎堆或与较强研究力量"撞车"。重视小学科的科研选题，选题要实事求是，量力而行，非己所长的题目不要选。处理好"自拟"题目与"指南题目"的关系，选题可以照抄"指南"的题目，也可以根据自己熟悉的领域修改"指南"的题目。

2. 从重要文件文献中选题

以2017年12月10日，习近平总书记关于"实施国家大数据战略加快建设数字中国"讲话中的一段话为例。习近平总书记指出，要构建以数据为关键要素的数字经济(选题《新时代我国构建以数据为关键要素的数字经济体系研究》)，推动实体经济和数字经济融合发展(选题《新时代我国实体经济和数字经济融合发展研究》)，推动互联网(选题《新时代我国互联网同实体经济深度融合发展研究》、大数据(选题《新时代我国大数据同实体经济深度融合发展研究》)、人工智能同实体经济深度融合(选题《新时代我国人工智能同实体经济深度融合发展研究》)，继续做好信息化和工业化深度融合这篇大文章(选题《新时代我国信息化和工业化深度融合发展研究》)，推动制造业加速向数字化、网络化、智能化发展(选题《新时代我国制造业加速向数字化、网络化、智能化发展研究》)。

3. 掌握选题定义技巧

(1) 题目不宜太长。太长表明作者缺乏概括能力和抽象能力，题目要求精练、简洁，要力求达到多一个字太长、少一个字太短的水平。

(2) 核心概念不宜多，最多两个，最好一个。核心概念超过两个，论文究竟研究什么就非常难把握了，而且概念太多通篇很可能就是在解释概念，实质性的内容就被冲淡了。

(3) 表达要精准。题目如果引起歧义，或者模糊不清，那么论文在写作时很可能出现跑题现象。

4. 选题命名的热词

社科基金项目的课题命名的热词可能是"×××"问题研究、机制研究、模式研究、模型研究、对策研究、范式研究、路径研究、政策研究、战略研究、策略研究、规律研究、诠释研究、程序研究、内涵研究、体系研究、效率研究、发展研究、应用研究、启示研究、比较研究等。

10.2.2 选题依据的论证

选题依据包括国内外相关研究的学术史梳理及研究动态，本课题相对于已有研究的独到学术价值和应用价值等。从论证范围上讲，包括国内与国外两个方面；从论证内容上讲，包括四个方面，即梳、理、评、研。

1. 学术史梳理方法

(1) 选择有代表性的文献，即在权威刊物上发表的论文和权威论著，这些论文论著代表了学术发展的基本状况。不能把不入流刊物上的文章都罗列出来。

(2) 选择有代表性作者的文献，也就是权威学者，或者是活跃在学术界的作者的论文、论著。这些论文论著同样也代表了学术发展的基本态势。

(3) 选择研究的视角来梳理文献，也就是结合你要研究的视角特别是具体的问题来梳理文献，这样范围就大大缩小。

2. 学术史梳理及研究动态的论证范式

这一部分一般采用三段式或四段式展开，切忌采用一段式。

(1) 三段式。①国内相关研究的学术史梳理及研究；②国外相关研究的学术史梳理及研究；③综上所述：现有研究成功之处，现有研究不足之处，本研究能解决的问题和亮点。

(2) 四段式。①本研究的引入(背景)；②国外相关研究的学术史梳理及研究；③国内相关研究的学术史梳理及研究；④综上所述：现有研究成功之处，现有研究不足之处，本研究能解决的问题和亮点。

3. 学术史梳理及研究动态的论证内容

这部分是由对某一学科、专业或专题的大量文献进行整理筛选、分析研究和综合提炼而成的，反映当前某分支学科、某研究领域或某研究问题的历史现状、最新进展、学术见解，反映出有关研究问题的新动态、新趋势、新水平、新原理和新技术等。

学术史梳理及研究动态是针对某一研究领域分析和描述前人已经做了哪些工作，进展到何种程度，要求对国内外相关研究的动态、前沿性问题做出较详细的综述，并提供参考文献。对研究成果的表述要准确，重要人物及其代表作一定要列出来。

要准确概括存在的问题、提出解决的思路和方法，尤其是对流行观点的表述要慎重，对他人研究成果的评价要客观公正，切忌在批判别人成果的基础上突出自己的研究，不要贬低前人的研究成果，不要吹嘘自己，明确表达前期工作形成的学术思想或学术观点。

4. 独到学术价值和应用价值的论证方法

所谓"学术价值和应用价值",即本研究课题和以往立项课题、既有研究成果之间的区别究竟在哪里?

(1) 学术价值=学术增量。

学术价值的本质是学术增量。找出现有理论的问题、矛盾或缺憾,全面展示新理论和新知识、新资料或者新数据,以及新的方法。

(2) 应用价值=观照现实。

应用价值既要务实而不空洞,又要有高度和概括性。观照当代中国和世界的具体社会问题、现实问题,能够给出一个解释框架、分析逻辑,或者干脆就是给出带有可操作性的对策及建议。

注意:①价值不能等同于创新,价值是解决问题,创新是前所未有;②实事求是、客观中肯,切忌"填补空白"之类的论调;③学术价值主要侧重于发现新的"学术问题",应用价值侧重于提供解决问题的方法。

案例分析10-1

《"一带一路"沿线中国品牌故事传播策略研究》

该申报书的"选题依据"采用四段式的写法,先交代了"中国品牌故事传播策略"的研究背景;紧接着就国内外相关研究的学术史及研究动态进行梳理;然后对"中国品牌故事传播策略"现有研究成功之处、现有研究不足之处,以及本研究能解决的问题和亮点进行述评,最后介绍了本研究独到的学术价值和应用价值。相关描述如下。

(本课题的研究背景) "中国品牌故事传播策略"指中国自主品牌以讲故事的方式,向利益相关者传播其品牌价值、文化属性与产品服务功能属性的相关政策。习近平总书记强调,要推进国际传播能力建设,讲好中国故事,展现真实、立体、全面的中国。而"一带一路"倡议,为中国品牌出境获取国际话语权创造了良好的战略机遇期。在境外讲好中国品牌故事,必须探索科学策略。如何在"一带一路"沿线策略性地讲好中国品牌故事,成为中国自主品牌发展面临的时代命题。

(一) 国内外相关研究的学术史梳理及研究动态

1. 国外相关研究的学术史梳理及研究

第一,解读品牌故事的内涵。主要观点:①品牌背后的故事,认为品牌故事可理解为品牌背后的故事(brand backstory),它揭示了影响品牌形成的历史事件,也传达了与品牌发展有关的年代时间信息(Narsey & Russel, 2013; Diamond, 2009);②品牌的传说,认为品牌故事即品牌传记,它将静态结构的品牌个性转化为动态的选择性叙述的品牌内涵(Avery, 2010; Aaker, 1991);③品牌的原型故事,认为原型故事以隐喻形式让消费者去体验品牌的理念(Woodside, 2013; Bettman, 2000),让消费者获得品牌理念的典型体验(archetypal experience)。

第二,描述品牌故事的构成要素。主要观点:①结合营销实践,认为品牌故事包括寓意、角色、冲突、情节和品牌营销线索(Vincent, 2002; Fog, 2005);②结合受众感知,认为品牌故事包括行动愿景、公众可视化事件和感知愿景、受众用心去体会的故事(Bruner，1990；Escalas，1998)。

第三，探索品牌故事的功能。主要观点：①引导功能，认为品牌故事作为一种故事典型，可引导受众更快、更有效地领会品牌内涵和理念(Zemke，1990)；②情感功能，认为品牌故事可以强化品牌与受众的情感联系，激发其购买欲望(Granitz & Forman，2015；Morgan，1997)；③体验功能，认为品牌故事可丰富受众品牌体验(Hollenbeck，2008；Woodside，2011)；④管理功能，认为品牌故事是一种管理工具，可通过超强感染力与说服力让品牌管理更加高效(Wacker，2008)。

2. 国内相关研究的学术史梳理及研究

第一，关于品牌故事内涵的研究。主要观点：①从狭义上看，认为品牌故事是另一种形式的广告，是品牌发展过程中与消费者之间成功进行的情感传递(杨大筠，2007)；②从广义上看，认为品牌故事是企业通过讲故事的方式，向消费者阐释和传播其品牌内涵的核心价值观，从而引起消费者的共鸣，形成对品牌的良好印象(彭传新，2011)。

第二，关于品牌故事结构与创新的研究。主要观点：①品牌故事结构主要包括"主题"与"内容"(汪洋，2011)；②角色、事件、物件、冲突、讯息、故事结构与特色是核心构成要素(黄光玉，2006)。

第三，关于品牌故事传播具体策略的研究。主要观点：①从企业视角出发，认为可从企业创始人或经营者身上、企业产品或服务理念上以及企业文化等方面挖掘品牌故事(丁光梅，2018)；②从媒体新闻报道视角出发，认为讲好中国品牌故事需找好角度与着力点，新闻作品可以通过解谜题、话趣事、启未知、引入戏入手(程曼丽，2015)；③从叙事策略视角出发，认为品牌"出海"更应强调微小叙事，而不是宏大叙事(师曾志，2018)；④从现存问题出发，有学者指出国内媒体以惯常思维方式报道中国品牌成就，中国品牌故事很难与海外话语气氛匹配，讲出去了也很难被认可(胡正荣，2015)。

(研究述评)综上所述，国内外相关研究成果较为丰富，显著特点是研究视角多元，且已形成一定的积淀。但目前已有成果大多聚焦"品牌故事内容构建+具体传播策略"，缺乏对品牌故事传播策略的多维、系统考察，尤其是品牌故事传播的运营策略、保障策略及检验策略等研究尚属空白，对"一带一路"沿线特殊品牌传播环境、特点及相应策略研究也尚薄弱，这为本选题提供了研究方向和研究空间。

(二) 独到学术价值和应用价值

1. 独到学术价值

(1) 立足"一带一路"沿线特殊传播环境，丰富和发展了中国品牌故事传播策略相关理论研究，也为"一带一路"沿线讲好、传播好、运营好中国品牌故事提供系统、专业、科学的理论指导。

(2) 当前世界正处于重塑国际话语体系的重要时期，也是中国品牌"出海"获取国际话语权的战略机遇期。"一带一路"沿线中国品牌故事传播策略研究，既是中国品牌提升竞争力的需要，也有利于促进中国品牌实现自主创新。

2. 独到的应用价值

(1) 促进"一带一路"沿线中国品牌故事顺畅、高效传播，提高"一带一路"沿线中国品牌知名度和品牌声誉。

(2) 有利于中国品牌明确"一带一路"沿线品牌传播风险点和机遇点，为防范跨地域、跨文化品牌传播风险提供对策。

10.2.3 "研究内容"论证

研究内容包括本课题的研究对象、总体框架、重点难点、主要目标等，主要是界定研究对象，设计总体框架，明确重点难点，以及预计研究主要目标等。

1. 界定"研究对象"

界定"研究对象"时，要有项目观，即对项目总的看法和根本观点，项目观主要解决选题对象"是什么"的问题，在界定"研究对象"后，要明确研究立足点。

案例分析10-2

《"一带一路"沿线中国品牌故事传播策略研究》界定研究对象

本课题的研究对象是"一带一路"沿线中国品牌故事传播策略，主要包括："构建策略+运营策略+弘扬策略+保障策略+检验策略"五个方面多维度品牌故事传播策略研究。

案例分析10-3

《商业银行金融科技发展对经营风险的影响及对策研究》界定研究对象

本课题以商业银行为研究对象，将商业银行金融科技发展、业务模式创新及经营风险纳入一个分析框架，探讨商业银行金融科技发展对经营风险的影响机理与效应。

案例分析10-4

《世界政治不确定对中国企业国际化动态选择及其创新的影响研究》界定研究对象

本课题以世界政治不确定背景下中国企业国际化动态选择与创新为研究对象，分析世界政治不确定影响企业国际化动态选择及创新的机理，探究世界政治不确定对企业国际化动态选择的影响程度与内在机制，考察国际化动态选择是否能调节世界政治不确定对企业创新的影响效应，从政策角度研判在日益复杂的世界政治不确定背景下我国政府和企业的战略选择和具体措施。

2. 设计"总体框架"(最好有框架图)

总体框架不要太细，要具体确切可操作。研究框架逻辑关系要清楚，研究内容主要观点不能缺位，观点新颖，有创新性，注意重点突出，详略得当，有结论。要关注从哪个角度切入，如何展开，怎样体现研究者的观点。

请阅读本章章首案例导读部分有关总体框架设计的相关内容。

案例分析10-5

《商业银行金融科技发展对经营风险的影响及对策研究》总体框架的设计(简要说明)

本课题总体框架分为四大模块,分别如下。
- 模块一,商业银行金融科技发展指数构建。
- 模块二,商业银行金融科技发展对经营风险的影响机理研究。
- 模块三,商业银行金融科技发展对经营风险的影响效应研究。
- 模块四,商业银行金融科技发展背景下经营风险控制对策研究。

3. 明确重点难点

明确该课题的重点,重点一般与内容相呼应,但并不是所有内容都是重点,要区分轻重缓急。

难点要讲透。不难,国家为什么给那么多钱?不难,为什么要给你立项?国内外研究已取得了很大进展,目前还有这么几个问题没解决,难点在哪?针对难点,提出针对性的解决方案。

案例分析10-6

《"一带一路"沿线中国品牌故事传播策略研究》明确重点难点

1. 本课题的研究重点
(1) 中国品牌故事传播策略的多维构成与系统运作。
(2) "一带一路"沿线中国品牌故事传播面临的问题与困境。
(3) "一带一路"沿线中国品牌故事传播影响因素及应对策略。

2. 本课题的研究难点
(1) 需考虑"一带一路"沿线品牌传播的跨地域、跨文化特征,求同存异,兼顾普遍性与特殊性。
(2) 需找到学术性、实践性、专业性的有机结合点,形成系统的、相互作用的"五角模型"。

案例分析10-7

《世界政治不确定对中国企业国际化动态选择及其创新的影响研究》明确重点难点

重点:一是构建政治不确定影响企业国际化动态选择的理论框架,从先发和延迟两个视角进行机理分析,利用现代计量前沿方法进行实证分析;二是国际化动态选择中世界政治不确定的创新效应评估;三是构建政治不确定评价指标体系,选择灰色聚类评价方法进行政治不确定评价,这是开展后续研究的基础和依据。

难点:一是选择适当的现代计量前沿方法进行实证分析以及合理解释回归结果,存在一定难度;二是找到合理的工具变量,处理可能存在的内生性问题,存在一定难度;三是利用灰色聚类方法评价政治不确定,评价的灰类确定及适当延拓、指标选择和数据收集等方面,存在一定的难度。

4. 预计研究主要目标

研究目标即课题研究要达到预想的目的，通常需要加以分解，提出一系列可操作、可验证的具体目标。一般情况下，目标由概括性的叙述组成，可以结合下列句型：分析……和……之间的关系；明确……影响机制；验证……的假设；提出……对策。任何一个课题研究的目标都不宜太多，大多数会有两至四个。

案例分析10-8

《"一带一路"沿线中国品牌故事传播策略研究》预计研究主要目标

(1) 解决中国自主品牌在"一带一路"环境中面临的品牌故事传播的内容构建错位，运营管理低效，沟通传播不畅，效果检验滞后等问题。

(2) 响应相关政府部门、行业协会及品牌方在"一带一路"沿线讲好中国品牌故事实践需求，为其提供行之有效的策略建议。

案例分析10-9

《商业银行金融科技发展对经营风险的影响及对策研究》预计研究主要目标

(1) 构建商业银行金融科技发展指数，为商业银行金融科技发展的后续相关研究提供理论与实证支持。

(2) 明确商业银行金融科技发展对经营风险的直接影响与间接影响。

(3) 提出商业银行金融科技发展背景下经营风险控制对策。

10.2.4 "思路方法"论证

"思路方法"论证包括：研究基本思路论证、具体研究方法论证、研究计划论证及研究可行性论证。

1. 研究基本思路论证（最好有图）

研究基本思路就是研究的步骤和总体设想，可采用提纲式阐明研究思路，通过研究思路，能够确认研究的科学性、逻辑性、可行性。基础研究要突出学术性和知识性，是指通过理论性或基础性的社会研究，获得有关人类社会的基本知识，发展新知识，增加对统一性的基本认识，旨在扩大构成基础科学的知识库。应用研究要突出实用性和针对性，是针对某些社会实际问题而进行的具体研究，研究本身是为了提供解决这些问题的思路与方法，基于已有的知识，找出实现实用目的的新方法。

案例分析10-10

《"一带一路"沿线国家投资争端解决机制创新研究》研究基本思路论证

本课题以"一带一路"沿线国家解决投资争端的现状为出发点，深刻剖析沿线国家国内层面关于国际投资争端的监管模式、立法体系，以及沿线国家近年来对此在区域层面形成的内部协调和外部合作机制,明确各种解决争端方式用于解决沿线国家投资争端的优缺点,进而提出"一带一路"倡议下对沿线国家投资争端解决机制创新性研究的现实诉求,在借鉴国际投资争端解决制度及美国、日本等较为成熟国家的贸易摩擦协调机制的基础上,对如何构建符合沿线国各国国情的国际投资争端解决机制提出建议。继而,在此分析基础上进一步探讨中国的对策,从而最大化保护我国在沿线国家的海外投资利益。

2. 具体研究方法论证

"研究方法"是解决问题的门路、程序,是完成任务与实现目标的程序、途径、技术、手段、操作规则的总称。每一项课题都要有相应的研究方法,课题研究要搭配使用多种方法。一般情况下,课题研究采用综合的研究方法,或以一种方法为主,其他方法为辅。这样有利于收集多方面的信息,可以得到可靠的结论。在研究设计中应提出这些方法的作用及如何进行操作等。

一个常见的误区:课题研究方案中只提到用哪些方法,没有说明如何用,在哪些环节上用,如只罗列研究方法为:文献研究法、观察研究法、调查研究法、实验研究法、实证研究法。

📖 案例分析10-11

《商业银行金融科技发展对经营风险的影响及对策研究》具体研究方法论证

本课题具体研究方法如下。(此处只列出了模块一和模块三,可参阅案例分析10-5中所述的本课题总体框架部分。)

模块一的主要研究方法:采用归纳演绎法明确商业银行金融科技发展内涵;运用文本挖掘法、Python技术、主成分分析、相关性分析等方法构建商业银行金融科技发展指数。

……

模块三的主要研究方法:采用风险无效率衡量经营风险,运用随机前沿法,建立超越对数生产函数测度风险无效率;采用财务数据测度业务模式创新;运用相关性分析、逐步回归法、双向固定效应模型、Bootstrapping法等方法实证检验商业银行金融科技发展对经营风险的直接影响效应与间接影响效应。

……

研究技术战线如图10.2所示。

📖 案例分析10-12

《世界政治不确定对中国企业国际化动态选择及其创新的影响研究》研究基本思路与具体研究方法

首先,构建世界政治不确定评价指标体系,测算与比较我国及世界主要国家的政治不确定程度;其次,探究世界政治不确定影响企业国际化动态选择及创新的机理;再次,在企业异质性假设下,检验世界政治不确定影响中国企业国际化动态选择及创新的程度与机制,考察国际化动态选择是否能调节世界政治不确定对企业创新的影响效应;最后,提出在世界政治不确定背景下中国企业国际化动态选择与创新提升的战略举措。

研究基本思路和具体研究方法如图10.3所示。

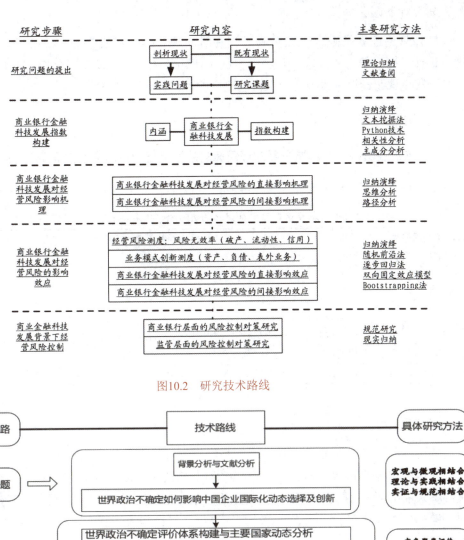

图10.2 研究技术路线

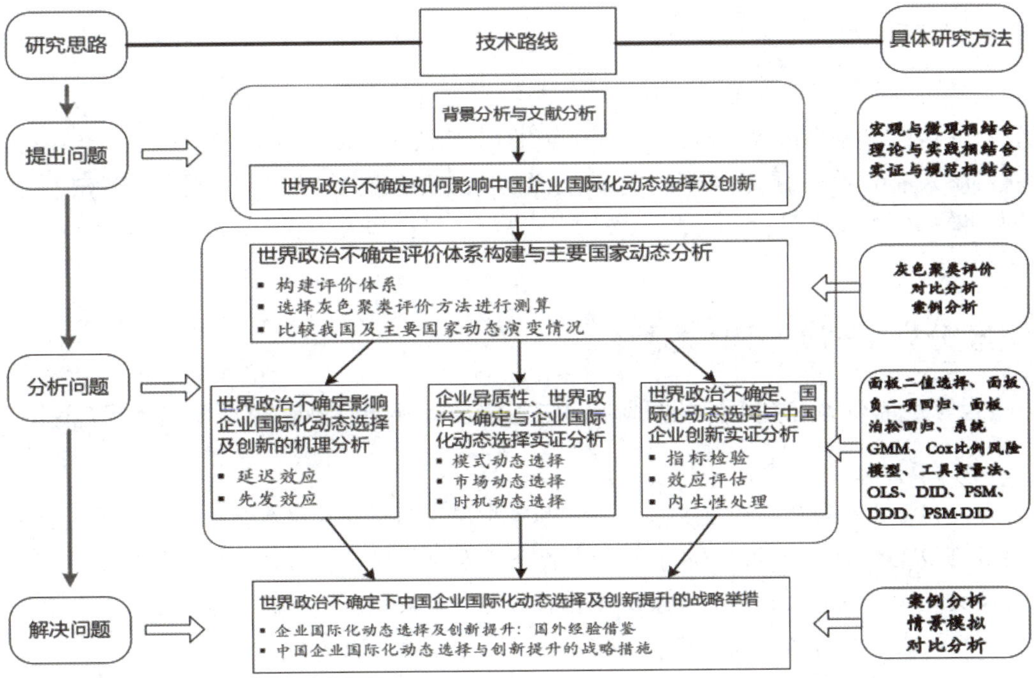

图10.3 研究基本思路和具体研究方法

3. 研究计划论证

研究计划论证就是确定研究实施过程和时间规划,即对研究的具体阶段、工作安排等做出设计,研究的每个步骤、每个阶段的工作任务和要求,以及每个阶段需要的工作时间,都要写进课题设计方案中,确保课题研究的可行性和可操作性。

案例分析10-13

《商业银行金融科技发展对经营风险的影响及对策研究》的研究计划

《商业银行金融科技发展对经营风险的影响及对策研究》的研究计划如表10.1所示。

表10.1 《商业银行金融科技发展对经营风险的影响及对策研究》的研究计划

研究时间进度	阶段性目标及工作内容
2019.07—2019.12	细化研究方案,丰富文献资料,挖掘研究数据
2020.01—2020.06	商业银行金融科技发展内涵界定与指数测度
2020.07—2020.12	商业银行金融科技发展对经营风险的影响机理研究
2021.01—2021.06	商业银行经营风险测度和业务模式创新测度; 商业银行金融科技发展对经营风险的影响效应研究
2021.07—2021.12	提出商业银行金融科技发展背景下经营风险控制对策
2022.01—2022.06	汇总研究成果,撰写研究报告初稿,召开专家论证会,修改研究报告,定稿

4. 研究可行性论证

研究可行性包括三方面:一是研究方案可行性(研究内容上、研究框架上、研究方法上的可行性);二是前期准备与资料收集的可行性(前期课题负责人的相关准备、课题组成员的相关准备、单位可为课题提供资料搜集的可行性);三是研究团队的可行性(提倡跨专业、跨学科、跨单位组成团队,团队成员并非越多越好,以5~7人为宜,根据研究内容和研究难度而定)。

案例分析10-14

《世界政治不确定对中国企业国际化动态选择及其创新的影响研究》研究可行性论证

(一) 已获相应数据资料

课题组已经获得所需的重要数据库,如《中国工业企业数据库》《中国海关数据库》《商务部境外投资企业(机构)名录》《中国企业专利数据库》《世界银行世界发展指数》《清华大学中外关系数据库》《全球政体特征与转型数据库》《世界银行国家政策和制度数据库》《世界银行治理数据库》《世界制度与选举项目数据库》等,在以往的研究中已经能够熟练应用。

(二) 前期研究成果丰硕

课题负责人在硕士、博士和博士后期间一直从事企业国际化方面的研究,课题组成员长期跟踪中国企业国际化问题研究,目前已主持省部级以上相关项目十余项,发表高质量学术论文四十余篇，获得省部级优秀科研成果三等以上奖项五次，有多项研究报告转化为具体政策。在前期研究中与多个政府部门及多个外向型企业建立了长期合作及科研关系，这些都为本课题顺利开展提供了保障。

(三) 梯队合理、力量雄厚

课题基于跨学科特点，组建了跨学科研究团队。主持人和大部分成员具有博士学位，学历背景涉及世界经济学、企业管理学、国际政治学、计量经济学、产业经济学等，主持过国家社会科学基金、教育部基金及省级基金多项，知识结构合理，年龄层次衔接，在以往纵向或横向课题中多次合作，建立了比较稳定的合作关系，能够保证保质保量完成课题研究工作。

10.2.5 "创新之处"论证

"创新之处"包括在学术思想、学术观点、研究方法等方面的特色和创新。创新之处要落实到点上，应该在哪个具体的点上有创新，应该解决哪一点的问题。创新点应为三至四个，不宜过多。

(1) 研究问题上是否有创新：本课题的研究问题是其他人所没有研究过的，是来自源头上的创新。

(2) 研究思路上是否有创新：针对研究问题，本课题研究的基本思路与原有研究的研究思路有什么不同。

(3) 研究方法上是否有创新：对于在研的问题，当前没有好的研究方法来解决，本课题将提出更有针对性的新方法。

(4) 研究成果上是否有创新：对于在研的问题，本课题的研究结论有所突破，将会有新成果、新结论。

创新点表述好坏的检验方程式如下。

创新点方程式=special(特色)+contribution(学术贡献)+significance(重大意义和社会效益)

案例分析10-15

《"一带一路"沿线国家投资争端解决机制创新研究》创新之处论证

(一) 学术思想特色和创新

具有一定的开拓性。结合"一带一路"沿线国家各种复杂的情况，全面剖析当前沿线国家关于国际投资争端的监管模式、立法体系，以及沿线国家近年来对此在区域层面形成的内部协调和外部合作机制。在此基础上，开展对沿线国家投资争端解决机制的创新性研究，不仅强调在理论上的合理性，而且强调在实践中的适用性，因此，该课题具有一定的开拓性。

(二) 学术观点特色和创新

具有一定的探索性。突破以往研究的将"一带一路"争端解决机制构建仅以调解与仲裁为核心程序，将国际经济学中的国际贸易摩擦协调机制中的争端多主体协调程序引入"一带一路"国家投资争端解决机制中作为与调解程序、仲裁程序并驾齐驱的程序，这是对国际争端解决机制创新的全新探索。

(三) 研究方法特色和创新

该课题研究现实性、实践性很强，因而在研究方法上注重理论研究和实证研究的结合，文献研究和实地调查研究的结合；通过采用大样本问卷调查方法获得实证数据开展分析，再以典型案例的跟踪观察与比较分析，探索出"一带一路"沿线国家国际投资争端解决机制的构建。

案例分析10-16

《"一带一路"沿线中国品牌故事传播策略研究》创新之处论证

(一) 学术思想特色和创新

本研究以问题为导向，兼顾学术性与应用性，既从学术视角对"品牌故事""品牌国际化传播"等相关理论进行梳理，也从应用视角贴近"一带一路"沿线中国自主品牌故事传播实践，服务党和国家战略大局。

(二) 学术观点特色和创新

本研究提出"一带一路"沿线中国品牌传播策略五角模型，在现有研究基础上，形成包括品牌故事的构建策略、运营策略、弘扬策略、保障策略、检验策略等策略的互融联动理论模型。

(三) 研究方法特色和创新

本研究结合多元研究方法，拓宽了研究视野，丰富了"一带一路"沿线中国品牌故事传播策略相关研究。

10.2.6 "预期成果"陈述

1. 成果形式

成果是一项研究工作或事业的收获的具体表现形式，为整个研究的物化形态(包含结果和结论)。它既可以是结题报告、学术论文等理性成果，也可以是指导方案、活动案例、教育实例、经验总结等操作性成果。

2. 成果去向

成果最终被哪些部门应用？如政府、公共机构、企业、研究所、高校等。

3. 预期社会效益

成果能为社会带来什么效益？

案例分析10-17

《商业银行金融科技发展对经营风险的影响及对策研究》预期成果陈述

(一) 成果形式

(1) 系列论文，发表学术论文6篇，至少2篇论文发表在国际高水平SSCI期刊上，至少2

篇发表在国内高水平CSSCI期刊上。

(2) 研究报告，完成课题总报告《商业银行金融科技发展对经营风险的影响及对策研究》。

(二) 成果使用去向

提交至中国人民银行、中国银行保险监督管理委员会等监管部门；提交至各大商业银行等实践部门；提供学术研究交流。

(三) 成果预期社会效益

构建并估算商业银行金融科技发展指数，为商业银行金融科技发展的量化提供参考依据；提出针对商业银行金融科技发展的监管措施，为商业银行金融科技高效稳定发展提供制度保障。

10.2.7 "参考文献"罗列

在罗列参考文献时，顶级专家、代表人物的作品不可不提，既要有论文也要有著作，还应有部分国外代表著作，应避免全是论文，特别是低级别论文罗列。参考文献的格式如下。

中文主要参考文献如下。

(1) 某某《成果名称》(成果形式)(发表刊物或出版社名称)(发表或出版时间)。

(2) 某某《成果名称》(成果形式)(发表刊物或出版社名称)(发表或出版时间)。

外文主要参考文献如下。

(1) 某某《成果名称》(成果形式)(发表刊物或出版社名称)(发表或出版时间)。

(2) 某某《成果名称》(成果形式)(发表刊物或出版社名称)(发表或出版时间)。

10.2.8 研究基础和条件保障

1. 学术简历

课题负责人的主要学术简历、学术兼职，在相关研究领域的学术积累和贡献等。

2. 研究基础

课题负责人前期相关研究成果、核心观点及社会评价等。

3. 承担项目

负责人承担的各级各类科研项目情况，包括项目名称、资助机构、资助金额、结项情况、研究起止时间等。

4. 与已承担项目或博士论文的关系

凡以各级各类项目或博士学位论文(博士后出站报告)为基础申报的课题，须阐明已承担项目或学位论文(报告)与本课题的联系和区别。

5. 条件保障

完成本课题研究的时间保证、资料设备等科研条件。

10.3　课题申报书的写作技巧和注意事项

> 撰写课题申报书不仅需要精心准备和技巧，还要注重思想政治教育，将科学研究与社会主义核心价值观相结合。申报书语言应简洁明了、准确专业，确保评审专家能快速理解项目核心内容；避免泛泛而谈和堆砌名词，突出项目的创新性和独特贡献。遵循统一的格式和排版规范，确保文档结构清晰、美观，适当使用图表辅助解释复杂概念。通过严谨、规范的申报书撰写，展现科研工作者的专业素养和学术态度，同时体现社会责任感和时代使命感，服务国家和社会发展需要。

撰写课题申报书需要精心准备和技巧，以确保评审专家能清晰、准确地理解和评估你的项目。以下是一些写作技巧和注意事项。

1. 语言和风格的建议

(1) 简洁明了：避免冗长的句子和复杂的词汇。清晰、简洁的语言可以帮助评审者快速理解项目的核心内容。

(2) 准确专业：使用专业术语和学术语言，确保表达准确。避免使用模糊或含糊其辞的词语。

(3) 逻辑严谨：各部分内容要逻辑清晰、结构严谨。每个段落都应该紧扣主题，前后连贯。

2. 常见的写作误区和避免方法

(1) 过于空泛：避免泛泛而谈，缺乏具体的研究内容和方法。应详细描述研究的具体步骤和方法。

(2) 堆砌名词：避免使用过多的学术名词和术语，以免使文本难以阅读和理解。应结合具体例子和解释，增强可读性。

(3) 忽视创新：在论证时，突出项目的创新性和独特贡献，不要仅重复已有的研究成果。

3. 格式和排版的规范

(1) 格式统一：遵循申报书的格式要求，统一字体、行距和段落样式。常用字体如宋体、小4号或5号字，行距1.2~1.5倍。

(2) 排版美观：确保排版整齐、干净。合理使用标题、编号和项目符号，使文档结构清晰，便于阅读。

(3) 图表辅助：适当使用图表和图示，帮助解释复杂的概念和数据。图表应简洁明了，并附有说明文字。

10.4 课题申报书的审核与修改

> 课题申报书的审核与修改不仅是提高申报书质量的关键步骤,还是科研诚信和学术规范的重要体现。自我审核时,要确保内容完整、逻辑连贯、语言简洁明了、数据引用准确,反映出科研工作者的严谨态度和学术责任感;在根据反馈进行修改和完善时,应虚心接受批评建议,逐条修改问题,反复润色,展示团队合作精神和追求卓越的科研精神。这一过程不仅能提升申报书的质量,还能培养科研人员的综合素质和社会责任感,推动科学研究的高质量发展。

在提交课题申报书之前,自我审核和修改是确保申报书质量的重要步骤。

1. 自我审核的要点

(1) 内容完整性:检查申报书的各部分是否齐全,内容是否完整,是否符合申报要求。

(2) 逻辑连贯性:确保各部分内容逻辑连贯,论证合理,前后呼应。检查是否存在前后矛盾或重复的内容。

(3) 语言和格式:检查语言是否简洁明了,表达是否准确专业。确保格式和排版符合规范。

(4) 数据和引用:核对数据的准确性和引用的规范性,确保所有引用的文献和数据来源可靠。

2. 如何根据反馈进行修改和完善

(1) 接受批评:主动寻求同事或导师的反馈,虚心接受批评和建议,从不同角度审视申报书。

(2) 逐条修改:根据反馈逐条修改,对具体问题进行详细调整。确保每条反馈意见都得到回应和解决。

(3) 反复润色:多次阅读和修改申报书,特别是重要部分,确保语言流畅、表达清晰。反复润色可以提高文档的整体质量。

本章小结

本章详细介绍了课题申报书的撰写、审核与修改的各个环节,为课题申报者提供了全面的指导和实际操作建议。首先,讲述了课题申报书与学位论文开题报告的联系和区别,帮助课题申报者理解两者在目的、内容和准备工作等方面的异同。接着,详细阐述了社科基金项目申报书的撰写方法,包括选题、选题依据的论证、研究内容和方法的论证、创新点的论证及预期成果的陈述,提供了实际案例以帮助课题申报者理解和应用这些方法。随后,讨论了写作技巧和注意事项,强调了语言风格、常见写作误区及格式排版规范。最后,介绍了课题申报书的审核与修改,提供了自我审核的要点及根据反馈进行修改的方法，帮助课题申报者提高课题申报书的质量和成功率。通过本章的学习，课题申报者能够系统掌握课题申报书撰写与修改的关键要点，提升自身的科研能力和学术水平。

习　题

思考与练习：

1. 课题申报书与开题报告的区别？
2. 社科基金项目申报书中撰写的"选题依据"论证分几段写？
3. 社科基金项目申报书撰写的"创新之处"论证应该从哪几个方面着手？
4. 根据国家社科和省市社科指南，拟订一个社科基金的选题，并进行课题申报书的撰写。

文献阅读：

请在文献数据库中下载以下论文进行阅读，掌握课题申报书撰写的方法与技巧。

[1] 文传浩，夏宇，杨绍军等. 国家社科基金项目申报规范、技巧与案例[M]. 4版. 成都：西南财经大学出版社，2021.

[2] 选题宝学术服务平台. 国家社科基金项目申报实务指南[M]. 北京：中南大学出版社，2022.

参考文献

[1] 任保平，豆渊博. 新质生产力：文献综述与研究展望[J]. 经济与管理评论，2024(03)：1-12.

[2] 殷一博，朱召亚. 中华民族发展史视域下的乡村振兴战略——历史性演进与中国式现代化追寻[J]. 中国经济问题，2023(06)：13-23.

[3] 甄红线，王玺，方红星. 知识产权行政保护与企业数字化转型[J]. 经济研究，2023(11)：62-79.

[4] 余可发，高劲章，汪华林. 基于动态能力视角的品牌生态圈形成过程机制研究——以仁和集团为例[J]. 管理案例研究与评论，2024(01)：89-104.

[5] 杜永红，时虎，王思懿. 企业战略差异度会影响ESG表现吗[J]. 财会月刊，2024(06)：65-71.

[6] 杜永红，孙羽洁. 区块链技术在基层央行内部审计中的应用研究[J]. 商业会计，2023(03)：27-32.

[7] 任芳，高欣. "一带一路"背景下的境外国有资产审计监管研究[J]. 会计之友，2018(24)：113-118.

[8] 李洁. 供给侧改革对农民工收入增长的影响因素分析[J]. 统计与决策，2017(24)：107-110.

[9] 杜永红. 基于中国国情的农业全产业链数字化转型路径[J]. 中国流通经济，2023(12)：36-48.

[10] 范和生. 返贫预警机制构建探究[J]. 中国特色社会主义研究，2018(01)：57-63.

[11] 温军，张森. 专利、技术创新与经济增长——一个综述[J]. 华东经济管理，2019(08)：152-160.

[12] 李北伟，李霁雯. 数字普惠金融、人力资本与包容性增长[J]. 工业技术经济，2023，42(07)：3-13.

[13] 陈晶环. 天价彩礼何以可能：一种基于劳动激励与消费机制的建构论阐释[J]. 华中农业大学学报(社会科学版)，2022(2)：123-130.

[14] 杜永红. 乡村振兴战略下的贫困地区可持续性发展研究[M]. 天津：天津大学出版社，2020.

[15] 王慧. 经济责任审计创新与发展研讨会综述[J]. 审计研究，2019(02)：35-38.

[16] 黄勃，李海彤，刘俊岐. 数字技术创新与中国企业高质量发展——来自企业数字专利的证据[J]. 经济研究，2023(03)：97-115.

[17] 杜永红. 乡村振兴战略背景下网络扶贫与电子商务进农村研究[J]. 求实，2019(03)：97-112.

[18] 杜永红. 农产品智能供应链体系构建研究[J]. 经济纵横，2015(6)：75-80.

[19] 杜永红. 大数据背景下精准扶贫绩效评估研究[J]. 求实，2018(02)：87-96.

[20] 徐斌，陈宇芳，沈小波. 清洁能源发展、二氧化碳减排与区域经济增长[J]. 经济研究，2019(07)：188-202.

[21] 张雪艳. 精准扶贫基层审计工作机制研究[D]. 西京学院，2019.

[22] 向倩. 审计备案制改革、事务所变更及其经济后果的研究——以深圳堂堂为例[D]. 西南财经大学，2022.

[23] 刘秀. 政策落实跟踪审计与经济高质量发展[D]. 西南财经大学，2023.

[24] 李静. 学术期刊投稿与审稿机制探析[J]. 编辑学报，2015，27(1)：73-76.

[25] 王磊. 学术期刊投稿策略与技巧[J]. 出版发行研究，2017，25(3)：45-49.

[26] 赵静. 如何提高学术论文的发表成功率[J]. 科技与出版，2019，24(4)：52-55.

[27] 文传浩，夏宇，杨绍军，等. 国家社科基金项目申报规范、技巧与案例[M]. 4版. 成都：西南财经大学出版社，2021.

[28] 选题宝学术服务平台. 国家社科基金项目申报实务指南[M]. 长沙：中南大学出版社，2022.

附录 1

国家社会科学基金年度项目申请书填写范式

(来自：全国哲学社会科学工作办公室，2024年国家社会科学基金年度项目申报公告)

项目登记号	此栏不填

项目序号	此栏不填

注意：1. 打印时如出现字体参差，请添加华文中宋字体。
2. 封面横线填写文字居中排列。如课题名称较长需换行，请注意合理拆分词组。
3. 《申请书》中共7个表，排版分页请确保表格完整。
4. 表内原提示可删除，建议依次放于行文中，便于专家审读。
5. 统一用计算机填写(签名处除外)，A3纸(29.7*42厘米)双面印制、中缝装订。

2024年国家社会科学基金年度项目申请书

学科分类	填一级学科名称一个，交叉或跨学科"靠近优先"、选一个为主学科
项目类别	四选一：重点项目、一般项目、青年项目、西部项目
课题名称	一般不加副标题；不超过40字(含标点符号)；准确、简明反映研究内容
申请人	本人身份证件上的真实中文姓名，中间不空格
责任单位	单位全称(与公章上单位名称一致，不要填写学院、处室等内设机构，中间不空格)
填表日期	2024年××月××日(与承诺签名页一致)

全国哲学社会科学工作办公室
2024年4月制

申请人承诺

本人已认真阅读《2024年国家社会科学基金年度项目申报公告》，对本《申请书》所填各项内容的真实性和有效性负责，保证没有知识产权争议。如获准立项，本人承诺：以本《申请书》为有法律约束力的协议，遵守国家社科基金管理规章制度，严格按计划认真开展研究工作，取得预期研究成果。全国哲学社会科学工作办公室有权使用本《申请书》的所有数据和资料。若本《申请书》填报失实或违反有关规定，本人愿承担全部责任。

申请人(签章) (本人手写签名，不得代签)
年　月　日　(与封面填表日期一致)

填写说明

1.《申请书》请用计算机填写，所用代码请查阅《国家社会科学基金项目申报数据代码表》，所有表格均可加行加页，排版清晰。

2. 封面上方两个代码框申请人不填，其他栏目请用中文填写，其中"学科分类"填写一级学科名称，"课题名称"一般不加副标题。

3.《数据表》的填写和录入请参阅《填写<数据表>注意事项》，相关问题可咨询省级社科管理部门。

4.《国家社会科学基金年度项目课题论证活页》与《申请书》中"二、课题设计论证"内容略有不同，请参阅表内具体说明。

5.《申请书》纸质版报送一式3份，统一用A3纸双面印制、中缝装订。各省(区、市)报送当地社科管理部门，新疆生产建设兵团报送兵团哲学社会科学规划办公室，在京中央国家机关及其直属单位报送中央党校(国家行政学院)科研部，在京部属高等院校报送教育部社会科学司，中国社会科学院报送本院科研局，军队系统(含地方军队院校)报送全军哲学社会科学规划办公室。

填写《数据表》注意事项

一、申请人须逐项如实填写，填表所用代码以当年发布的《国家社会科学基金项目申报数据代码表》为准。

二、《数据表》中粗框内一律填写代码，细框内填写中文或数字。若粗框后有细框，则表示该栏需要同时填写代码和名称，即须在粗框内填代码，在其后的细框内填相应的中文名称。

三、有选择项的直接将所选代码填入前方粗框内。

四、部分栏目填写说明。

课题名称——应准确、简明地反映研究内容，一般不加副标题，不超过40个汉字(含标点符号)。

关键词——按研究内容设立，最多不超过3个，词与词之间空一格。

项目类别——按所选项填1个字符。例如,选"重点项目"填"A",选"一般项目"填"B",选"青年项目"填"C"等,选"西部项目"填"X"。

学科分类——粗框内填3个字符,即二级学科代码;细框内填二级学科名称。例如,申报哲学学科伦理学专业,则在粗框内填"ZXH",细框内填"哲学伦理学"字样。申报重点项目跨学科研究课题填写与其最接近的1~3个学科,其中第一个为主学科。

工作单位——按单位和部门公章填写全称。如"北京师范大学哲学系"不能填成"北京师大哲学系"或"北师大哲学系","中国社会科学院数量与技术经济研究所"不能填成"中国社会科学院数技经所"或"中国社科院数技经所","中共北京市委党校"不能填为"北京市委党校"等。

课题组成员——必须是真正参加本课题的研究人员,不含课题负责人。不包括科研管理、财务管理、后勤服务等人员。

预期成果——指最终研究成果形式,可多选。例如,预期成果选"专著"填"A",选"专著"和"研究报告"填"A"和"D"。字数以中文千字为单位。结项成果形式原则上须与预期成果一致,不得随意更改。如计划用少数民族语言文字或者外语撰写成果,须在论证中予以说明。

申请经费——以万元为单位,填写阿拉伯数字。申请数额可参考本年度申报公告。

一、数据表

课题名称	与封面和活页中的课题名称一致,课题名称表述要科学严谨、简明规范,避免引起歧义或争议; 一般不加副标题,不超过40个字							
关键词	不超3个词,词与词之间空1格,不用标点符号,请按研究内容设简短关键词							
项目类别	仅填字母	A. 重点项目　　B. 一般项目　　C. 青年项目　　X. 西部项目						
学科分类	二级代码	左边填写二级代码,右边填写对应二级学科的名称 (跨学科的选填1个主学科),非本数据代码表中的无法录入申报系统						
研究类型	仅填字母	A. 基础研究　　B. 应用研究　　C. 综合研究　　D. 其他研究						
课题负责人	中间不空格		性别		民族		出生日期	(身份证日期)年 月 日
行政职务	代码	中文名称	专业职称	代码	中文名称	研究专长	代码	与"学科分类"一致
最后学历	代码	中文名称	最后学位	代码	中文名称	担任导师	代码	代码对应中文名称,不要简写
工作单位	具体至门牌号和学院、处室等内设机构					联系电话		
身份证件类型		身份证件号码				是否在内地(大陆)工作的港澳台研究人员		(是/否)

	姓名	出生年月	专业职称	学位	工作单位	研究专长	本人签字
课题组成员	不含课题负责人				具体至学院、处室等内设机构		须本人手写签名
	青年项目负责人须符合年龄要求，男性不超过35周岁(1989年5月19日后出生)	女性申请人不超过40周岁(1984年5月19日后出生)					青年项目可不填报课题组成员，也可根据研究团队优势基础确定课题组成员
					成员知识结构互补、排序科学合理		成员须真正参与，课题负责人必须与每个成员确认参与情况
	课题组成员总数建议在5-9人区间				切记：课题组成员同年度最多参与两个国家社科基金项目申请；在研国家级项目课题组成员最多参与一个国家社科基金项目申请		网络申报使用电子签名需获得成员授权，电子签名清楚，名字与底色对比清晰。
预期成果	字母，建议填1项		A.专著B.译著C.论文集D.研究报告E.工具书F.电脑软件G.其他			字数(千字)	200(即20万字)
申请经费(万元)			35(重点)20(一般、青年、西部)		计划完成时间	2029年12月31日(基础研究3-5年)或2027年12月31日(应用研究2-3年)	

二、课题设计论证

本表参照以下提纲撰写，突出目标导向、问题意识、学科视角，要求逻辑清晰，层次分明，内容翔实，排版规范。

1.[选题依据] 国内外相关研究的学术史梳理及研究进展(略写)；相对于已有研究特别是国家社科基金同类项目的独到学术价值和应用价值。

2.[研究内容] 本课题的研究对象、主要目标、重点难点、研究计划及其可行性等。(框架思路要列出提纲或目录)

3.[创新之处] 在学术观点、研究方法等方面的特色和创新。

4.[预期成果] 成果形式、宣传转化及预期学术价值和社会效益等。(略写)

5.[参考文献] 开展本课题研究的主要中外参考文献。(略写)

撰写时，上述1～5提示语句可删除，但建议依次放于行文中，保持提示原序号，规范序号层次，一般为：一、(一)1.(1)，便于专家审读。

1. 2024年《申请书》课题设计论证部分比《活页》只少一项【研究基础】，总字数不超过7000字。

2. 国家社科基金项目通讯评审评价指标权重为：选题30%、论证50%、研究基础20%。课题设计论证时请参考评价指标及其权重，做到主题鲜明、重点突出、逻辑清晰、层次分明、格式简洁。

3. 条理安排请根据提示文字顺序依次进行。鉴于各部分还需展开层次，建议自行安排序号层次，注意前后风格一致。可去掉原提示中的序号，直接用[选题依据]、[研究内容]等单列一行来分段，然后各部分根据需要使用序号；如欲保留原提纲的序号，建议改1为一，以方便下面层次的序号编写。规范序号使用一般为：一、(一)1.(1)。

4. 申请书格式要美观、清晰。字体字号排版建议：宋体，小4或5号字，行距1.2～1.5。建议合理排版，不要因字体太小、行距过密而影响专家阅读评审。

5. 使用术语应当客观严谨，不要出现病句、标点错误、错别字、排版格式错误等"硬伤"。

一、[选题依据] 国内外相关研究的学术史梳理及研究进展(略写)；相对于已有研究特别是国家社科基金同类项目的独到学术价值和应用价值。

1. 该部分内容将展示申请人对所申报课题的熟悉程度、研究深度、驾驭能力和独到见解，要予以充分重视。

2. 注意：2024年首次没设课题指南。

3. 撰写时建议以正面介绍为主，有述有评，以评代述，评述结合，以评为主。突出的重要核心观点，字体可加粗，但不宜通篇加粗。

4. 梳理相关研究学术史及研究动态要全面、客观、深入，文献分类清晰，论证观点明确，尽可能引用与申报选题和学科相关的一流(知名)专家、一流(权威)杂志的近期发表成果。建议不超过1500字。

5. 阐述本课题相对于已有研究的独到学术价值和应用价值，一定要有建立在实质性研究基础之上的深刻的分析评论和独到见解，提出自己对该学术领域研究现状的评价和判断，敢于亮出观点，充分展示自己对所申报课题的密切关注、熟悉程度、研究积累和独到见解。

6. 只有对所申报课题相关研究成果及其优劣得失有客观全面系统的梳理和准确深入的分析，申报人的研究才有可能高于国内外该学术领域当前的研究水准，或弥补缺失，或有所创新，方有可能被立项。

7. 注意措辞，忌空泛自我评价，慎用"填补空白、原创第一"等稍显狂妄自大的语句。

8. 国内外相关研究的学术史梳理及研究动态要求略写，突出研究选题领域学术发展过程中的代表性观点、学者即可。

二、[研究内容] 本课题的研究对象、重点难点、主要目标、研究计划及其可行性等。(框架思路要列出研究提纲或目录)

注：研究内容中需要单列框架思路。

1. 请根据提示分五部分一一陈述，即研究对象、框架思路、重点难点、主要目标、研究计划及其可行性各一个部分。

2. 研究提纲或目录建议按照所申报选题的研究逻辑和所申报学科的学术范式来撰写，提纲或目录内容建议不过三级，该部分是课题研究的重中之重。

3. 每一条目，建议观点前置，即先用一主旨句明确概括，再对其内容进行阐述。

4. 要有明确的研究对象、鲜明的问题意识、合理的内容框架、具体的目标体系。

5. 研究对象的设定，要抓住选题关键词，体现问题意识，确定研究边界。

6. 总框架及其各部分之间要逻辑严密、层次合理，可以结合图表标示研究的逻辑路线或技术路线。建议不要用教材章节目录的方式表述(这种表述更适合申报后期资助项目)。

7. "基础研究"要注重原创性和学术性;"应用研究"要突出时效性和对策措施,有较强的决策参考价值;"综合研究"要在交叉研究方面下功夫。

8. 研究计划应凸显研究工作的科学性和可行性,可从2024年7月开始设计。

三、[创新之处]　在学术观点、研究方法等方面的特色和创新。

1. 主要包括新观点、新领域、新问题、新方法、新角度、新材料、新论证等方面。

2. 学术思想:建议从宏观层面来阐释选题的学术创新或贡献。

3. 学术观点:建议从微观层面来阐释选题的学术创新或贡献。

4. 研究方法:若采用新方法,要重点论述该研究方法的使用对申报选题领域和申报学科的重要价值和意义;若没有特别创新之处,可不写。

[研究内容]、[创新之处]是课题论证主体部分。

四、[预期成果]　成果形式、宣传转化及预期学术价值和社会效益等。(略写)

1. 建议根据提示分三个部分一一陈述,即成果形式、宣传转化、预期学术价值和社会效益各一段;成果完成度也是结项的衡量指标,建议预期成果填写要适中,不宜太少,也不能贪多,徒增研究难度。

2. 成果形式主要有专著、研究报告等两种,建议以其中一种为最终成果申请鉴定结项。

3. 相对人文学科而言,预期社会效益对社会学科更为重要一些。

五、[参考文献]　开展本课题研究的主要中外参考文献。(略写)

1. 按序列出最直接相关的、具权威代表性的国内外参考文献,尽量不遗漏著名学者最新推出的或最权威的著作;建议英文文献在前,中文文献在后。

2. 参考文献没有数量限制,请自行限制,选择最有份量的,既体现研究实力,又避免占用太多字数。

3. 申请人的前期成果不能列入参考文献。

特别提醒:本栏内容与《活页》内容只少【研究基础】部分,其他内容应一致。

三、研究基础

本表参照以下提纲撰写,要求填写内容真实准确。

1. [学术简历]　申请人主要学术简历,在相关研究领域的学术积累和贡献等。

2. [前期成果]　申请人前期相关代表性研究成果及其与本研究的学术递进关系。

3. [承担项目]　申请人承担的各级各类科研项目情况,包括项目名称、资助机构、资助金额、结项情况、研究起止时间等。

4. [与已承担项目或博士论文的关系]　凡以各级各类项目或博士学位论文(博士后出站报告)为基础申报的课题,须阐明已承担项目或学位论文(报告)与本课题的联系和区别。(略写)

一、[学术简历]　申请人主要学术简历,在相关研究领域的学术积累和贡献等。

1. 简介申请人的学术简历,应围绕突出申请人的研究优势和实力的目的进行。

2. 申请人在相关研究领域的学术积累和贡献,尽可能用统计数据印证,对评审专家的影响较大,应重点考虑。

3. 学术简历填写应条目清楚,研究优势突出,让评阅者一目了然。

二、[前期成果]　申请人前期相关代表性研究成果及其与本研究的学术递进关系。

1. 前期相关研究成果的形式主要包括：已在知名出版社公开出版的专著、在高水平刊物(主要是指CSSCI来源期刊、北大/中文核心期刊、《新华文摘》《中国社会科学文摘》和人大复印资料等三大权威文摘)上公开发表或全文转载的学术论文、在国家级报刊(主要指"三报一刊")上公开发表的理论文章、得到省部级以上领导同志肯定性批示或地厅级实际工作部门采纳应用的研究报告、资政建议等。

2. 填写课题申请人前期相关研究成果，合作者注明作者排序。

3. 前期相关代表性研究成果限报5项，优先填报相关性较强、刊载层次较高的成果。要特别注意前期成果与申报课题的相关性，与本课题无关的成果不能作为前期成果填写。前期成果过少甚至没有、不太相关甚至无关，或刊载层次较低，均不利于申报。

4. 相对《课题论证》《活页》而言，本栏[研究基础]部分可以适当详细一些，没有字数限制：成果名称、作者姓名单位、成果形式(如论文、专著、研究报告等)、作者排序、是否核心期刊、刊物或出版社名称、发表时间或刊期等，都要填写清楚、详加注明。

5. 前期研究成果与本研究的学术递进关系建议紧密结合选题，突出研究基础，体现研究创新；条理清楚，观点清晰，重点加粗，可读性高，不宜长篇累牍。

三、[承担项目]　申请人承担的各级各类科研项目情况，包括项目名称、资助机构、资助金额、结项情况、研究起止时间等。

1. 此处所称"承担"一般理解为主持，参与不算。

2. 建议按序填写申请人主持的省部级以上科研项目情况，包括项目名称、资助机构、资助金额、结项情况、研究起止时间等，一般不填厅级及以下科研项目和小资助金额的横向项目。

3. 项目超过3个的申报者，建议按照选题领域相关、突出项目重点的原则，用表格形式进行汇总。

四、[与已承担项目或博士论文的关系]　以各级各类项目或博士学位论文(博士后出站报告)为基础申报的课题，须阐明已承担项目或学位论文(报告)与本课题的联系和区别。(略写)

1. 高层次社科类项目立项非常注重研究的延续性和数十年如一日的长期持续关注，强调申请人应具有丰厚的研究功底和丰硕的前期成果，所以，如有博士学位论文(博士后出站报告)、相关项目特别是省部级以上项目为基础，建议认真斟酌填写。

2. 一般应强调所申报课题相对已有项目或博士学位论文(博士后出站报告)的拓展、提升、深化之处。

3. 最终研究成果申请鉴定结项时须提交相关说明和学位论文原件。

4. 以博士论文或博士后出站报告为基础申报的，结项成果须有实质性修改(不低于40%)。

说明：前期相关代表性研究成果限报5项，成果名称、形式(如论文、专著、研究报告等)须与《课题论证》活页相同，活页中不能填写的成果作者、发表刊物或出版社名称、发表或出版时间等信息要在本表中加以注明。与本课题无关的成果不能作为前期成果填写；合作者注明作者排序。

四、经费概算(注意单位：万元)

	序号	经费开支科目	金额/万元
直接费用	1	业务费	
	2	劳务费	
	3	设备费	
间接费用	50万元及以下部分间接费用不超过40%，建议重点14万元，一般、青年、西部8万元		
合计	合计数为直接和间接费用之和		

注：经费开支科目参见《国家社会科学基金项目资金管理办法》(财教〔2021〕237号)。

五、申请人所在单位审核意见

申请书所填写的内容是否属实；申请人及课题组成员的政治和业务素质是否适合承担本课题的研究工作；本单位能否提供完成本课题所需的时间和条件；本单位是否同意承担本项目的管理任务和信誉保证。

经审核，申请书所填内容属实。课题申请人和参加者的政治、业务素质适合承担本课题的研究工作。我单位能够为课题申请人提供完成本项目所需要的时间和条件，同意承担课题组按期高质量完成项目研究任务的信誉保证。我单位科研管理部门具体承担项目管理和服务任务。

科研管理部门公章
2024 年5月19日 单位公章
2024 年5月19日

六、省级社科管理部门或在京委托管理机构审核意见

对课题申请人所在单位意见的审核意见；是否同意报全国哲学社会科学工作办公室；其他意见。

我办同意课题申请人所在单位意见，同意报送全国哲学社会科学工作办公室。

单位公章
2024年5月27日

七、评审意见

学科组人数		实到人数		表决结果	
赞成票		反对票		弃权票	
主审专家建议资助金额		万元	学科评审组建议资助金额		万元

主审专家意见	1.是否建议资助；2.准予立项的理由；3.改进建议。 主审专家签字： 　　　　年　月　日
学科组意见	 学科组召集人签字： 　　　　年　月　日

附录2

国家社会科学基金年度项目课题论证活页

(来自：全国哲学社会科学工作办公室，2024年国家社会科学基金年度项目申报公告)

课题名称：不要漏填，且须与申请书的课题名称完全一致

　　本活页参照以下提纲撰写，突出目标导向、问题意识、学科视角，要求逻辑清晰，层次分明，内容翔实，排版规范。除"研究基础"外，本表与《申请书》表二课题设计论证内容一致，总字数不超过7000字。

　　1. [选题依据]　国内外相关研究的学术史梳理及研究进展(略写)；相对于已有研究特别是国家社科基金同类项目的独到学术价值和应用价值。

　　2. [研究内容]　本课题的研究对象、主要目标、重点难点、研究计划及其可行性等。(框架思路要列出提纲或目录)

　　3. [创新之处]　在学术观点、研究方法等方面的特色和创新。

　　4. [预期成果]　成果形式、宣传转化及预期学术价值和社会效益等。(略写)

　　5. [研究基础]　申请人前期相关代表性研究成果、核心观点等。(略写)

　　6. [参考文献]　开展本课题研究的主要中外参考文献。(略写)

　　注：研究内容中需要单列框架思路。

　　1.《活页》是您申报国家社科基金项目要通过的第一关，供通讯评审专家匿名评审。

　　2.《活页》比《申请书》"课题设计论证"多一项[研究基础]，字数不超过7000字。

　　3. 通讯评审评价指标权重为：选题30%、论证50%、研究基础20%。请参考评价指标及其权重，重点突出[研究内容][创新之处][预期成果]等部分的论证。

　　4. "前期相关研究成果"限报5项，建议填满5项；填写课题负责人前期相关研究成果，未署名和查询不到的不要填写。请特别注意填报成果的权威性及其与申报课题的相关性，尽量不要填报刊载层级较低的成果。

　　5. "前期相关研究成果"要对单位和个人信息做匿名处理，不得填写作者姓名、单位、刊物或出版社名称、发表时间或刊期。建议格式：

　　(1)《××××××××××》，论文，独立作者，CSSCI；

　　(2)《××××××××××》，论文，第二作者，核心期刊；

　　(3)《××××××××××》，专著/编著/丛书，第一作者；

　　(4)《××××××××××》，资政建议/调研报告/权威报刊理论文章，第一作者，省部级领导肯定性批示，省部级科研成果奖一等奖。

6. 请用合适的字体字号(如小4或5号宋体)和行距排版，各级标题可用黑体字。不要因字体太小、行距过密而影响专家阅读评审。

7. 前期相关研究成果的形式主要包括：已在知名出版社公开出版的专著、在高水平刊物(主要是指CSSCI来源期刊、北大/中文核心期刊、《新华文摘》《中国社会科学文摘》和人大复印资料等三大权威文摘)上公开发表或全文转载的学术论文、在国家级报刊(主要指"三报一刊")上公开发表的理论文章、得到省部级以上领导同志肯定性批示或地厅级实际工作部门采纳应用的研究报告等。

8. 撰写时，上述提示语句可删除，但建议依次放于行文中，保持提示原序号，规范序号层次，一般为：一、(一)1.(1)，便于专家审读。同时，提示语中指出的内容，建议一一回应，不要缺项。

说明：1. 活页文字表述中不得出现任何可能透露申请人身份的信息；

2. 课题名称要与《申请书》一致，一般不加副标题。前期相关代表性研究成果限报5项，只填成果名称、成果形式(如论文、专著、研究报告等)、作者排序、是否核心期刊等，不得填写作者姓名、单位、刊物或出版社名称、发表时间或刊期等。申请人承担的已结项或在研项目、与本课题无关的成果等不能作为前期成果填写。申请人的前期成果不列入参考文献。